KB139471

4차 산업시대 통합가치와
그랜드 리셋

Grand Reset

4차 산업시대 통합가치와 그랜드 리셋

초판 1쇄 인쇄일 2023년 3월 09일
초판 1쇄 발행일 2023년 3월 15일

지은이 장윤선
펴낸이 장윤선
디자인 표지혜
교 정 금영재 조준경

펴낸곳 완성출판사
출판등록 제2021-000037호
주소 서울시 용산구 장문로141 102동 #503
대표전화 02.790.3338
ISBN 979-11-975391-3-8 (03300)

4차 산업시대 통합가치와
그랜드 리셋

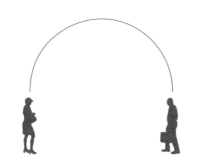

Grand Reset

· 장윤선 지음 ·

완성출판사

서(序), 질문을 찾아서

"*That's one small step for a man, one giant leap for mankind.*"
"*이것은 한 사람에게는 작은 한 걸음에 지나지 않지만, 인류에게 있어서는 위대한 도약입니다.*"

1969년 7월 19일. 닐 암스트롱의 목소리가 TV를 통해 흘러나왔다. 달과의 교신을 중계한 프로그램의 미국 내 TV 시청률은 94%였고, 5억 명가량의 지구인이 방송을 지켜보았다. 당시 많은 사람은 닐 암스트롱의 음성이 실시간으로 중계되는 것을 들으며 특이점을 발견하지 못했지만, 전자통신 엔지니어들은 흥분했다. 40만㎞ 떨어진 거리에서의 무선통신이라니. 이 세기적 이벤트를 준비한 곳은 다름 아닌 모토로라다.

모토로라는 1983년 최초의 핸드폰인 다이나택(DynaTAC) 8000X

를 출시했고, 1988년엔 삼성전자도 차량 속이나 공중전화 근처가 아닌 곳에서도 사용할 수 있는 범용 핸드폰(SH-100)을 출시했다. 휴대전화의 경량화에 성공하고 기지국 설치로 인해 수도권의 일반인들이 사용할 수 있게 된 것은 1995년 이후부터였다. 이때만 해도 사람들은 이 기술이 세상을 어떻게 바꿔 놓을지 상상하지 못했다. 그저 공중전화 부스를 이용하지 않아도 되는 '무선통신'의 편리함 정도로 이해했다.

하지만 2007년 애플의 아이폰 출시 이후 모든 것이 달라졌다. 스마트폰은 세상의 일부가 아니라 또 하나의 세상이었다. 세상을 스마트폰 속으로 집어넣었고 세상에는 없는 메타버스의 세계가 펼쳐졌다. 20년 전에는 사람들에게 "무인도에서 홀로 생활해야 한다면 무엇을 가지고 가겠는가?"라는 질문이 비교적 흥미로운 질문이었지만, 이제는 고민할 것도 없이 당연히 스마트폰이다.

필자의 친구가 일본 홋카이도 출장에서 경험한 일이다. 지인은 평소 에어비앤비(Airbnb)를 자주 이용했다. 에어비앤비는 현지 거주인의 주택을 대여하는 서비스 플랫폼이다. 집주인은 플랫폼 채팅창에 집 주소와 비밀번호를 남긴다. 서로의 전화번호는 특별한 일이 아니면 알려고 하지 않는다. 친구는 그날도 에어비앤비를 통해 시내에서 얼마간 떨어진 한적한 동네의 숙소를 구했다. 공동주택 현관과 집 도어락의 비밀번호가 유난히 복잡했단다.

새벽에 잠깐 바람을 쐬기 위해 밖으로 나온 친구는 핸드폰을 집에 두고 온 것을 깨달았다. 그리고 자신이 비밀번호를 기억하지 못하고 있다는 것도. 친구의 고행이 시작되었다. 친구는 그 순간 자신이 국제

서(序), 질문을 찾아서

미아로 전락할 수 있다고 느꼈다. 가벼운 옷차림으로 나온 친구는 홋카이도의 밤이 그렇게 추울 수가 없었다고 했다. 영사관에 도움을 청하려 해도 핸드폰이 필요했다. 행인에게 영어로 말을 하려고 하면 그들은 "스미마셍(すみません)"이라 말하고 총총걸음으로 사라졌다.

친구는 자신이 외투를 걸치고 나온 것을 하늘에 감사했다. 외투 안 주머니에 지갑이 만져졌기 때문이다. 얼마간의 엔화를 보고 희망이 생기자 머리가 돌아가기 시작했다. 인터넷에 접속할 수 있다면 모든 일이 해결될 것 같았다. 게다가 일본의 번화가에는 '넷카페'가 유행할 때였다. 넷카페는 PC방을 간이 숙소로 변형시킨 것으로 칸막이 숙박업체다. 택시를 부를 방법도 없었기에 친구는 걷기로 했다. 기억을 더듬어 불빛이 환한 번화가 쪽으로 걸었다. 1시간가량 걸어 입술이 파랗게 얼어붙을 무렵, 유흥업소가 즐비한 골목에서 PC방을 찾을 수 있었다.

친구는 떨리는 마음으로 에어비앤비에 접속했고, 아이디와 비번을 눌러 자신의 계정으로 들어가려 했다. 이내 '비정상적인 장소와 방법으로 접속했다'는 경고 메시지가 화면에 띄워졌다. 평소 접속하던 장소와 기기가 아니라는 것이다. 그리고 보안 메일을 보냈으니 본인을 인증하라는 메시지가 뜬다. 메일에 접속하려 하자 비정상적인 로그인이니 휴대전화로 본인 인증을 하란다. 휴대전화가 없는데 휴대전화를 통해 본인임을 인증하라니. 친구는 그때만큼 자신의 헐거운 기억력과 이에 대비되는 플랫폼의 꼼꼼한 보안 정책을 원망한 적이 없다고 했다.

친구는 결국 에어비앤비 관리자의 도움을 받아 가까스로 숙소 주인

4차 산업시대 통합가치와 그랜드 리셋

에게 메시지를 전할 수 있었다. 기진맥진한 친구는 집에 돌아와 동이 트는 것을 보았다고 한다.

우리는 자신의 거의 모든 정보를 핸드폰에 집어넣는다. 핸드폰은 플랫폼을 거쳐 거대한 데이터 센터와 인공지능에게 혈액을 주고받는다. 거대한 빅 데이터와 이를 처리하는 인공지능은 이런 방식으로 절대적 권능을 부여받는다. 사람의 가치가 정보로 치환되고 인간의 작업보다 인공지능의 판단을 신뢰하며 데이터 센터가 모든 가치를 창출하는 사회로 진입한 것이다.

2022년 10월 15일 SK C&C 데이터센터의 화재로 카카오톡 서비스가 중단되었다. 4,763만 명이 이용하던 연결의 창이 닫히자 판도라의 상자가 열렸다. 수술방 오퍼(offer)를 주고받지 못하는 병원이 속출했고, 가맹점에선 결제가 중단되고 택시 호출도 불가능했다. 서비스가 정상화되기까지 5일이 소요되었다. '초연결 사회'가 아닌 한 기업에 모든 네트워크가 집중된 '과연결 사회'의 위험성이 노출된 것이다.

이 극적인 변화가 불과 15년 사이의 일(아이폰의 출시로부터)이라는 것을 생각하면 새삼스럽다. 4차 산업혁명 시대의 특징을 초연결·초지능 사회로의 진입이라고 말하는 사람도 있고 극단적 양극화와 노동소외·인간소외라고 진단하는 사람도 있다. 지난 20년간의 세상의 흐름을 보면 이런 판단이 틀린 것이 아니다. 4차 산업혁명의 전도사들은 변화는 가파르고 미래는 아무도 모른다고 입을 모은다. 맞다.

다만 4차 산업혁명으로 인한 경향성은 뚜렷이 존재한다. 바로 '복잡

서(序), 질문을 찾아서

계가 만드는 극단적 쏠림 현상'이다. 본문 3장의 시스템 다이내믹스 부분에서 이 현상을 자세히 설명했다. 변수가 하나만 존재했을 때 그 변화는 예측할 수 있지만, 변수 수백만 개가 얽힐 땐, 북경 나비의 날갯짓이 미국 텍사스에 거대한 허리케인을 만들 수 있다.

1990년대 초 정보통신혁명의 물결이 세계를 휩쓸 때 석학들은 이 정보통신혁명이 계급과 계층 간의 지식 격차를 해소해 부와 권력의 관문을 없애거나 문턱을 낮출 것으로 기대했다. 국가와 대륙을 넘어 인간의 공감과 연민이 세상을 바꿀 것이라고 믿는 사람도 많았다. 하지만 모두가 알다시피 세계는 냉전 시대로 회귀하고 있고, 물류의 이동은 제한받고 부의 격차는 극단적으로 벌어지고 있다. 미국을 중심으로 한 일국주의 동맹은 중국의 다자주의 공세에 흔들리고 있다. 다시는 없을 것 같았던 재래식 전면전이 유럽을 휩쓸었고 이념적 갈등은 과거보다 훨씬 커지고 있다. 이 쏠림 현상은 나라를 가르고 세대를 가르며, 계급과 진영 간의 증오를 더욱 확산하고 있다.

다른 한편으로는 인간이 가진 협력과 공감 본능이 확장된 사회네트워크를 통해 새로운 패러다임이 통용되는 사회가 가능하다는 낙관적인 호소도 이어지고 있다. 인간은 종족 보존과 번식을 위해 때로 투쟁했지만 대부분은 구성원에게 협력하며 진화해 왔다. 공동노동, 집단 사냥을 통해 결속했고 구성원의 고통에 깊이 공감하며 슬퍼했다.

하지만 이 공감의 영역이 부족이나 동질성을 지닌 집단, 국가에 한정되었기 때문에 새로운 패러다임을 만드는 데 실패하곤 했다. 특히 지난 세기 과학계와 경제학계를 중심으로 유포된 '인류라는 종에 대한 지독한 냉소와 비관주의'는 무력감을 심어 주었다. 인간은 애초 이기적이고 폭력적이며 경쟁과 지배를 통해 생존하는 것이 본능이라는 오래된 이야기 말이다.

필자는 경제와 사회를 연구하는 학자들이 4차 산업혁명 시대를 전망하면서 이 문제를 가장 중요한 변수로 보아야 한다고 본다. 왜냐면 사회적 인간의 삶의 목적은 생존 그 자체가 아니라 인간다운 삶이며, 인류가 생존하기 위해서도 지구와 타인 모두와 공존할 수 있는 인간의 패러다임이 필요하기 때문이다. 이 이야기는 책의 마지막 장 '결'에 담았다.

이 책은 필자의 첫 번째 대중서《통합가치와 배려의 리더십: CIV를 중심으로》(2022, 완성출판사)의 출판 후 7개월 만의 출간이다. 졸저에 대한 과분한 격려도 받았고, 뜻을 함께하는 강단의 학자들에게도 응원의 메시지를 받았다. '4차 산업혁명이 가져올 변화와 인류의 미래'라는 다소 폭넓은 주제를 철학과 사회학적 관념으로 풀어낸 책이다.

'통합가치'에 대해서 다양한 관점과 사례를 통해 깊이 이해할 수 있었다는 호평을 받았지만, 통합가치 창출(CIV)의 구체적 사례와 미래 전망에 대해서도 다뤄 달라는 요청도 많이 받았다. 특히 당장 발 딛고 서 있는 한국의 정치 · 경제적 위기와 전망에 대해서 말이다. 옳은 지적이라고 생각했다. 그래서 이번에는 다양하고 구체적인 사례를 통해 세상의 변화를 살피고 전망하려 했다.

원래 1년 정도는 자료를 더 찾고 생각을 조탁해 쓰고 싶었다. 하지만 시절이 이를 허락하지 않았다. 당장 러시아·우크라이나 전쟁으로 원자재 가격이 폭등했고 인플레이션이 가파르게 진행되었다. 팬데믹 시절 풀었던 돈을 회수하기 위한 긴축 정책으로 세계는 서서히 침체기로 돌아서고 있었다. 무엇보다 미국이 40년 만의 인플레이션을 잡기 위해 빅 스텝을 넘어 자이언트 스텝(0.75%)을 4차례 단행했는데 이 결정은 한국 경제의 약점을 아프게 파고들었다.

식량·소재·에너지 등 모든 영역에서 자립도가 최하위인, 오직 수출로만 먹고살아야 하는 한국은 25년 만에 6개월 연속 최대의 무역수지 적자를 기록했다. 외화보유고를 죄다 환율 방어에 쏟아부었고 자산시장은 폭락하고 채권시장은 얼어붙었다. 중국은 한국 정부가 3불 정책(사드 추가 배치 금지, 미 MD 참여 금지, 한·미·일 군사동맹 금지)을 계승할 의지가 있는지, 미국이 제안한 칩4에 가담하지 않고 중국과의 우호 관계를 지속할 것인지를 끊임없이 묻고 있다.

무엇보다 세계는 4차 산업혁명의 핵심이라 할 수 있는 그린 밸류 체인 구축에 돌입했다. 러·우 전쟁과 미·중 간의 대결로 인한 국제적 공급망의 단절은 역설적으로 에너지 자립을 미룰 수 없게 내몰고 있다. 한국 역사에서 정치·외교적 결단과 사회적 통합이 중요하지 않았던 때는 없었지만, 2022년을 기점으로 한국을 덮치는 내외의 풍랑은 과거의 것들과는 분명 다르다. 대증요법으로 넘겨 왔던 모순은 누적되어 한꺼번에 분출되고 있다.

이 책은 지금 광풍처럼 몰아닥치는 변화의 실체를 진단하고, 과거의 경험을 통해 지금을 혁신하자는 내용으로 구성되어 있다.

1장 〈Post Pandemic〉을 통해서 팬데믹 이후 세계 경제의 변화 양상과 한국 경제의 취약성을 짚었다.

2장 〈경제 Locomotive〉에선 경제 위기 국면에서 산업구조를 혁신·재편하고 체질 개선에 성공했던 나라의 사례들을 소개했다. 주로 10년을 앞선 결정과 노력이 오랜 구조적 안정을 선사했던 사례이며, 자국 경제의 모순과 취약성을 알면서도 모른 척했을 때 닥쳤던 나쁜 결과에 관해서도 설명했다. 반면교사를 위한 예증을 위한 것이다.

3장 〈Systems Dynamic〉에선 시스템 다이내믹스의 이론적 배경과 통합가치 이론과의 연관성, 그리고 소위 '성장의 한계'를 넘어서기 위한 기업 혁신 전략을 소개했다. 국내에서 자주 오용되거나 잘못 이해되고 있는 시스템 다이내믹스의 실제 사유 방법과 함께 최신 기업의 경영문화와 경쟁력에 대해 다뤘다. 고정관념과 선형적 사고의 위험성을 살피며 창의력의 실체에 대해 영감을 주고자 했다.

4장 〈반도체 전쟁과 성장 전략〉에선 현재 반도체를 두고 쟁투하는 기업들의 현황과 각국의 전략, 그리고 통합가치를 적용한 성장 전략을 다뤘다. 모두 인정하듯 반도체는 21세기의 쌀을 넘어 세계 패권과 경제 영토를 결정짓는 전략 물자로 규정되고 있다. 1980년대 반도체 제국의 황제였던 일본의 몰락과 미국의 반격, 한국과 대만을 중심으로 한 제품 공급라인에 얽힌 각 기업의 전략과 전망을 소개했다.

5장 〈그린 밸류 체인〉에선 4차 산업혁명의 시원이 될 재생에너지 산업과 인류의 최종적 과제인 '영속과 생태'를 보장할 녹색혁명에 대해 다루었다. 각 나라의 에너지 정책과 함께 태양광·풍력·전기·수소 등의 재생에너지를 중심으로 재편될 그린 밸류 체인의 본질에 대해

서(序), 질문을 찾아서

설명했다. 후발 주자인 한국에게 이 녹색에너지 혁명은 단단한 무역 장벽으로 다가오고 있다. 늦었지만 피할 수 없는 길, 그린 밸류 체인이 가진 천문학적인 가치와 한국이 나아갈 길을 다루었다.

6장 〈교육, 정치, 문화 모두 바꿔야〉 편에서 한국의 국제경쟁력을 약화시키고 있는 핵심 요인인 교육과 정치 영역의 혁신을 고민했다. 2002년 월드컵 이후 한국에는 '대한민국주의'라는 사상적 경향성이 커지고 있는데, 이는 한국의 국력과 소프트파워의 확대로 인한 자신감으로 인한 것이다. 그런데 최근에는 이 경향이 합리적 근거에 따른 자신감을 넘어 '근자감'과 '국뽕' 수준으로 전락하고 있는 듯하다. 인류 역사를 돌아보면, 자국의 힘과 경제력에 대한 맹목적 예찬과 배타적 애국심이 사회를 마비시킬 때 그 나라는 몰락하기 시작했다는 것을 잊으면 안 된다. 그런데 아직 한국은 안정적인 선진국이 아니다. 안보 환경과 기술력, 에너지와 곡물, 광물 자립도는 매우 위험한 수준이며 교육 경쟁력과 과학기술 성취도 역시 하락하고 있다. 재계서열 20위권의 기업이 스스로 1등 최강이라고 생각하는 것만큼 위험한 것도 없다.

사람 몸의 중심은 늘 가장 아픈 곳이라고 했다. 아픈 곳을 헤집어 고름을 짜내는 것이 치유의 첫걸음이다. 나라를 걱정하는 대다수의 사람이 인정하듯 교육 문제를 가장 먼저 짚었다. 국가와 사회 혁신의 첫 고리는 언제나 투명성에 기반한 교육혁신으로 시작한다. 모든 시스템은 보수적이고, 변화에 저항한다. 혁신이 어려운 이유는 일순간 관념의 변화로 이뤄지지 않고, 대중의 관념을 만든 그 물적 토대, 시스템의 반동(反動)을 분쇄하며 재구축해야 이룰 수 있는 것이기 때문이다.

7장 〈그랜드 리셋, 패러다임의 전환〉에선 20세기 주류 철학의 한계와 그 한계가 남긴 흔적을 살필 것이다. 인간의 실존과 과학기술을 통한 실증적 세계관이 그간 서구철학의 주제였다면, 관계를 중심에 놓고 선체와 개인과의 관계를 설정하며 지구와 자연의 하위 범주, 또는 통합 범주로서의 인간과 그 관계성에 천착한 것이 바로 동양적 세계관이다. 그런데 이번 장에선 서구철학의 특성과 동양철학의 특성에 대해선 간단히 요약했다. 해당 내용에 대한 사전 정보가 필요하다면 필자의 전작 《통합가치와 배려의 리더십—CIV를 중심으로》의 5장 〈협력하는 인간들〉을 읽길 바란다.

결結, 〈당신이 이기적일 것이라는 착각〉에서 애착과 협력이 인류의 진화 과정에서 수행한 역할을 돌아보고, 초연결 시대에 새로운 패러다임을 구축할 수 있는 근거에 대해 살펴보았다. 또 혁명적 변화의 시작점에 대해서도 다루었다.

전작의 독자라면 알겠지만, 필자는 서양철학과 동양철학 중 어느 것이 더 우월한가를 따지는 주장은 매우 비과학적이라고 생각한다. 해당 철학은 지리와 기후, 역사적 맥락에서 탄생했고 그것은 해당 대륙과 지역 인간의 생존에 유리한 것이었기에 발전한 것이다.

안타깝게도 어떤 작가는 동양철학을 공자와 맹자 시대의 것으로만 인식해 기원전 400년쯤의 이야기를 사례로 들며 최근에 출판된 서양철학 서적과 비교하기도 한다. 2,400년을 뛰어넘은 이 불합리한 비교를 보면서 필자는 아시아 민족이 은연중에 가진 오래된 열등감을 확인한다. 동양철학을 비루하게 여기고, 서양철학을 강하고 현실적인 것으로 인식하는 사람일수록 동서양 철학의 본질적 테마와 깊이를 모르

서(序), 질문을 찾아서

는 경우가 많았다. 물론 필자의 경험에 기반한 것이다.

또한 모든 문화가 그렇듯 독야청청한 것은 없다. 모든 학문과 철학은 혼종이며 선대와 대륙을 넘어 들어온 문물과의 접촉을 통해 발전했다. 그렇다고 차이가 없는 것은 아니다. 철학의 근본 문제가 달랐기에 각자의 주제의식은 이후 경향성을 만들었고 그것은 철학적 사조로 표출되어 경제와 사회, 국가의 패러다임 형성에 지대한 영향을 끼쳤다.

경쟁과 효율이라는 신화를 믿고 달려온 인류가 지구를 어떻게 만들었는지, 세상의 구조를 어떤 지경까지 망가뜨렸는지를 인정하고, 현실이 명백히 실패한 인류의 자화상이라고 인정한다면, 동양적 세계관의 핵이라 할 수 있는 관계성과 자연 속 존재로서의 인간다움에 대해서 고찰하는 작업을 가치 있게 받아들일 것 같다.

4차 산업혁명과 관련한 기술적 변화에 관해선 서술하지 않았다. 가령 인공지능과 로봇 혁명, 드론, 빅 데이터, 유전자 가위 기술과 바이오 분야 등과 같은 과학기술 수준 같은 것들 말이다. 이 내용은 이미 필자의 전작에서 충분히 다뤘고, 무엇보다 하루가 다르게 쏟아지는 혁신적 기술은 책이 출판되면 이미 낡은 것이 되어 버리기 때문이다. 각종 경제지표도 마찬가지다.

필자는 2020년 3분기와 10월, 11월 통계를 주로 인용했는데 아마 이 책이 출판되고 나면 유가와 주식을 제외한 대부분의 경제지표는 우하향 곡선을 그리고 있을 것이다. 대부분의 경향성은 아마 필자가 예견한 것에서 크게 벗어나지 않을 것이다. 다만 중국의 '제로 코로나' 정책이 필자의 예상보다 훨씬 빨리 폐기 수순에 들어가고 있는 점은 참으로 다행스럽다. 공급망의 긴장이 다소 누그러지고 주식시장은 약간의 숨 쉴 곳을 찾을 수 있을 것이다.

사람이 살면서 자신에게 끝없이 해야 하는 질문은 목표 지점이 아니라 "왜"라고 하는 가치 지향이라고 한다. 목표는 달성하면 허무해지지만 가치는 삶의 이유와 살아가야 할 이유를 끝없이 제공한다. 늘 질문이 옳아야 항로를 찾을 수 있다.

그렇다면 지금 인류가 던져야 할 질문은 무엇일까? 필자는 "공생과 인간다움의 회복을 위해 무엇을 할 것인가?"로 압축하기로 했다. 모쪼록 이 책이 기업 가치와 혁신, 인류의 미래를 고민하는 많은 벗에게 좋은 단서를 주었으면 한다.

서(序), 질문을 찾아서

목차

6장

교육, 정치, 문화 모두 바꿔야

7장

그랜드 리셋, 패러다임의 전환

1장
Post Pandemic

팬데믹 이후 세계 경제
질서의 변화와 한국 경제

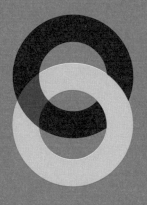

Grand Reset

저성장 고물가 고금리
→ Great Recession

코로나 팬데믹이 전 대륙을 덮치자 공장은 문을 닫고 유통은 정지되었다. 생산과 경제성장에 필요한 모든 활동이 정지되었기에 저성장은 필연적이었다. 저성장을 일정 수준에서 제어하고, 생계 위협에 빠진 시민을 구제하기 위해 각국 정부는 시장에 돈을 풀었다.

미국은 2018년부터 유지했던 제로 금리를 거둬들여야 하는 결정적인 시기에 팬데믹을 맞아 실업률의 급격한 상승과 국채 가격의 하락 등 심각한 위기에 빠졌다. 양적 완화를 거둬들여야 할 시기, 미국 역시 매우 큰 규모의 부양 정책을 단행할 수밖에 없었다. 미국은 부양책 자금을 조달하기 위해 연방준비은행이 국채를 직접 인수하는 방식을 사용했다. 2020년 미국 정부가 발행한 채권을 연준이 직접 인수했고 3조 달러가량이 정부에게 새롭게 발행되면서 달러로 재난지원금을 뿌

4차 산업시대 통합가치와 그랜드 리셋

렸다. 이후 추가 실업급여, 중소기업 금융지원, 재난지원금 등에 차입을 거쳐 2조 달러를 추가로 지출했다.

한국 역시 2020년 3월 최초로 금융사에 유동성 자금을 무제한 공급하기로 했다. 금융사가 보유한 채권을 한국은행에 담보로 맡기면 한은이 한도 없이 전액 대출을 해 주는 방식이었는데, 이는 과거 1997년 국제통화기금 외환위기 때와 2008년 리먼브라더스 사태로 촉발된 국제 금융위기 때에도 시행하지 않았던 조치였다.

이렇듯 미국을 필두로 한 선진 경제권 20개국은 팬데믹에 대응하여 2020년 초부터 2021년 중반까지 GDP의 17%가 넘는 직접적 재정지출을 실시했다. 코로나19 극복을 위해 주요 선진국 정부가 막대한 규모의 재정 투입을 결정할 수 있었던 배경에는 장기정체에 대한 총수요 이론이 자리 잡고 있다. 다시 말해 과거에 금리 등을 통해 재정 건전성을 우선적 추구하면서 재정수지를 관리하고 경기부양을 점진적으로 추진했던 정책이 크게 효과를 보지 못하자, 시장과 공공 영역에 돈을 풀어 직접적인 수요를 촉발하기 위한 직접적인 지출(양적 완화)이 효과적이라는 주장이 경제학의 주류를 차지했기 때문이다.

그 결과 팬데믹이 끝난 2022년 2월, 미국은 사상 처음으로 국가부채가 30조 달러를 넘었다. 문제는 양적 완화가 미국 정부의 기대만큼 경제 안정화에 부응하지 못했다는 점이다. 각 연구기관은 미국 정부의 양적 완화 정책이 애초 예상했던 효과 대비 10%의 정도의 효율성을 보였다고 평가하고 있다. 엄청난 돈이 풀렸지만, 기업과 금융기관은 경제에 대한 비관 때문에 이 돈을 쌓아 놓는 데 더 주력했다.

미국이 금리 인상 정책을 강행하고 OPEC이 석유 감산 정책에 돌입하리라는 것은 예상했던 것이지만, 경제인들이 예측하지 못했던 것은 연준이 2022년 9월 한 달에만 세 차례 연속 기준 금리를 0.75% 올릴 것이라는 점(자이언트 스텝)과 2022년 벽두에 터진 러시아 · 우크라이나 전쟁이었다.

연준이 20년 만에 최고 수준의 기준 금리 인상을 단행하자 주요 6개국 대비 달러화 가치(달러 인덱스)[1]는 120에 육박했다. 2022년 8월, 파월 미 연준 의장은 "인플레이션을 2% 목표로 되돌리기 전까지 금리 인상을 중단하지 않겠다."고 말했는데, 이는 세계 경제가 달러 강세로 고통받더라도 미국만은 인플레이션을 잡고 경제 동력을 확보하겠다는 의지인 셈이다.

한국은 2022년 10월 기준 원/달러 환율이 1,400원을 돌파하면서 외화보유액이 한 달 사이 196억 달러가 감소해 2008년 외환위기 이후 14년 만에 처음으로 가장 큰 감소 폭을 드러냈다. 원유와 원자재 가격 상승으로 제조원가가 올라 수입 물가가 오른 마당에 달러 대비 원화의 가치가 떨어지면 과거엔 가격 경쟁력 상승으로 수출이 늘었지만, 현재는 모든 국가의 통화 가치가 덩달아 한꺼번에 하락해서 많은 국가에선 수입을 줄일 수밖에 없다. 세계 무역량 자체가 감소하면서 연간 무

• • •

1 달러 인덱스(dollar index)는 세계 주요 6개국의 통화에 대비한 달러화의 평균 가치를 표시하는 지표이다. 세계 주요 6개국 통화는 유럽 연합의 유로, 일본의 엔, 영국의 파운드, 미국의 달러, 노르웨이의 크로네, 스위스의 프랑을 말한다.

역적자가 2022년 10월 10일 기준 327억 1,400만 달러를 기록했다. 이는 한국의 무역통계 사상 가장 큰 적자 폭이 된다. 기존 최대치는 국제통화기금(IMF) 구제금융 위기 직전인 1996년의 206억 달러 적자였다.

연준의 기준 금리 인상으로 가장 큰 타격을 받은 나라는 영국이었다. 이자율이 1%가 되지 않던 영국 국채 금리가 폭락하고 이에 더해 신임 리즈 트러스 총리의 감세 정책으로 파운드화가 하락하며 영국 국채가 하락하자, 국채에 연동된 파생상품에 자산을 투자했던 2,500조 원의 국민연금이 흔들리기 시작했고, 이에 영국중앙은행은 영국 국민연금 자산을 지키기 위해 보름 동안 100조 원가량의 국채를 매입해야만 했다. 애초 영국은 물가를 잡기 위해 감세 정책을 단행했는데, 미국 기준 금리 인상으로 유례없는 규모의 돈을 풀어 다시 인플레이션을 유발하는 모순된 갈지자 행보였다.

러시아의 전쟁 자금을 고갈시키기 위해 미국은 러시아 원유 거래 가격 상한제를 주요 동맹국에 관철시켰다. 하지만 러시아는 오히려 선제적으로 유럽에 대한 가스 공급을 줄이거나 차단하면서 원유 가격 상승을 부채질하며 에너지 대란을 유도했다. 러시아는 서방의 우크라이나 지원을 지목하며 "곧 겨울이 온다."며 가스 공급 중단으로 맞섰다. 즉 에너지 사용이 급등하는 겨울에 '러시아의 가스 없이' 얼마나 버틸 수 있을지 잘 선택하라는 경고였다.

그리고 겨울이 왔다. 유럽이 비명을 지르는 사이 중국과 인도는 헐값에 러시아 원유와 천연가스를 수입했고, 미국의 셰일가스 기업들은 즐거운 비명을 지르고 있다. 미국에서 선적할 때의 금액 대비 6배나 높은 가격으로 비산유국 유럽 국가에게 가스를 팔고 있다. 유럽이 미국이 동맹에게 요구했던 기간의 압력에 대해 기만적이라고 느끼는 건 어찌 보면 당연하다. 미국의 요청으로 가스관을 잠그고 원유 가격 상한선을 지켰는데, 미국은 이 기회를 이용해 러시아 천연가스보다 훨씬 비싼 돈을 받고 가스를 넘기고 있기 때문이다.

원자재와 원유 가격이 상승하자 물가 인상과 인플레이션에 대한 공포가 세계를 덮쳤다. 이게 바로 쓸 약도 없다는 스태그플레이션의 전조다. 저성장으로 인해 돈을 풀고 싶어도 인플레이션 때문에 돈을 풀지도 못하고, 금리 인상으로 물가를 잡으려니 투자와 수요는 더욱 위축되는 악순환의 고리에 빠진 것이다.

세계 경제 침체에서 유일하게 온전한 나라가 있다면 기축통화를 쥐고 있는 미국이다. 강달러로 인해 세계 경제가 휘청거리자 기자들이 재닛 옐런 미 재무부 장관에게 질문했다. "정부가 개입해 달러 강세를 완화할 계획이 없느냐?"는 질문을 받은 그는 시장에서 정해지는 달러 가치는 미국의 이익에 부합한다며 달러화의 움직임은 세계 각국의 각기 다른 정책 기조에 따른 논리적 결과이며 달러화 강세는 미국의 적절한 정책을 반영하는 것이라고 답해 동맹국들의 분노에 불을 지폈다. 그는 아예 한술 더 떠 달러가 안전자산이기 때문에 불확실한 시기에는 투자 자본이 안전한 미국 시장으로 유입될 것이라고 자랑했다.

이런 미국의 자국우선주의 정책은 러시아와 중국에 대한 새로운 전선을 구축하고자 호소했던 동맹국에게 불만을 불러오고 있다. 미국이

4차 산업시대 통합가치와 그랜드 리셋

'인플레이션 감축법'을 통해 '메이드 인 아메리카'가 아닌 전기차량에는 보조금 혜택을 주지 않자 프랑스 마크롱 대통령은 2022년 12월 정상회담 하루 전에 "인플레이션 감축법이 프랑스 기업에게 매우 공격적"이라며 대놓고 비판했다. 정상회담 이후에도 미국 바이든 대통령은 "원래 그런 의도가 아니었다."면서도 유럽 국가들에게 사과할 생각이 없다고 못을 박았다. 이러한 미국의 일국주의는 이후에도 계속될 것이다.

이후에 자세히 설명하겠지만, 이러한 미국의 모순된 태도 더 복잡한 세계 질서를 촉발하고 있다. 러시아와 중국의 글로벌 네트워크를 차단하려는 '자유주의 전선'이 미국의 일국주의로 인해 균열될 것이라는 전망도 가능하다. 러시아에 대한 에너지 의존도가 높은 독일과 이탈리아는 당장 심각한 고통을 감내하고 있으며, 칩4 동맹(반중국 반도체 공급망 네트워크)에 가담하라는 미국의 압박에 한국 정부의 고민도 깊어져만 가고 있다. 이에 중국은 거꾸로 한국과 중국을 중심으로 아시아 반도체 네트워크를 구축하자고 제안한 상태다.

STORM(태풍)이 휩쓸고 간 자리 2023년

한국 현대경제연구원은 2022년 연초에 2022년부터 2023년까지의 세계 경제 키워드를 'STORM(폭풍)'이라는 5개의 리스크를 약어로 표현했다.

- **S**tagnation(세계 경제 침체): 코로나 위기 이후의 경기 확장세가 마무리 되면서, 경기 사이클상으로 하방 압력 증대
- **T**rade War(교역 전쟁): 미 · 중 외교 및 경제 갈등에 따른 글로벌 공급 망 및 교역 단절로 세계 교역 침체 우려
- **O**il shock(오일 쇼크 완화에 대한 기대): 고유가 현상이 완화될 가능성은 있으나, 시장 불안요인은 여전히 상존
- **R**ussia(러시아 · 우크라이나 전쟁의 교착): 러시아 · 우크라이나 전쟁의 휴전 또는 종전 기대감도 있으나 세계 경제의 핵심 리스크 요인으로 작용
- **M**onetary policy(미 연준의 급진적 통화 정책): 연준의 급격한 금리 인상 이 금융시장의 변동성을 급증시키며 세계 경제 교란 요인으로 작용

결국 위의 5가지 키워드는 고금리 · 고물가 · 고환율이라는 최악의 시나리오로 현실화되었다. 무역수지 적자에 달러 가치 하락으로 성장 은 둔화되고 있으며, 고물가와 고금리 영향으로 소비는 위축되고 채 권 시장에선 돈이 말랐다. 물론 아직은 물가 인상과 경기 침체가 동시 에 장기적으로 이어지는 스태그플레이션이라고 보기는 어렵다.

그보다 세계 각국은 외환위기와 금융위기를 동시에 걱정하고 있다. 성장 둔화는 어쩔 수 없는 것으로 받아들이는 분위기다. 하지만 환율 방어와 금융위기는 나라의 10년 경제를 좌우할 만큼 끔찍한 결과를 남긴다. 2022년 11월 현재 미국의 공격적인 4회 연속 자이언트 스텝 (0.75% 기준 금리 인상)으로 인해 세계 경제가 견딜 수 있는 체력이 바닥 난 상황인데, 여기에 다시 한번 더 자이언트 스텝이 이어지면 산유국

4차 산업시대 통합가치와 그랜드 리셋

과 시장 개방성이 극히 낮은 나라를 제외하곤 모두 금융위기 또는 외환위기를 맞을 수밖에 없다.

불행히도 2023년에 침체가 세계 시장을 집어삼킬 것이다. 아직 높은 파도는 오지도 않았다는 의미이며, 2023년엔 기업도 근로자도 소비자도 나라도 모두가 가난해질 것이라는 말이다. 2023년에 비교적 고통을 덜 느끼며 살아남을 수 있는 식량과 에너지 자급률이 높은 나라와 일부 산유국, 내수 시장이 크고 타격을 입지 않을 만큼 금융 안정성이 높고 제조업 기반이 단단한 나라들이다. 불행히도 한국은 비교적 단단한 제조업 기반을 가지고 있지만, 에너지와 곡물, 광물 가격 등의 인상으로 가장 치명적인 타격을 입는 나라다.

물론 변수가 없는 것은 아니다. 연준은 12월까지의 근원소비자물가지수 등의 여러 지표를 종합해 금리 인상 폭을 조절할 것이다. 12월 9일 미국 생산자물가지수(PPI)가 전월 대비 0.30% 오른 점은 분명 적신호지만 미국이 금리 인상 폭을 조절할 것이라는 기대도 있다.

또 2023년 상반기에 중국의 코로나 봉쇄 정책이 풀릴 가능성도 조심스럽게 예측할 수 있다. 물론 애초에 중국의 코로나 봉쇄 정책이라는 것이 시진핑 총서기의 3연속 집권을 위한 치적 쌓기 홍보용이라는 냉소적 시각도 있지만, 다수의 중국 전문가들은 그보다는 실제 중국산 백신의 예방률과 농촌 지역 백신 접종률의 문제라고 진단한다. 왜냐면 중국의 각종 경제지표는 어서 빨리 봉쇄를 풀라고 고통스러운 비명을 지르고 있다. 중국 당국이 여전히 제로 코로나 정책을 유지하고 있는 데에는 그만한 이유가 있다는 것이다. 우선 광대한 농촌 지역의 특성으로 인해 아직 백신 접종률이 50%를 넘어서지 못해 집단면역을 형성할 단계가 아니며, 중국산 백신의 항체 형성 효율이 높지 않다는 것을 그 이유로 꼽는다.

하지만 언제까지 중국이 코로나 봉쇄를 지속할 수 있을까. 수출 부진과 내수 부진이 지속되면서 현재 중국의 도시 실업률은 5.5%, 청년 실업률은 19.9%까지 상승했다. 이는 중국 당국의 통계 이후 가장 높은 수치다. 중국 내 투자기업은 봉쇄 정책을 견디지 못하고 중국 시장에서 철수하고 있으며 이에 따라 도시근로자 임금은 매해 하락 중이다. 자영업자들의 폐업으로 인해 중소도시의 활력은 눈에 띄게 사라졌다.

2022년 11월 신장위구르의 우루무치에서 발생한 아파트 화재로 촉발된 백지 시위는 상하이·베이징·우한·청두 등 중국 전역으로 확산되며 중국 당국을 긴장시키고 있다. "시진핑 퇴진, 공산당 타도"라는 구호는 1989년 천안문 사태 이후 처음 등장한 것이다. 감염자 발생 시 극단적인 봉쇄 및 강제 PCR 검사를 중단하라고 중국공산당이 방역 지침을 완화한 것은 이와 무관치 않다. 결국 봉쇄가 풀리는 시점에 소비심리가 폭발하듯 분출할 것이라고 기대하는 이유가 여기에 있다.

V자형 위기가 아닌 L자형 장기 침체

하지만 주식시장의 일시적 반등도 장기 침체로 가는 압력을 막지 못할 것이다. 전문가들은 2022년은 아직 위기도 오지 않은 국면이라

4차 산업시대 통합가치와 그랜드 리셋

한국 경제성장률 추이(한국은행)

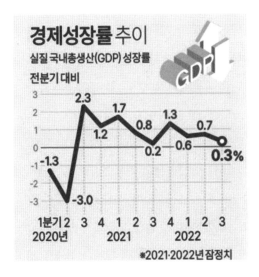

고 보고 있다. 당장 한국의 경우 레고랜드 사태 이후 연이어 터진 흥국생명 콜옵션 미이행 사태(후술)로 인해 가뜩이나 안 좋았던 채권시장이 완전히 얼어붙었다. 2023년 상반기에만 한국 기업들의 채권 만기에 따른 상환금액은 54조 원에 육박한다.

원래 기업들은 만기가 도래한 채권 상환을 위해 신규 채권을 발행하는 차환 거래의 형식으로 운영해 왔다. 그런데 신규 채권이 팔리지 않을 것이 확실한 상황이라면 기업은 자금 마련을 위해 현재의 고용을 축소하고 신규 채용을 하지 않는 것은 물론, 현재의 금리보다 낮은 수익률을 내고 있는 사업부터 구조조정할 수밖에 없다.

1998년 외환위기 당시 한국의 경제성장률은 −5.5%였고 이듬해

인 99년에 11.5%, 2000년 9.1%로 반등했다. 2008년 서브프라임 모기지 사태로 확산되었던 동남아 금융위기 당시에는 미·중·일 통화 스와프 체결로 5.8%의 성장률을 유지했다. 2020년 코로나 충격 당시 −0.7%였고 이듬해인 2021년엔 4.1%로 회복했다. 모두 V자형 곡선으로 침체 뒤에 반등이 동반되었다.

2023년은 위기가 아닌 'Great Recession', 대침체가 될 것으로 전문가들은 예측한다. 2022년은 본격적인 위기로 볼 수 없고 침체도 아닌 단순한 '성장 둔화'로 보고 있다. 2022년의 부정적인 각종 경제 흐름이 가시화되는 시점이 바로 2023년 2분기부터이기 때문이다. 이 침체는 한국만이 겪는 것은 아니라, 전 세계가 긴 암흑의 터널로 들어가는 기차를 타고 있다고 보는 것이 맞다.

하지만 영화 〈설국열차〉의 1등 칸과 꼬리 칸 승객들의 삶이 극단적으로 달랐듯 한국과 같이 사회안전망이 취약하고 수출로만 먹고살아야 하는 나라에서의 침체는 곧 대량 실직과 파산을 의미한다. 채권시장에 돈이 마르고 기업의 투자와 고용이 축소되면 소비자들의 소비심리는 더욱 위축된다. 시장에 구매력이 떨어지면 상품이 팔리지 않고, 기업들은 이에 대한 연쇄반응으로 더욱 투자를 축소하는 악순환이 시작될 것이다.

금리 인상과
좀비기업의 붕괴

미국의 기준 금리 인상으로 한국은행 역시 금리를 올렸다. 금리가 오르면 누가 가장 고통받을까? 은행에 빚을 진 기업과 개인이다. 우선 큰 기업일수록 불어난 금액도 천문학적이다. 2021년 기준 차입금이 22조 원을 웃도는 포스코 홀딩스는 시장 금리가 1%포인트 뛰면 연간 이자 비용이 642억 원가량 불어난다. 같은 조건에서 대한항공은 520억 원, 삼성물산은 172억 원, 대우조선해양은 153억 원가량 이자 비용이 늘어난다. 2022년 기준 비금융 기업의 이자 비용은 전년 66조 8,900억~72조 6,600억 원으로, 전년 대비 8조 6,700억~14조 5,600억 원 늘어날 것으로 추산됐다. 통상 이자비용은 영업외 손실로 반영되면서 기업 당기순이익을 갉아먹는다.

개인의 경우 고정금리가 아닌 연동금리상품으로 원리금 균등상환을 하거나, 매달 이자금을 납부해야 할 채무자가 큰 타격을 입는다. 은행에서 대출받아 집을 매입하고 60% 지분을 은행에 담보 잡힌 사람들, 대출받은 중소기업과 자영업자는 물론 주식과 코인에 투자하기 위해 대출을 받은 이들, 저소득 영세 주택자금 대출자들이 가장 큰 타격을 입는다.

금리가 오르면 돈이 풀리지 않기에 부동산 시장 역시 얼어붙는다. '갭 투자'를 했거나 투자 차액을 노리고 자산의 수십 배 되는 금액으로 집을 매입했던 이들에게 지옥이 펼쳐진 것이다. 매입했던 부동산 역시 수억 원씩 하락하고 있기 때문이다. 전문가들은 앞으로 주택 가격이 2021년 12월 대비 40% 수준까지 하락할 것으로 보고 있다.

2007년 대비 동아시아 가계부채 비율(IMF 동아시아 주택시장 안정성과 구매력 보고서)

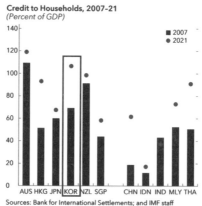

Figure 12. Household Debt Has Climbed to Historical Highs in Some Regional Economies

Credit to Households, 2007-21
(Percent of GDP)

Sources: Bank for International Settlements; and IMF staff calculations.
Note: Country abbreviations are International Organization for Standardization (ISO) country codes.

2011년과 2019년 동아시아 부동산 가격 상승률
(IMF 동아시아 주택시장 안정성과 구매력 보고서)

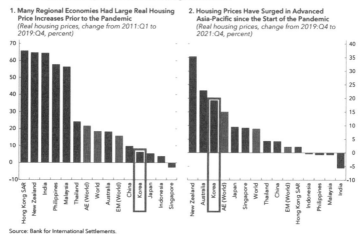

Figure 1. Housing Price Dynamics Before and During the Pandemic

1. **Many Regional Economies Had Large Real Housing Price Increases Prior to the Pandemic**
(Real housing prices, change from 2011:Q1 to 2019:Q4, percent)

2. **Housing Prices Have Surged in Advanced Asia-Pacific since the Start of the Pandemic**
(Real housing prices, change from 2019:Q4 to 2021:Q4, percent)

Source: Bank for International Settlements.

  한국은 OECD 최대의 가계 부채 국가다. 자산을 모두 팔아도 부채를 갚지 못하는 고위험 가구는 2021년 기준으로 38만 1,000가구에 육박한다. 이들은 현재 소득의 40% 이상을 원리금 상환에 쏟아붓고 있는데 총부채원리금상환비율(DSR)이 40%가 넘는다. 자산대비부채비율(DTA)이 100%를 넘어선 가구가 이렇게 많다는 것이다.

  가구만 그럴까? 영세기업과 중소기업 역시 타격을 받는다. 중앙은행 3.25% 수준의 금리로는 존립이 어려운 곳이 많다. 대출금으로 회사를 설립하고 유지해 왔던 기업은 원자재 물가 상승으로 대출금 이자를 납부하기 위해 다시 높은 금리로 대출을 얻어 영업이익 모두를 대출금 이자 상환에 사용하는 악순환의 개미지옥에 빨려 들어가고 있다.

2022년 10월 전국경제인연합회가 매출 1천억 대 이상 기업 중 제조업종 기업을 대상으로 자금 사정을 조사했는데, 영업이익으로 이자 비용을 감당할 수 있는 기준 금리의 평균 임계치는 2.6%인 것으로 나타났다. 11월 현재 3.25% 기준 금리면 영업이익으로 이자를 갚지 못하는 '좀비기업'으로 전락하는 기업이 10곳 중 무려 6곳에 이르리라는 것이다.

'좀비기업(zombie company)'이란 회생 가능성이 없음에도 정부 또는 채권단의 지원을 받아 간신히 파산을 면하고 있는 기업을 뜻한다. 한국의 경우 2008년 금융위기로 인한 기업의 줄도산을 막기 위하여 정부는 회생 가능성이 없는 중소기업에까지 일괄적으로 긴급자금을 지원했다. 2009년 5월 한국개발연구원(KDI)의 분석에 따르면 3년 연속 이자보상배율이 1배 미만인 기업들, 즉 영업을 해서 번 돈으로 대출이자도 갚지 못하는 좀비기업이 전체 기업의 14.8%에 해당하는 2,600여 개였고 서비스 업종에서는 5개 기업 가운데 1개 기업이 좀비기업으로 분류되었다.

물론 영업 활동이 미진한 기업이 모두 좀비기업인 것은 아니다. 일반적으로 영업 활동으로 이자비용을 감당하지 못해 영업이익이 이자비용을 넘지 못하는 활동이 3년 이상 지속되는 기업을 '한계기업'이라고 칭한다. 한계기업 모두가 좀비기업은 아니다. 한국의 경우 한계기업은 2019년 팬데믹 발발 이전에 대비해서 2021년엔 23.7% 증가했다. 주요 거래소 상장기업 중 한계기업의 비중은 미국이 14.6%, 일본이 3.6%인 데 비해 한국은 17.1%로 상당히 높은 편이다. 이자조차 내지 못하는 기업은 5년 사이 15% 증가해 3,100여 곳에 달한다. 또 한국의 경우 대기업과 중소기업을 가리지 않고 한계기업 비율이 모두 높다는 것이 문제다. 대우조선해양의 경우 구제금융 이후 21년간 21조 원이라는 공적자금을 퍼부었음에도 아직까지도 정상화되지 않았다.

한계기업 비중(2019~2021)

항목	2017	2018	2019	2020	2021	'19~'21 증가율
한계기업	1,853	1,991	2,283	2,617	2,823	23.65%
%(비율)	8.28	8.89	10.20	11.69	12.61	-
종업원수	209,043	200,484	247,710	310,970	313,745	26.66%
주: 외감법 대상기업으로 KIS-Value DB 내 총 22,388개사						

한계기업 기업 규모별 추이

항목	한계기업 수와 비중					'19~'21 증가율
	2017	2018	2019	2020	2021	
중소기업 17,979개사	1,517	1,648	1,891	2,200	2,372	25.44%
	8.44%	9.17%	10.52%	12.24%	13.19%	-
중견기업, 대기업 4,390개사	334	341	389	413	449	15.42%
	7.61%	7.77%	8.86%	9.41%	10.23%	-
기타 공기업 등	2	2	3	4	2	-33.33%
	10.53%	10.53%	15.79%	21.05%	10.53%	-

자유주의 경제학의 관점에서 보면, 좀비기업은 붕괴되는 것이 맞다. 경쟁력 없는 기업의 붕괴는 새로운 경쟁시스템을 구축해 더 강력한 기업이 탄생할 수 있는 생태계를 구축한다. 일반적으로 좀비기업이 전체 기업의 10% 이상이면 위기 국면으로 인식되는데, 한국의 경우 매년 숫자가 늘어나고 있다. 특히 2008년 세계금융위기 이후 계속된 양적 완화, 저금리 때문에 5년, 10년씩 계속 금융기관 대출로 버티는 장수 좀비기업들도 많다.

이렇듯 좀비기업의 비중이 커진다는 것이 무엇을 의미할까? 빚 갚을 돈도 없는 기업이 새로운 기술 투자나 고용 증대를 할 수 있을까? 오히려 임금을 체불하거나 대금 지급을 유예하고 안전설비에 투자하지 않아 산업재해를 불러온다. 또한 이자는 물론 대출 원금조차 갚지 못하고 파산하는 경우가 비일비재하다. 국민 세금으로 투자한 결과 국민경제에 부담으로 작용하는 것이다. 또한 우량 기업에 옳게 투자되었어야 할 자금이 엉뚱한 곳에 쓰임으로 인해 건전한 기업의 회생을 막는다. 또 일정 시점이 되면 정부의 개입으로 살아나는 행태를 반복하기에 이는 나라 경제에 중요한 위험요소다.

그렇다면 왜 금융당국은 한계기업의 회생을 위해 공적자금을 투자할까? 한계기업의 회생이 장기적으로 경제에 더 도움이 된다는 주장도 있기 때문이다. 당장 대규모 실업 문제가 있고 더 본질적으론 해당 기업의 부진이 변수에 따른 일시적 침체인지 앞으로도 계속될 것인지를 판단하기가 어렵다.

가령 해운, 조선, 항만, 운수, 여행과 같은 업종은 팬데믹 기간 가장 심각하게 타격을 입은 업종이었다. 이들을 시장논리로 도태하도록 방치했다면 팬데믹 이후에 한국에서 사라진 이 업종은 공격적 투자기업이 차지한 후 매우 비싼 값으로 세상에 매물로 나왔을 것이다. 팬데믹 막바지에 조선은 세계 1위를 탈환했고, 해운 역시 수요 폭증으로 즐거운 비명을 지르고 있다. 팬데믹 기간 다른 일자리를 찾아 떠난 트레일러 기사로 인해 영국·미국·캐나다의 물류 유통이 심각한 타격을 입은 사례 역시 살펴야 한다.

방산업종 역시 투자 노력에 비해 이익 실현이 늦은 업종으로 알려져 있다. 이와 비슷한 예로 LCD 사업은 팬데믹 이전에 낮은 영업이익으로 이미 퇴출 절차를 밟고 있었다. 하지만 코로나로 인해 사람들이 집에 머물며 게임과 오락 콘텐츠에 몰두하면서 찬란하게 부활했다. 차세대 핵심 기술을 가진 중소기업과 경제 흐름을 보며 옥석을 골라야 한다는 주장은 이런 이유를 들고 있다.

하지만 현재와 같은 고금리가 1년 이상 지속된다면 좀비기업의 몰락은 불을 보듯 뻔하다. 응당 좀비기업의 비중이 높은 나라일수록 경제적 타격이 심대할 것이다. 또한 좀비기업의 빈자리에 새로운 노동 수요는 당분간 나타나지 않을 것이다. 세계 경제가 장기 저성장으로 접어들고 있기 때문이다.

냉전 갈등과 지역 블록화

2022년 9월, 미 국방부는 록히드마틴이 공급하던 최신 예 스텔스 전투기 F-35의 인수를 중단했다. 엔진 펌프에 쓰인 작은 자석 하나가 중국산 합금인 것을 확인했기 때문이다. F-35는 퇴역 전 투기를 대신해 공군 전력의 공백을 메우기 위해 도입한 기체다. 그런 데 주목할 점은 이 F-35의 생산은 팬데믹으로 인해 생산에 큰 차질을 빚던 기체였고, 해외 동맹국에 인도해야 할 시점도 이미 한참이나 넘긴 그야말로 미 국방부 입장에선 무척 절박한 전투기였다는 것이다.

이후 록히드마틴의 하청업체에게 다시 하청을 받은 업체가 수입한 자석이 중국산이었다는 것이 밝혀졌다. F-35에 들어가는 30만 개의 부품 중 하나였지만, 문제는 그 자석이 희토류 합금으로 만들어졌다 는 데 있었다. 희토류는 중국과 북한, 러시아, 이란이 광산의 상당 부분을 점유하고 있다. 희토류 등의 희귀광물자원으로 인해 중국에 휘둘리지는 않겠다는 미국의 의지를 잘 보여 주는 사건이다. 이야기는 10년 전으로 거슬러 올라간다.

2012년 10월 미국 하원은 화웨이와 ZTE를 조사한 후 이들 회사가 중국인민해방군 사이버 부대에 특별 네트워크 서비스를 제공했다는 강력한 증거를 발견했다고 밝혔다. 그러면서 미국 정부와 기업들이 이 회사의 통신 장비를 사용할 경우 비상시 중대 안보 위협에 노출될 수 있다고 경고했다.

보고서는 "중국이 악성 하드웨어나 소프트웨어가 탑재된 통신 장비를 활용해 전시에 미국 안보 시스템을 마비시킬 수 있다."고 지적하고 "중국은 악의적인 목적으로 통신 기업들을 이용할 수단과 동기가 있다."면서 이들 장비를 도입하는 기업에게 주의를 요구했다. 그 후 2018년 영국은 화웨이 장비가 보안 테스트를 위해 실험실에 제공한 것과 실제 공급된 상품과는 보안 솔루션에서 중대한 차이가 있음을 밝혀냈다. 2017년 트럼프 대통령은 국가안보전략보고서를 통해 중국을 미국의 안보와 세계 질서를 위협하는 경쟁자라고 공식 규정했다.

이후 중국 기업에 대한 각종 제재가 이어졌다. 바이든 대통령 역시 중국과의 경쟁에서 승리하는 것이 미국 안보전략의 핵심임을 분명히 했다. 2020년 9월 화웨이에 대한 미국의 '끝장 제재'가 발효되며 화웨이의 180개 계열사는 거래는 물론 해외에서 반도체 장비와 핵심 부품을 공급받을 수 없게 되었다. 영국·일본·호주·프랑스가 화웨이 5G 장비를 퇴출하는 데 동참했다.

이와 더불어 틱톡과 위챗 앱(App)의 미국 내 사용이 금지되었고 같은 해 12월엔 중국 최대 반도체 제조기업인 SMIC와 세계 최대 드론업체인 DJI 등 60개 중국 기업이 미국 정부의 블랙리스트에 올랐다. 이들 기업과 미국 기업과의 거래는 완전히 중단되었다.

이에 반발한 중국은 호주에 석탄 수출을 금지했다. 미ㆍ중 간의 무역전쟁은 트럼프 재임 기간 지속되었다. 중국 상무부는 2020년 9월 '불신기관 목록'을 공표하며 중국과의 정상적인 거래를 중단하는 외국에 대한 중국과의 수출입, 중국 내 투자, 관련자들의 중국 입국을 금지하고, 2021년 1월부터는 미국의 제재 방침에 따라 중국과의 무역을 중단하는 제3국에 대해선 보복하겠다는 엄포를 놓았다.

표면적으로는 안보 문제로 보이지만, 이는 미국이 자기 턱밑까지 쫓아온 중국에 세계 질서를 내어 주지 않겠다는 미국의 국가 전략에 따른 것이다. 정치 성향은 물론 외교에 대한 세계관도 전혀 다른 트럼프와 바이든 대통령이 유독 중국에 대해서만큼은 철저히 밟아 놓겠다는 입장을 분명히 한 것이다.

경제적 패권 대결은 주로 공급사슬 재편에 집중되고 있다. 반도체ㆍ배터리ㆍ희토류ㆍ니켈ㆍ백금ㆍ에너지와 같이 미래 산업의 핵심 자원이 중국의 손에 넘어가는 것을 방치하지 않고 미국 중심의 새로운 공급사슬로 재편하겠다는 것이다. 바이든 대통령은 당선 직후 반도체ㆍ배터리ㆍ희토류ㆍ의약품의 공급 사슬을 '특별 관리'하겠다며 행정부에 국방, 공중보건, 정보통신기술, 에너지, 운송, 농업 식품 등 6개 사업에 대한 공급사슬 현황을 세밀하게 조사하고 보고할 것을 지시했다.

일부 학자는 이를 '지역 블록화'라고 부르기도 하지만, 엄밀히 따지자면 1990년대를 풍미했던 지역 단위 자유무역 블록과는 정반대의 현상이다. 과거 지역 단위 자유무역 블록이 자유무역협정(FTA), 유럽연합(EU), 북미자유무역협정(NAFTA), 아시아태평양경제협력체(APEC), 동남아시아국가연합(ASEAN) 등이 비관세 장벽을 철폐하고 영역 내에서의 자유로운 무역을 실현하기 위한 지역 블록이었다면, 지금 미국이 추구하는 블록은 반(反)중국, 반(反)러시아 경제패권 블록이라는 점에서 그 차이가 있다.

세계화 종식의 상징, 리쇼어링과 IPEF

애초 미국이 태평양 국가들의 자유무역을 실현하기 위해 환태평양경제동반자협정(TPP)을 발의했다가 트럼프 대통령이 자국의 이익에 맞지 않는다고 탈퇴하고 이후 중국이 역내포괄적경제동반자협정(RCEP)을 주도하자 다시 바이든 행정부가 들고 나온 것이 인도·태평양 프레임워크(IPEF: Indo-Pacific Economic Framework)다. 이 협정은 포괄적 경제협정이 아니라 비(非)중국 안보경제협정이다. 미국, 한국, 일본, 인도, 한국, 베트남, 호주, 대만, 필리핀, 말레이시아 등 12개 국가가 참여할 것으로 예상된다. 한국을 제외한 참여국 대부분은 중국과의 영토 분쟁 및 해역 분쟁을 겪거나 국민들의 반중 정서가 높은 나라다.

경제학자들은 자본의 본국 회귀(리쇼어링·Reshoring)와 인도·태평양 프레임워크(IPEF), 이 두 개의 마차가 세계화의 종식을 상징하는 조처가 될 것으로 판단한다. 우린 지금 1995년부터 27년간 이어져 온 세계화가 붕괴되는 지점에 서 있다. 역설적으로 이 두 개의 조치 모두 자유교역의 신봉자였던 미국에 의해 주도되고 있다.

세계 경제의 공급사슬 역시 재편되고 있다. 코로나 팬데믹과 러시아·우크라이나 전쟁은 세계 경제에 심각한 타격을 가했다. 과거 '세계의 공장'이라고 평가받던 중국은 세계무역기구 내에서 탄탄한 부품 제조창과 재료 공급처로서의 역할을 담당해 왔다. 동북아만 하더라도 일본이 장비와 소재를 담당하고 중국이 제조와 원료를 담당하면 한국과 대만이 중간재를 만드는 일종의 분업 형식이 완성되었고, 이 분업 구조는 효율적이라서 중국·일본·한국·대만 모두에 이익을 주었다. 반도체와 배터리 제작 과정은 이 분업체계에 딱 들어맞았다.

세계적으로도 국제적 분업은 더 효과적이라고 여겨졌다. 칠레가 품질 좋은 과육을 팔면 우크라이나와 러시아는 밀과 원유를 팔고, 터키와 유럽에선 낙농 유제품을 파는 것이 자연스러웠고 가격도 저렴했다. 그러나 팬데믹을 거치면서 세계 공급망을 담당했던 중국의 주요 항구 봉쇄로 원자재 공급은 직격탄을 맞았고, 러시아·우크라이나 전쟁으로 서유럽 국가들은 천연가스를 공급받지 못해 망연자실한 상태에 봉착했다.

2021년 겨울에 한국에 닥친 요소수 사태를 보자. 한국은 디젤 차량에 넣어야 할 요소수 전량을 중국에 의존해 왔다. 그러다 2021년 겨울 중국이 석탄 수급 불안으로 요소수 수출을 제어하자 국가 물류망이 마비될 지경까지 몰렸다. 알려졌다시피 한국에 요소수 공장이 거의 없는 이유는 요소수의 생산 방법이 어려워서가 아니다. 중국에서 들여오는 것이 더 쌌기 때문이었다. 한국 공장들이 일찌감치 생산설비를 철거한 것이 화근이었다. 중국이 요소수 파이프만 잠가도 한국의 물류가 정지된다. 요소수를 가장 많이 먹는 차량이 바로 디젤 화물 차량이기 때문이다.

세계 공급망을 교란시킨 것은 중국의 요소수만이 아니었다. 리튬 수출을 줄이면 배터리가 수급되지 않고, 황린을 줄이자 반도체 공장의 절반이 멈춰 섰다. 반도체 제조의 필수 원료인 팔라듐과 네온가스는 우크라이나와 러시아가 세계 물량의 3분의 1을 차지하고 있다. 불소수지(PFA)를 생산하던 중국이 미국의 반도체 제재에 맞서 금수조치를 단행하자 삼성전자와 SK하이닉스는 비싼 값에 미국 과점기업의 제품을 태평양 건너 들여오고 있다. 반도체 수급 불안으로 제네시스의 주력 SUV GV80 2.5T 모델은 지금 계약하면 2년 후에야 인도받는다. 2024년에 2022년형 모델을 인도받는 셈이다. 일본 도요타자동차의 사정은 더 심각하다. 전통적인 인기 SUV인 랜드크루저는 4년을 기다려야 한다.

절묘한 시점의 공급망 교란: 팬데믹, 러·우 전쟁, 미·중 갈등

그 원인이 팬데믹이든 전쟁이든, 미국의 제재 동참 압박이든 2022

년이 세계 각 나라와 기업에게 일러 준 중대한 교훈이 있다. 달걀에 비유하자면, 달걀 장수 믿지 말고 닭을 직접 키우고 달걀은 나눠 담으라는 것이다. 기업들이 인접국의 경제 사정과 각종 변수를 최소화하기 위해 공급망을 다변화하고 기업을 본국으로 회귀시키는 건 2022년 가장 두드러진 경향성 중 하나다.

이런 변화가 다소 공격적으로 전개되고 있는 이유는 세계 경제에서 가장 덩치가 큰 중국과 미국 양자 모두 서로에게서 영향받지 않는 경제를 구축하기 위한 '디커플링(decoupling)'[2]에 착수했기 때문이다. 주요 광물에 있어서는 중국이 독과점 수준의 우위를 유지하고 있고 드론과 인공지능, 반도체, 항공우주, 바이오와 그린 에너지 등의 미래 먹거리 분야에서도 세계 1위를 눈앞에 두고 있다. 미국의 디커플링 전략은 중국에 밀려 세계 패권을 놓치지 않겠다는 절박한 국가 전략으로 자리 잡고 있다.

대체로 미·중 간의 대결로 가장 큰 피해를 입을 나라로는 한국, 최대 수혜국으로는 베트남, 인도 등을 꼽고 있다. 삼성 반도체와 삼성 디스플레이, LG 디스플레이, 현대차는 공장을 매각하고 있고 롯데는 철수를 공식화했다. 한때 중국에 1천 개의 매장을 운영했던 아모레퍼시픽 역시 모두 폐점 절차에 들어갔다. 한국 제조업의 경우 베트남이나

• • •

2 보통 한 나라의 경제는 그 나라와 연관이 많은 주변 국가나 세계 경제의 흐름과 비슷하게 흘러가는데(동조화·coupling), 탈동조화는 이런 움직임과 달리 독자적으로 움직이는 현상을 말한다. 넓게는 경제 분야에서 사용되며, 좁게는 환율, 주가 등의 움직임을 설명하는 데도 자주 사용된다.

캄보디아, 인도네시아 등지로 시선을 돌리고 있다.

　불행인지 다행인지, 한국 기업들은 이미 2016년 고고도 미사일방어체계인 사드(THAAD) 배치로 인해 중국 당국의 강력한 규제와 대중의 불매운동에 시달린 바 있다. 중국 시장의 불안정성을 일찌감치 체감한 한국 기업의 철수가 세계에서 가장 빨리 진행된 이유다. 다만 한국 기업의 철수를 리쇼어링(본국 회귀)으로 부르진 않는다. 한국의 좁은 내수시장과 동남아 국가들 대비 높은 최저임금 등으로 인한 생산성 문제로 기업들은 한국보다 동남아시아 공장을 더 선호하기 때문이다.

　미 · 중 패권경쟁이 한국과 같이 이제 막 선진국 대열에 안착한 국가들에게는 오히려 시간을 벌어 주는 역할을 할 것이라는 전망도 있다. 10년 전까지만 해도 한국은 자동차 부품 등의 중간재와 가전제품과 같은 소비재를 중국에 팔면서 큰 이익을 보는 구조였다. 하지만 중간재 성격의 상품은 중국의 추월로 한국 기업들이 설 자리가 없어졌고, 유일하게 남은 경합 지대가 일류 기술이라고 하는 반도체 · 나노 · 소재 등의 분야다. 첨단기술의 이동을 봉쇄한 미국의 정책으로 인해 한국이 약간의 시간을 확보했다는 것이다.

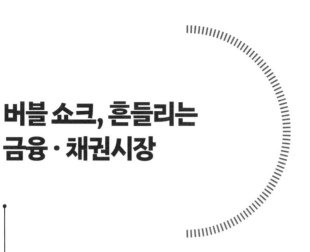

버블 쇼크, 흔들리는
금융 · 채권시장

"크레딧스위스는 제2의 리먼브라더스가 될 것인가?"

2022년 10월 5일 미국의 경제전문지 포춘(Fortune)의 기사 제목이다. 당시 크레딧스위스(Credit Suisse, 이하 CS) 투자은행의 주가는 20달러에서 5달러로 곤두박질치고 있었다. 크레딧스위스는 156년 역사의 스위스 2대 은행기관이다. 초거대 은행의 몰락 뒤에 무슨 일이 있었던 것일까.

사실 CS에 대한 신뢰는 2018년부터 무너지기 시작했다. 2018년 CS 홍콩지점은 뇌물을 받고 중국 정부 고위직 자녀를 불법 채용한 혐의로 미 법무부로부터 4천 7백만 달러의 벌금을 부과받고, 미국증권거래위원회(SEC)로부터 3천만 달러의 벌금을 부과받은 적 있다.

그리고 2022년 세계 40개 언론사가 연대해서 만든 탐사보도 프로젝트 OCCRP(Organized Crime and Corruption Reporting Project: 조직범죄와 부패 보도 프로젝트)에 의해 CS가 지난 80년간 유지하고 있었던 비밀계좌 3만 개의 명단이 폭로된다. 원래 스위스는 '은행비밀보호법'에 의해 고객 명단에 대한 압수수색 영장이나 자료 제출, 추적 등을 모두 거부할 수 있었다. CS 역시 이 은행비밀보호법에 기대며 '어둠의 고객'과의 비밀 거래를 숨길 수 있었다.

OCCRP에서 공개한 CS의 비밀 고객 명단은 충격적이었다. 필리핀의 인신매매범과 레바논 팝스타 여자 친구의 살해를 지시한 억만장자, 베네수엘라 국영 석유회사 횡령범과 24명의 부패한 정치인과 횡령범, 쫓겨난 필리핀의 독재자 마르코스와 이멜다, 나이지리아 독재자 사니 아바차와 후손, 부패정치인이었던 파블로 라자렌코 전 우크라이나 총리 등이 명단에 올라가 있었다. 거래의 성격 또한 심각했다. CS는 단순한 재산 은닉에만 관여한 것이 아니라 그들의 자금 세탁까지 도왔다.

일련의 사태에도 CS는 경영방침을 바꾸지 않았다. 단기 마진을 높게 얻을 수 있는 투기성 버블 프로젝트에 고객의 돈을 투자하며 수익성을 만회하고자 했다. 2019년의 그린실 캐피탈 파산 사건이 대표적이다. 그린실 파산 사건은 2008년 리먼브라더스 사태와 무척 닮았다. 그린실은 어음(채권)을 할인해서 매입하고 나중 어음을 발행한 업체에서 돈을 받아 중간수수료를 챙기는 방식으로 영업이익을 얻었다. 그 과정에서 어음의 신뢰성은 고려하지 않았다.

그린실은 중소상공인, 소규모 개인들에게도 문을 열어 '자본의 민주화'를 성취하겠다는 포부를 밝히며 사들인 어음을 다시 펀드로 만들어 투자자들에게 팔았다. 초기 사업은 순항했다. 1년 만에 그린실은 영국에서 40억 달러의 자산을 가진 가장 큰 기업으로 성장했고 투자자들이 몰렸다. 위험성에도 불구하고 수익이 높아지자 고객은 물론 그린실 경영진 역시 리스크에 무뎌지기 시작했다. 현실에서 발생하지도 않은 '미래 발생 채권'을 사전에 펀드로 만들어 팔기도 했다.

CS는 이 그린실의 가장 큰 투자자였다. 외부 투자자 중 CS가 177억 달러(20조 원가량)를 투자해 전체 투자금의 50%를 차지했다. 순항하던 사업은 2020년 팬데믹이 터지며 붕괴하기 시작했다. 실물경제에 민감하게 영향받던 중소상공인의 어음부터 깨지기 시작했다. 당시 그린실은 어음 펀드를 판 돈으로 막대한 규모의 어음을 다시 사들이는 방식으로 덩치를 키웠다. 현금화할 수 있는 유동성 자산이 없었기에 그린실은 불안감을 느낀 투자자들의 환급 요청에 대응할 수 없었다. 그린실은 결국 2021년 3월 9일 파산했다. CS 투자은행의 고객 자금 177억 달러가 며칠 사이에 날아갔다.

문제는 2019년 그린실 파산 사태로 크게 손해를 본 CS 경영진이 수익을 만회하기 위해 더 위험이 큰 투기성 파생상품 레버리지(leverage) 펀드에 투자하면서 발생했다. 당시 미국 월가에는 투자의 신이라 불렸던 은둔의 한국계 미국인이 있었는데 이름은 빌 황. 그는 금융 트레이너였다. 2013년, 자신이 가진 2억 달러를 베팅해 200억 달러를 만들었고, 이후 자신의 자산을 300억 달러까지 키운 전설적인 인물이다.

300억 달러는 당시 우리 돈 42조 원이다. 국가가 기업이 아닌 개인이 42조 원의 자산을, 그것도 주식 평가액이 아닌 오늘이라도 당장 움직일 수 있는 현물가치 자산으로 가지고 있다는 것을 상상하겠는가. 당시 언론에선 그를 역사상 가장 위대한 트레이너라고 불렀다. 세계 억만장자 그룹의 일원인 그는 미국 뉴저지 교외의 검소한 집에서 현대 SUV를 타고 다니며 생활했다. 수수한 옷차림과 달리 그의 투자는 늘 위험과 수익성이 큰 종목에 집중되었고, 분산 투자 대신 집중 투자로 이익률을 최대화하는 것으로 유명했다.

2013년, 그가 아케고스 헤지펀드를 창립하고 월가를 공략하기 시작하자 세계적 기업들이 아케고스 헤지펀드에 투자하기 시작했다. CS, 모건스탠리(MS), 노무라증권(NSC), 골드만삭스(GS), 웰스파고(WFC)가 뛰어들었다. 아케고스는 은행과의 스와프 계약을 통해 거래했다. 만기일에 아케고스가 투자한 종목이 오르면 나중에 정산할 때 은행이 돈을 주고, 반대의 경우라면 아케고스가 은행에 정산해 주는 방식의 상품이었다.

빌 황의 초기 베팅 업체들은 지금도 잘나가는 아마존, 페이스북, 링크드인, 넷플릭스 등이었다. 레버리지는 초기 2배에서 10배로 높아졌고 수익률은 30~70%를 웃돌았다. 평균 아케고스 상품의 레버리지는 5~10배였고, 익스포저(Exposure: 신용사건 시 예상된 손실 금액)는 무려 1,000억 달러에 육박했다. 1%만 움직여도 1조 4천억 원이 움직이는 것이다. 한화 140조 원 규모였다.

빌 황은 과거의 경험에서처럼 10개 미만의 미디어 종목에 집중 투자했다. 팬데믹 초기 손실을 보긴 했지만 이후 반등으로 인해 수익률

· 49 ·

이 한때 70%까지 육박하기도 했다. 아케고스 상품의 포지션은 커졌고 수익률은 당시 월가의 투자자들에겐 황금알을 낳는 거위였다.

　하지만 2021년 바이두 등의 중국 기업이 추락했고 2022년 3월 23일 목요일 아케고스가 투자했던 비아컴(Viacom.Inc)이 유상증자를 하자 마진콜이 발생하고 주가는 폭락하기 시작했다. 유상증자를 했다는 것은 기업의 자본금이 부족하다는 뜻이며, 기존 투자자의 주식가격을 인위적으로 하락시키는 행위이기에 투자자들에겐 배신으로 받아들여졌다. 하루아침에 상품(단위)가격은 125달러에서 30달러로 내려앉았다.

　아케고스 스와프 상품 투자자들은 비밀회의를 통해 누구도 물량을 팔지 말자고 결의했지만, 회의 후 장이 끝나기 직전 모건스탠리가 50억 달러 상당의 물량을 할인된 가격에 매도했다. 그리고 이튿날 금요일의 대폭락이 시작되었다. 이틀 사이에 200억 달러가 증발했다. 노무라증권이 28억 달러(4조 원)의 손실을 보았고, 모건스탠리가 9억 달러(1조 원), 그리고 CS는 55억 달러(약 8조 원)의 손실을 보았다.

　이틀 전만 해도 빌 황은 28조를 소유한 월가의 가장 큰 고래 중 한 명이었다. 현대 금융 역사상 가장 극적인 실패이며 그 어떤 개인도 이렇게 빨리 돈을 잃은 적이 없다는 점에서 이례적이다. 금요일의 대폭락이 이어지던 날, 스와프에 투자했던 투자자들은 "도대체 빌 황이 누구냐?"고 묻고 다녔다.

　그도 그럴 것이 스와프는 여러 투자자의 투자액과 상품을 복잡하게 얽어 놓아서 수익과 연계된 양 당사자는 물론 연쇄적으로 엮인 투자자들은 서로를 모른다. 결국 스와프 북(Swap Book)을 설계했던 아케고스 캐피탈의 핵심 직원만 정보를 알고 있었다. 투자자들이 빌 황에 대해 모르고 투자한 것도 무리가 아니다.

시장에 맞서려 했던 트러스

버블 금융만이 금융위기를 부채질하는 것은 아니다. 정부의 잘못된 정책으로 금융위기가 오기도 한다. 2022년 9월에 영국 총리로 취임한 우파 성향의 리즈 트러스(Elizabeth Truss, Liz Truss)는 취임한 지 144일 만에 사임했다. 영국 역사에서 유고(有故)가 아닌 최단 기간 총리직을 맡은 인물이 되었다. 트러스 총리의 사임으로 뉴욕 증시는 반등에 성공했고, 파운드화도 소폭 상승해 1파운드당 1.127달러에 거래되었다. 시장이 트러스 총리의 사임을 반겼다는 말이 된다.

트러스 총리는 쇠약해진 영국을 다시 세계 질서를 주도하는 강국으로 만든 제2의 대처 총리가 되겠다고 공표해 왔던, 젊지만 내각의 경험이 많은 능력 있는 여성 정치인으로 받아들여졌다. 2022년 9월 첫 주 트러스가 총리로 취임할 당시 영국은 2023년도 경제성장률이 0.0%에 머물 것이라는 IMF와 금융평가사들의 전망에 휘청이고 있었다. 당시 영국은 러시아·우크라이나 전쟁으로 인한 에너지 수급난과 함께 유럽에서 10%라는 가장 높은 인플레이션을 기록하고 있었다.

그녀는 대규모 감세 정책으로 2023년 영국의 경제성장률을 2% 이상 끌어올려 대영제국의 영광을 구현하겠다고 호언장담했다. 그녀가 임명한 콰시 콰르텡 재무장관은 9월 23일 450억 파운드 규모, 우리 돈 70조 원에 달하는 규모의 감세 정책을 발표했다. 소득세율을 기존 20%에서 10%로 내리고 최고세율도 기존 45%에서 40%로 인하한다는 파격적인 발표였다. 영국 45년 역사상 최대의 감세 계획이었다.

미국을 비롯해 세계의 모든 나라들이 팬데믹 시기에 풀린 돈을 회수하고 인플레이션을 잡기 위해 고금리 정책으로 허리띠를 졸라매고 있는데, 영국은 정반대의 승부수를 던진 것이다. 시장에 돈을 풀어 인플레이션을 겪더라도 경제성장률을 달성하겠다는 것이다. 그리고 이 감세 정책은 부자들에게 더 큰 비율의 혜택이 돌아가도록 설계되어 있었다.

영국중앙은행(BOE)은 당황했다. 트러스 내각의 감세 정책 발표 전날은 영국중앙은행이 긴축을 통해 10%에 달하는 물가상승률을 잡겠다며 금리를 2.25%로 0.5% 상향 발표한 터였다. 시장에선 영국중앙은행의 조치가 상식적이라고 생각하여 반겼지만, 다음 날 재무장관의 발표가 시장을 패닉에 빠뜨린 셈이다.

감세 정책 발표 당시 영국의 물가상승률은 전년 동기 대비 8월에 9.9%로 유럽 내 최고 수준이었다. 영국중앙은행 은 연내 물가상승률이 13%를 넘을 것으로 전망했다. 독일이 7.5%, 프랑스가 5%, 이탈리아가 7.9%를 기록했는데, 당시 우리나라의 물가상승률은 5.2%였다. 영국 정부의 대규모 감세 정책에 시장은 이내 히스테릭한 반응을 보였다. 450억 파운드를 감세하겠다는 정책은 시장에 그 정도의 돈이 풀리리라는 것이라는 것을 뜻한다. 또한 이와 연동해 국고 손실이 450억 파운드 규모로 발생하리라는 것을 뜻한다.

시장에 돈이 풀리면 응당 파운드화의 가치는 더 떨어지고, 국고가 부족하면 이후 국채를 발행하는 것이 뻔한 수순이다. 이 경우 영국 국채 금리는 오르고 국채 가치와 파운드화의 가격은 바닥을 칠 것이 분명했다. 국채를 비롯한 장기채권에 투자한 투자자들은 엄청난 손실을 보게 될 것이 뻔한 상황이었다.

가장 먼저 영국 국채와 연기금이 흔들리기 시작했다. 겁에 질린 투자자들이 채권을 매각하기 시작했고, 여기에 소위 '채권 자경단'이라는 투기세력이 선도적으로 가담해 채권 가격을 추락시키기 시작했다. 파운드화의 가치가 급락하기 시작했고 국채 금리가 급격히 올랐다. 국채 금리가 오른다는 말은 국채의 가치, 즉 파운드화의 가치가 더 떨어진다는 것을 의미하기에 영국 연기금(국민연금) 등에 투자했던 투자자들은 망연자실했다. 30년 만기 영국 국채 금리는 정책 발표 전인 9월 1일까지만 해도 연 2.3%를 유지하고 있었지만, 23일 감세 발표 이후 하루 만에 4%로 상승했다.

9월 23일 국채 금리가 5.1%를 찍자 채권자들은 공황에 빠졌다. 국채 가격이 급락하고 반대로 신규 국채 수익률이 급증하자 연기금에 맡긴 담보채권 가치 역시 폭락했다. 국채 금리가 높아진다는 뜻은 기존에 투자했던 자산의 가치가 떨어진다는 것을 의미한다. 또한 금리가 앞으로 계속 높아지리라는 신호가 있다면 당연히 기존의 채권자들은 손해를 봐서라도 채권을 매각하고 신규로 단기채를 구입하는 것이 더 이익이다. 이 원리 역시 파생상품과 동일하다.

이런 이유로 연기금이 담보를 추가로 채워야 하는 '마진콜'에 걸린 것이다. 연기금은 마진콜에 필요한 현금을 마련하기 위해 보유한 영국 국채를 시장에 마구 내던지기 시작했는데, 이에 따라 국채 수익률은 급증하고 국채의 가치는 더욱 하락했다. 기금에 투자했던 투자자들은 가치가 떨어지니 돈을 더 넣든지 다음 날 시장에 내다 팔든지 결단해야 했다. 달리 방법이 없었다.

영국 트러스 내각의 '국채 파동'에 미국과 유럽 또한 '도미노 금융위기'를 우려했다. IMF는 영국중앙은행의 '긴축'과 영국 정부의 '감세'라는 상충된 정책이 막무가내로 시장에 던져지는 것에 대해 경고했고, 미국 연준 부의장은 "국가 자본이 급속히 유출되는 나라를 주의하라."며 사실상 영국을 금융위기 국가로 지목했다. 하버드 대학의 금융전문 교수는 "2023년도에 영국은 IMF에 구제자금을 구걸하고 있을 것"이라며 영국 정부의 정책을 맹비난했다. 영국은 2009년에 1조 1,000억 달러(약 1,576조 원)의 구제금융을 받았던 경험이 있다.

트러스 총리 재임 후 한 달 남짓한 기간, 영국 정부의 부채는 720억 파운드(약 115조 5,449억 원)이나 늘어났다. 상황이 더욱 악화되자 영국 중앙은행이 나서서 국채를 대량으로 매입하면서 시장은 일시 진정되었지만 파운드화는 1파운드당 1달러 수준으로 곤두박질쳤다. 국채 매입은 시장에 돈을 푸는 양적 완화와 같은 효과를 가져온다. 돈의 가치는 더욱 떨어질 수밖에 없다. 시장은 '시장원리'를 모르는 트러스 내각의 추가 조치로 인해 허약해진 영국 연기금이 파산할지도 모른다는 공포에 휩싸였다. 가장 안전하다는 국채가 마치 신흥국의 주가처럼 요동쳤다.

트러스 총리는 10월 14일 쾨시 쾨르텡을 해임했고, 17일 제러미 헌트 영국 신임 재무장관은 감세 정책을 모두 철회한다고 발표했다. 그리고 내무장관에 이어 10월 20일 트러스 총리는 사임해야만 했다. 그의 사임을 촉구하는 자당(보수당) 의원들의 서한을 100통 이상 받은 것이다. 트러스 총리의 사임과 "감세 정책 철회, 긴축 정책 유지"라는 영국 재무장관의 발표가 있자 시장이 진정되었다. 영국의 세계 금융위기의 촉발점이 될 것이라는 시장의 우려가 결국 영국 내각의 결정을 뒤집은 것이다.

이로 인해 영국은 다른 유럽 주요국에 비해 더욱 뼈아프고 힘든 긴축의 시간을 보내야 할 것이다. 경기 침체는 더욱 길어질 것이며 한때 기축통화 수준으로까지 올라섰던 파운드화와 영국 경제가 다시 과거의 영광을 구현하는 데는 상당한 세월이 소요될 전망이다. 물론 이 사태로 인해 직접적인 고통을 겪는 자들은 영국 중 · 하류층 서민들이다.

FTX 파산과 커지는 시장 불신

2022년 11월, 세계 2위 가상화폐 거래소 FTX(Future Exchange)가 파산했다. FTX가 밝힌 채무자만 10만 명, 추산 채무액은 최대 500억 달러(약 65조 원)다. 누구도 예상치 못한 가상화폐 업계 큰손의 초고속 몰락에 시장은 송두리째 흔들리고 있다.

게다가 그 여진은 계속되고 있다. 고객 대출금 75억 달러(약 9조

7,500억 원)가 넘는 가상화폐 대출업체 블록파이는 FTX 붕괴 여파로 파산보호를 신청했고 FTX 그룹 내 130개 회사가 함께 파산 절차에 들어갔다. 2022년 5월 루나코인의 폭락 사태에 이은 두 번째 대규모 파산 사건이다.

FTX는 자신이 발행한 코인 'FTT'의 판매로 발생한 '장부상 이익'을 부풀려 대출받은 뒤 다시 위험자산에 투자하는 방법으로 이익을 얻고 있었다. FTX의 몰락은 단 하나의 트윗으로 시작되었다. 세계 1위 가상화폐 거래소 바이낸스(Binance) 창업자 창펑 자오(趙長鵬)가 2022년 11월 7일, 트윗을 통해 그간 FTX에 투자했던 지분과 21억 달러어치의 FTT를 모두 매각하겠다고 발표하자 뱅크 런이 시작된 것이다. 궁지에 몰린 FTX는 바이낸스에게 회사를 팔겠다고 나섰지만, 바이낸스는 FTX를 사겠다고 한 뒤 "없던 일"로 발표해 FTX를 더 크게 흔들었다. FTX는 며칠 못 가 붕괴되었다.

가상화폐 시장에선 2022년에 벌어진 일련의 사태를 2001년 대규모 회계부정을 일으킨 엔론 사태와 2008년 금융위기를 불러왔던 리먼브라더스 파산을 합친 정도의 충격을 받고 있다고 한다. 이 사건은 고약한 금융 사건들과 매우 닮았다. 경영진의 형편없는 윤리의식, 불투명하고 허약한 재무 구조, 단기 이익에 취한 일반 투자자들의 몰락, 사후 피해 고객들에 대한 방치까지.

금융시장과 자산시장이 끝없이 흔들리고 안정성이 의심받을 때 돈은 사라진다. 신뢰가 사라지면 약간의 불확실성만 있어도 투자를 회피하게 된다. 시장에 돈이 마르면 투자는 중단되고 실업은 늘고 소비도 죽는다. 2022년은 금융시장에 대한 온갖 불길한 사인을 남기고 투자자들의 마음을 위축시키며 떠났다. 금융시장과 자산시장은 이런 불신에도 견딜 수 있을 정도로 튼튼하지 않다. 침체기에는 더더욱.

'신뢰 위기'가 불러온
한국 자산시장의 추락

2022년 9월 한 달에만 주식 22억 9천억 달러, 채권 6억 4천만 달러가 한국의 금융·채권시장에서 빠져나갔다. 코스피 지수는 2,192(10월 13일 기준)까지 폭락했고, 수출기업에 대한 공매도는 한 달 사이에 5,740억 원을 기록해 두 달 만에 64%가량 대폭 늘었다. 환율 방어에 들어간 달러로 인해 외화보유액 역시 9월 말 기준 4,167억 7,000만 달러로, 전월 말 대비 196억 6,000만 달러가 감소했다.

이에 대해 금융당국은 "한국의 외화보유액이 세계 8위로 많고 경제 체질이 단단해 과거와 같은 금융위기는 오지 않을 것"이라고 했다. 하지만 기획재정부는 시장의 위기감을 읽지 못했던 것일까. 9월 16일 금융당국이 "이론상 미국과의 통화스와프 체결이 필요 없다."라고 브리핑하자, 주말이 지난 19일 월요일 개장과 동시에 환율이 1,430원 선을 돌파하며 코스피가 3.3% 폭락하는 '블랙 먼데이'를 맞았다. 미국의 자이언트 스텝 이후 딱 1년 동안 한국의 시총 620조 원이 증발한 것이다.

시장 전문가들은 "이제는 주식을 던지고(팔고) 빠지기에도 너무 늦었다."는 비관론이 미국 증시를 점령하고 있다면서, 문제는 '실제'보다 더 비관적인 심리가 전 세계 증권가에 퍼지고 있는 점에 주목해야 한다고 입을 모았다. 주가 폭락에 대한 심리적 공황은 언제 발발해도 이상하지 않다는 것이다.

그렇다면 시장에서의 위기감은 근거가 있는 것일까? 1997년 외환위기 당시 한국의 외화보유액이 지금보다 높은 세계 6위였다. 전문가들은 당장은 괜찮지만 현재와 같은 추세가 지속된다면 누구도 장담할 수 없다며 경각심을 가질 것을 주문하고 있다. 무역수지, 환율, 부동산 하락, 가상자산 하락, 물가 인상, 금리 인상 등의 모든 지표가 금융위기를 향하고 있다는 것은 사실이다.

국내 경제는 이미 인플레와 내수 부진 및 수출 경기 약화로 슬로플레이션(slowflation)이 진행되고 있다고 봐야 한다. 지속적이고 강도 높은 기준 금리 인상은 가계에는 실질 구매력 약화와 이자 부담을 가중하고, 기업에겐 각종 비용 상승과 채산성 악화를 유발해 소비와 투자에 부담을 주고 있다. 지금처럼 인플레가 빠르게 진행되고 있는 상황에서는 자칫 경기 침체로 이어지면서 시장의 염려처럼 스태그플레이션(stagflation) 가능성도 배제할 수 없게 된다.

연준의 금리 인상은 정말 인플레이션을 잡기 위함일까

미국은 인플레이션이 어느 정도 잡히면 연준이 금리 인상 폭을 완화할 것이라고 기대하는 사람들도 많지만, 다수의 전문가는 비관적이다. 그 이유는 현재 인플레이션의 요인이 복합적이며 심각한 수준이기 때문이고, 무엇보다 금리 인상으로 물가가 잡히지 않을 것이라는 전망이 우세하기 때문이다.

물가 인상의 요인은 크게 두 가지다. 수요에 비해 공급이 크게 늘어나지 않을 때 발생하는 물가 인상을 '비용 상승에 의한(cost-push) 인플레이션'이라고 한다. 반대로 수요가 너무 많아 가격이 상승할 경우 '수요가 견인한(demand-pull) 인플레이션'이라고 한다.

2022년 2월경엔 많은 경제학자가 인플레이션의 원인을 중국의 제로 코로나 정책과 미·중 간의 패권 다툼, 그리고 러·우 전쟁으로 인한 곡물, 원자재, 에너지 가격 상승에서 찾았다. 그런데 유가와 곡물가가 비교적 안정세로 돌아선 12월 현재에도 물가는 잡히지 않고 있다. 펜데믹 기간에 시장에 넘치도록 풀어놓은 현금을 통한 소비 증가로 발생한 수요 견인 형태의 인플레이션이 아직도 지속되고 있다.

인플레이션을 잡기 위해선 필연적으로 성장을 희생해야 하는데, 문제는 현재와 같은 살인적인 고금리 정책의 연장에도 불구하고 시중에 풀린 돈은 투자처를 찾아 돌아다니고 있다는 점이다. 미 연준은 1980년대 초 인플레이션을 잡기 위해 기준 금리를 20%까지 올린 사례가 있다. 이 조치가 얼마나 '미친 짓'으로 받아들여졌는가 하면, 당시 폴 볼커 연준 의장은 살해 위협에 시달리며 호신용 권총까지 몸에 지니고 다녀야 했다.

2022년 10월 현재 0.75%/p의 기준 금리 인상만으로는 세계 국가들에게 고통만 안겨 줄 뿐 인플레이션을 잡지 못할 것이라는 경제 전문가들의 비관적 전망이 나오는 이유다. 미국의 금리 인상으로 인해 수입물가가 올라 많은 나라에서 인플레이션이 발생하고 있는데, 이를 두고 "지금 미국이 세계를 상대로 인플레이션을 수출하고 있다."는 비난이 나오는 것도 자연스럽다.

달러 가치 올리기 전략에 대한 합리적 의심

현재 미국이 강(强)달러 정책을 고수하는 목표가 단순히 자국의 인플레이션을 억제하겠다는 데에 있지 않다는 비판이 나오는 이유이기도 하다. 기축통화인 달러의 가치와 안정성이 흔들리고 있고, 이에 따라 세계 경제 패권국인 미국의 지위도 흔들리고 있는 현상에 주목해야 한다.

과거 달러와 미국 국채는 가장 믿을 만한 담보물이었다. 하지만 달러가 기축통화로서의 안정성 대신 투기상품으로 거래되고, 미 연준의 자국 중심적 금리 정책(양적 완화)으로 인해 달러화의 가치가 동요하는 현상이 자주 벌어지자, 세계 각국의 중앙은행은 준비통화의 비중 중 달러를 줄이기 시작했다. 2000년 기준 72% 수준으로 달러로 외화를 비축했다면, 2022년 2분기엔 59% 수준을 보유하고 있다.

달러를 대체하는 준비통화로는 엔화, 유로화, 위안화가 차지한다. 중국은 달러와 미국 국채의 비중을 줄이며 달러 대신 엔화를 확보했고, 러시아는 위안화를 매입했다. 그리고 세계적으로 금을 매수하는 비중이 크게 늘었다. 팬데믹 시즌 미국의 쌍둥이 적자가 심화되자, 달러의 장기적 가치에 대한 의심이 커지고 있는 것이다.

쌍둥이 적자는 수출보다 수입이 더 많을 때 생기는 경상수지 적자와 세금 수입보다 재정 지출이 많을 때 생기는 재정수지 적자가 동시에 발생하는 현상을 말한다. 따라서 미국의 연준이 강달러를 유지하는 이유는 달러 가치를 올려 각국의 달러 매수 비중을 늘리려는 목적이 더 크다는 주장이 제기되고 있는 것이다. 패권국가의 여러 지표 중 화폐 가치가 매우 중요한데, 미국이 중국에 대한 긴장감 등으로 패권 유지를 위해 기축통화인 달러 방어에 나섰다는 말이다.

한국의 외화보유액은 시한폭탄 수준인가

한국의 경우 달러 대비 화폐 가치가 떨어지면 수출로 먹고사는 기업들에 대한 공매도가 이어지고 환율을 방어하느라 외화 역시 하루가 다르게 줄어들게 된다. 주가가 떨어지면 대체 자산이라고 할 수 있는 코인으로 집중되어야 할 텐데 가상자산의 불안정성으로 인해 돈은 갈 곳을 잃는다. 대표적으로 2021년 발생했던 루나 코인 사태가 그것이다.

동탄을 비롯한 신도시 집값이 2022년 9월 한 달 사이 3억 원씩 하락했다는 소식은 앞으로 더 많이 들려올 것이다. 당장 은행 대출금이나

4차 산업시대 통합가치와 그랜드 리셋

세입자에게 돌려줘야 할 전세 대출금을 마련하지 못한 부동산 소유주들은 집을 내놓지만, 여유 자본이 있는 부동산 소유자들은 제값을 받을 때까지 버틸 것이다. 부동산 투자 가치가 하락했기에 실수요자가 아닌 사람들의 수요 역시 줄어들 것이다.

문제는 장기적 침체뿐 아니라 한국의 경우 당장의 외화보유액이 문제다. 통상 외환위기를 안정적으로 관리하기 위해선 과거엔 3개월분의 경상지급액(수입액)을 보유하고 있으면 비교적 안전하다고 판단했다. 이 금액은 한국을 기준으로 1천 5백억 달러 정도 되며 2022년 10월 현재 한국의 외화보유액은 4천억 달러다. 문제는 이 기준이 2차 세계대전이 끝난 후 만들어진 IMF의 권고 사항이라는 점이다.

이 수준의 외환을 확보하고 있었던 아르헨티나는 두 번이나 국가부도를 맞고, 1997년 동아시아의 나라들은 금융위기를 막지 못했다. 왜냐면 금융 자본의 투자금 규모는 비할 바 없이 커졌고 그 이동 속도 역시 더 빨라졌기 때문이다. IMF의 권고는 과거의 실물 부문에 한정되어 있다. 과거엔 수출대금을 받기 위해 3개월 이상이 소요될 정도로 자본의 흐름이 느렸다. 하지만 지금의 투기자본과 금융 환경은 2~3일 이내에 웬만한 중소 국가 하나를 부도내는 것쯤은 어렵지 않게 만들었다.

이후 IMF가 새롭게 제시한 안정적 외화보유액의 기준은 다음과 같다. 연간 수출액 5%, 시중통화량(M2) 5%, 단기외채 30%, 기타 부채(외국인 투자금 등) 15% 등을 합한 액수의 100~150%를 적정 외화보유액으로 판단한다. 이 기준에 따르면 지난해 한국의 적정 외화보유액은

4,680억~7,021억 달러 수준이다. 하지만 이는 현실성이 낮다는 반론도 있다. 자본거래가 커질수록 필요 외화보유액이 눈덩이처럼 늘어나는 산식이라 중국조차 이 기준에 맞추지 못하고 있고, 반대로 체코와 페루는 외환을 쌓아 놓고 있다.

전문가들은 가장 현실적인 외환관리 산식을 1999년에 나온 '그린스펀-기도티 룰'로 보고 있다. 아르헨티나 재무차관을 지낸 파블로 기도티는 99년 G33 세미나에서 1년 내 만기가 돌아오는 대외채무 상환 수준의 보유액이 필요하다고 주장했는데, 같은 해 앨런 그린스펀 전 연방준비제도이사회(FRB) 의장은 기도티 주장에 리스크 관리 개념을 더해 단기자본유출 예상액에 버금가는 보유액을 확보하는 것이 바람직하다고 주장했다.

이 둘의 기준을 합쳐 '기도티-그린스펀 룰'로 부른다. 이 룰에 따르면 3개월 치 수입액에 더해 단기외채 100%, 1년 안에 갚아야 할 장기채(유동 외채)를 합한 액수를 적정 외화보유액으로 본다. 이 규모는 4,500억 달러인데 2022년 10월 현재 한국의 외화보유액으로는 약간 부족한 수준이다. 변수는 또 있다. 외국인 포트폴리오 투자자들의 급속한 이탈 문제다. 금융위기의 전조가 보이면 투기자본의 철수는 급속히 이루어진다.

따라서 2004년 국제결제은행(BIS)가 내놓은 기준에 의하면, 그린스펀-기도티 룰에 외국인 포트폴리오 투자자금의 3분의 1을 더해야 안전하다고 권한다. 이 금액은 BIS 기준 등을 고려했을 때 9,000억 달러 정도이다. 이 기준으로 보면 한국의 외화보유액은 상당히 부족하고

OECD 국가 중 최하위 수준이다.

물론 이 기준을 충족하는 국가는 거의 없다. 문제는 경향성이다. 아무리 외화보유액이 많아도 무역수지 적자가 지속되고 세계 경제가 얼어붙으면 가랑비에 옷 젖듯 백약이 무용하다. 반대로 캐나다, 독일, 호주, 프랑스의 경우 외화보유고가 적어도 글로벌 증시에 꾸준한 신뢰를 받는 나라다. 즉 시장에 대한 정부 개입이 최소화되고, 근본 체력과 금융 신뢰가 탄탄해 굳이 외환을 쌓아 놓을 필요가 없는 나라들이 있다. 이에 비해 한국은 글로벌 단기자본에 대한 높은 의존도와 함께 빠져나가기 쉬운 주식 부문에 외국인 투자가 편중되어 있고, 수출로 먹고살기에 대외의존도가 세계 2위 수준으로 매우 높다.

또 하나의 구조적 문제는 실물경제에서 원화 가치의 문제다. 강달러 상황에서 싱가포르의 화폐 싱(SGD)과 베트남 화폐 동(VND)은 흔들림이 없고 오히려 강세를 보이고 있다. 대중국 교역을 미국이 차단하기 시작하자, 과거 무역에서 홍콩이 점유하고 있던 위치를 싱가포르가 대체했고, 중국에서 철수하기 시작한 미국의 주요 교역국 자본이 베트남으로 몰리면서 생긴 일이다. 한국 화폐의 경우, 실물경제에서 매력적 요인을 확보하고 있지 못한 것도 문제다.

지난 97년 금융위기 때와는 한국 경제가 다르다는 분석도 있지만 가장 위험한 지대는 부동산 시장이라고 보는 이들이 많다. 특히 최근 채권시장의 냉각으로 인해 돈을 갚지 못하는 부동산 개발 사업이 늘어나고, 이 사업에 연루된 기업이나 지방 중소건설사들이 부도 위기를 맞고 있다. 이미 2022년 11월 기준 90여 개의 건설사가 파산 절차에 들어갔다.

한국은행에 따르면, 금융권의 부동산 프로젝트파이낸싱(PF) 대출 잔액은 지난 6월 기준 112조 원에 달한다. 만기가 짧은 PF 유동화증권 등까지 합치면 150조 원대로 불어난다. 여기에 사업 착수에서부터 말이 많았던 레고랜드의 회생 절차로 인해 시장은 더욱 얼어붙었다.

레고랜드와 흥국생명 사태가 불러온 나비효과

원래 사업을 담당한 강원도 산하 강원중도개발공사(GJC)는 사업 자금을 조달하기 위해 특수목적법인(SPC·아이원제일차)을 설립하고 2,050억 원 규모의 ABCP(기업 자산담보 어음)를 발행했다. 강원도가 지급보증을 서면서 국고채 수준으로 대우받았다. 역사적으로 지방자치단체가 지급 보증한 채권이 부도를 맞았던 사례는 없었기 때문이다. 하지만 9월 29일 채권 만기일이 다가오자 강원도는 기관들에게 대출 채권 상환 불가를 선언했다. 이어 법원에 중도개발공사의 회생을 신청하겠다고 밝힌 것이다.

아이원제일차의 신용 등급은 한순간에 A1에서 C로 강등됐고, 2,050억 원의 ABCP는 10월 6일 최종 부도 처리됐다. 부동산 시장이 동요하자 강원도는 뒤늦게 예산을 편성해 2023년 1월까지 상환하겠다고 했지만, 부동산에 투자했던 금융사들은 대혼란에 빠졌다. 문제가 된 레고랜드 ABCP에 국내 10개의 주요 증권사가 모두 참여한 상태였다. 상환 불가 발표 다음 날 국내 시장 19개 증권사를 모아 놓은

'코스피 증권' 지수는 하루만에 3.43% 하락했고 다올투자증권(−9.1%), 키움증권(−8.26%), 유진투자증권(−7.27%) 등의 주식은 폭락했다.

이어 충남 지역 6위 종합건설업체 우석건설이 1차 부도가 나고, PF 우발채무 때문에 롯데건설이 18일 2,000억 원 규모 유상증자를 실시했다. 롯데건설을 국내 6위권의 대형 건설사다. 이런 기업이 현금유동성 압박에 시달리는 이유는 금리 인상으로 인해 PB의 금리가 제2 금융권 수준의 15% 이상에 육박하기 때문이기도 하다. 미분양이 속출하고 분양 물량을 손해 보면서까지 분양사들이 아파트를 시장에 내놓는 이유가 여기에 있다.

레고랜드에서 시작한 불길은 국내 부동산 건설시장으로 옮겨 붙었다. 태영건설(−6.67%), 금호건설(−5.52%), 동부건설(−4.65%) 등의 건설사 주가 역시 크게 하락했다. 금융위원회가 1조 6,000억 원 규모의 채권시장안정펀드를 통해 회사채 매입을 조속히 재개하겠다며 불안확산을 차단하는 데 나섰지만, 부동산 가격 하락에 이어 투자기업들마저 위축되며 국내 최대 자산 투자처였던 부동산이 그야말로 깨지고 있는 것이다.

강원도 레고랜드 사태에 이어 국내 채권시장에 카운터펀치를 날리는 사태가 발생한다. 바로 '흥국생명 사태'다. 2022년 11월 1일, 흥국생명은 5억 달러 규모의 외화 신종자본증권에 대해 조기 상환권(콜옵션)을 행사하지 않겠다고 공시했다. '신종자본증권'의 발행 만기는 30년으로 2047년 11월 9일이 최종 만기다. 하지만 발행사의 결정에 따라 만기를 연장하는 것이 가능해서 상환 압박이 없는 영구채라고 할 수 있다. 대기업들은 신종자본증권을 발행할 때 부채 비율을 낮추면서 자본 확충을 꾀할 수 있다는 점에서 매우 유용한 '자금 조달' 수단으로 사용해 왔다.

하지만 이 '30년 만기'인 신종자본증권에도 조건이 붙는다. 채권의 성격을 지닌 만큼 일반적으로 5년에 한 번씩 투자자들에게 조기 상환을 약속하는 것이다. '콜옵션'이다. 그리고 이 약속을 지키지 않을 때는 투자자들에게 더 높은 금리를 줄 것을 또 약속한다. '스텝 업(step up)' 조항이다. 실제 해당 신종자본증권의 금리는 2017년 발행 당시인 연 4.475%에서 '스텝 업' 적용 시 연 6.7%까지 오를 것으로 예상됐다.

원래 콜옵션은 기업이 채권을 살 수 있는 권리다. 그래서 '콜옵션'을 행사하지 않은 것은 법적으로 문제되지 않고 신용도에도 변화가 없지만, 채권시장이 불안할 경우 채권자들은 콜옵션 미이행을 해당 기업의 재정 건전성과 상환 능력에 문제가 있다는 신호로 받아들인다. 그래서 신종자본증권을 발행한 한국 기업 가운데 콜옵션을 행사하지 않은 기업은 2009년 우리은행의 '콜옵션 미이행' 발표 이후 13년 동안 한 차례도 없었다.

시장의 반응은 냉담했다. 흥국생명의 신종자본증권 가격은 무려 30% 급락했다. 동양생명·우리은행·신한금융지주 등 다른 은행과 보험사들이 발행한 외환표시채권(KP물)의 가격까지 떨어지며 불똥이 옮겨 갔다. 해외 시장에서 한국물 채권에 대한 의심이 빠르게 악화되며 위기감이 고조됐다. 당황한 금융 당국은 11월 3일 각 보험사 재무담당자를 불러 모아 대책을 논의했다. 사태가 일파만파 커지자 흥국생명은 11월 9일 신종자본증권을 정상적으로 상환하겠다고 말을 바

꿨다. 하지만 한국산 채권에 대한 국제 시장의 신뢰는 큰 타격을 입었다.

그리고 더 큰 문제는 이미 무너져 버린 신뢰를 회복하는 데 상당히 오랜 시간이 걸릴 것이라는 데 있다. 레고랜드 사태 등으로 한국의 채권 시장에 대한 불안감이 높아진 상황에서 이번 흥국생명의 콜옵션 미행사 결정은 그 여파가 클 수밖에 없었다. 흥국생명의 이상하면서도 불필요했던 꼼수는 금융위원회, 금융감독원, 기획재정부로부터 '승인' 받았다는 점에서 채권자들은 한국의 기업은 물론 당국 역시 믿지 못하겠다는 분위기로 돌아섰다. 레고랜드 사태 당시에도 일주일이 넘게 방치했던 금융당국이 흥국생명 사태 역시 일주일 넘게 방치하며 채권 시장의 불안과 시장의 '돈맥경화'를 키우고 있다는 비판을 받았다.

2023년 상반기에만 한국 기업들의 채권 만기에 따른 상황금은 54조 원에 육박할 것이다. 그리고 2023년 만기 외화 채권 규모는 약 250억 달러(약 35조원)에 이른다. 2022년 11월 현재 공기업과 기업들이 채권을 발행했을 때 팔리지 않는 '미매각 채권 비율'이 25%를 넘어섰다. 한전과 주택금융공사와 같은 신뢰도 높았던 채권은 물론 기업의 채권 시장은 완전히 얼어붙었다. 기업들은 시장에서 돈을 구할 수 없게 되자 사업체 구조조정에 나설 수밖에 없게 되었다.

원래 기업은 만기가 도래한 채권 상환을 위해 신규 채권을 발행하는 차환 거래의 형식으로 운영해 왔다. 그런데 신규 채권이 팔리지 않을 것이 확실한 상황이라면 투자 중인 사업을 접거나 운영 중인 부문을 팔아서 돈을 마련할 수밖에 없다. 기업이 투자를 줄이고 고용을 축소하고 기업을 매각하는 등 정리해고 수순에 들어가고 있다.

채권시장에 돈이 마르고 기업의 투자와 고용이 축소되면 소비자들의 소비심리는 더욱 위축된다. 시장에 구매력이 떨어지면 상품이 팔리지 않고, 기업들은 더욱 투자를 축소한다. 파산 기업이 속출하고 이것이 다시 시장에 반영되면 장기 침체에서 벗어날 방법이 별로 없다. 일본의 잃어버린 30년이 남 일이 아니라는 경고음은 도처에서 울리고 있다.

2장

경제 Locomotive

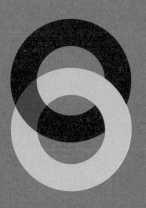

Grand Reset

오일 쇼크와 일본의 비상

미국의 제재에 맞서 러시아가 스스로 천연가스 파이프 라인을 닫았던 2022년 10월, OPEC+는 하루 200만 배럴의 원유 감산을 결정했다. 감산 규모는 2020년 4월 이후 최대다. 감산 계획은 2021년부터 예고되어 왔던 것이지만, 이 결정에 세간의 눈이 쏠렸던 이유는 급격하게 오른 천연가스와 원유의 가격이 '감산 연기'를 통해 안정될 것이라는 실낱같은 희망이 있었기 때문이다. 3개월 전에 러시아 천연가스에 대한 제재를 결정한 바이든 미국 대통령은 OPEC 주도국인 사우디아라비아에 직접 찾아가 '감산 연기'를 간곡히 부탁했지만 제대로 한 방 먹은 모양새다.

무함마드 빈살만 사우디아라비아 왕세자와 미국과의 악연은 2018년으로 거슬러 올라간다. 당시 사우디아라비아의 반체제 언론인 카슈

4차 산업시대 통합가치와 그랜드 리셋

끄지가 이스탄불 주재 사우디 영사관에서 실종된 일이 있었다. 당시 사우디아라비아는 관련 의혹을 전면 부인했지만, 터기 정보당국은 카슈끄지가 영사관 내에서 잔혹하게 살해했다는 녹음 파일을 공개했다. 당시 대통령 후보였던 바이든은 "당선되면 사우디아라비아에 무기를 팔지 않을 것이며, 사우디가 대가를 치르도록 세계적으로 고립(왕따)시킬 것입니다."라며 빈살만을 공개 저격했다.

그랬던 바이든 대통령이 러시아 · 우크라이나 전쟁으로 인해 유가가 상승하자 러시아에 대한 경제제재 효과를 위해 "감산을 일정 기간 유예해 달라."고 요청한 것이다. 하지만 사우디아라비아는 OPEC+에서 오히려 감산을 주도하며 러시아의 숨통을 틔워 주었다. 러시아는 석유수출국기구인 OPEC의 정식회원국은 아니지만, 'OPEC+'는 비(非)OPEC 산유국까지 망라한 글로벌 산유국 기구다.

미국에게 더 큰 문제는 사우디아라비아가 자국 원유 생산량의 4분의 1가량을 중국에게 팔면서 결제 수단을 위안화로 한 사건이었다. 미국의 달러가 기축통화의 지위를 얻을 수 있었던 것은 다름 아닌 사우디와 OPEC의 지원 때문이었다.

2차 세계대전 이후 새로운 '세계 기축통화 화폐'를 결정하기 위해 미국은 달러를 제한한 데 반해 영국은 글로벌 신규 화폐를 기축통화로 제안해 일정한 지지를 얻었다. 하지만 향후 세계는 석유 대금을 지불할 때 오직 달러로만 한다는 OPEC과 미국의 합의가 발표되면서 달러가 기축통화가 된 것이다. 당시 신생국이었던 사우디아라비아는 안보를 미국에 빚지고 있었고 미국의 지원으로 왕권이 유지될 수 있었기에 가능했던 일이다.

이후 베트남 전쟁으로 경제력이 크게 약화된 미국의 상황을 우려하던 주요국들이 달러를 들이밀며 금으로의 태환을 요구하자, 닉슨 대통령이 1:1 금 태환의 원칙을 더는 지킬 수 없고 오히려 수입과징금 10%를 부과하겠다는 선언(닉슨 쇼크, 1973)을 한 이후에 달러의 지위는 크게 흔들렸다. 그럼에도 불구하고 달러는 기축통화의 지위를 누렸다. 왜냐면 달러로만 석유 대금을 결제한다는 '패트로 달러 시스템'을 중동 산유국들이 변경할 뜻이 없었기 때문이다.

2022년 12월 사우디를 방문한 시진핑 중국 국가주석은 '중국·걸프 아랍국가협력위원회 정상회의'에 참석한 자리에서 "석유 및 가스 무역에 대해 위안화를 사용할 것"이라고 연설했다. 요구만 한 것은 아니다. 중국은 2개의 선물보따리를 꺼냈다. 하나는 미국이나 서방과는 달리 인권 문제에 대한 '내정 불간섭 원칙'을 이들 나라에 대해 고수할 것이라고 천명한 것이고, 또 하나는 사우디에 총 38조 6천억 원 규모의 재생에너지 및 건설 관련 협력 협정을 체결한 것이다.

2022년 OPEC+의 감산 결정이 1·2차 오일 쇼크 당시의 상황과 비견할 만큼의 끔찍한 수준인 것만은 아니다. 러·우 전쟁으로 천연가스 공급에 차질이 생긴 유럽 국가들은 프랑스를 제외하고 대부분 재생에너지로의 전환을 가속화하고 있다. 산유국들에도 나름의 사정이 있다. 본서 5장 '그린 밸류 체인'에서 자세히 언급하겠지만, 미국이 셰일가스를 증산하기만 하면 언제든지 유가가 곤두박질칠 수 있다는 불안감에 OPEC 국가들은 나름의 '석유 이후의 세계'를 준비해야만 했다.

특히 사우디의 경우, 안보를 전적으로 미국에 의지하다간 석유경제에서 벗어나지 못한다는 위기감이 크다. 예멘과 푸티 반군이 꾸준히 습격을 이어 오는 상황에서 무기체계를 구축하기 위해서라도 돈이 필요한 실정이다. 중동 산유국들이 자국의 오일머니 의존도를 낮추고 서둘러 금융과 관광, 안보와 수소경제로 진입하고자 돈을 쏟아붓는 이유가 바로 여기에 있다.

1 · 2차 오일 쇼크는 인위적으로 공급을 막아서 벌어진 일이다. 1차 오일 쇼크는 1973년 4차 중동전쟁이 발발하면서 미국과 서방이 이스라엘을 지원하지 못할 압박용으로 발생했고, 1978년 오일 쇼크는 이란의 혁명정부 수립 이후 이란 · 이라크 전쟁에서 이라크를 지원하는 미국과 서방에 대한 반발로 이란이 수출을 전면 중단하면서 발생했다.

하지만 2022년의 유가 상승은 미국의 러시아 석유 수입 금지 조치에 더해 중국, 인도, 신흥국들의 석유 소비량이 팬데믹 종결과 함께 크게 올라 유가 상승을 부채질했기 때문이다. 1 · 2차 오일 쇼크 당시 경제위기를 기회로 삼아 가장 효과적으로 돌파한 나라는 일본이다.

1973년 1차 오일 쇼크 당시에 한국은 물론 일본의 위기감도 매우 높았다. 이슬람 산유국들의 석유 금수조치로 유가가 하루아침에 배럴당 2달러에서 10달러로 뛰었다. 당시 경제의 석유 의존도가 80%에 달할 정도로 매우 높았던 일본 사회는 패닉에 빠져들었다. 일본은 2차 세계대전 이후 처음으로 마이너스 성장을 기록했다.

일본은 당시의 위기를 산업구조와 주력 업종 전환의 계기로 삼았다. 에너지 소비가 많을 수밖에 없는 조선 · 해운 등의 중화학공업 기반 산업을 자동차 · 전기 · 전자산업으로 재편했다. 일본은 반도체를 활용한 전자기기와 고분자 화학 기술을 활용한 소재, 초정밀 장비 기술을 활용한 자동차 부문을 통해 체질 개선에 성공했다. 즉 과거에 자신이 잘하고 있는 분야에서 한 단계 더 나아가 미국과 유럽의 선진시장을 침탈하는 방식을 채택한 것이다.

일본은 이미 1960년에 세계 최초의 휴대용 TV(TV8-301) 상용화에 성공했는데, 미국 시장에서 출시하자마자 3달 만에 4백만 대를 판매하는 기염을 토했다. 1968년엔 세계 최초의 컬러 TV를 상용화했다. 2차 오일 쇼크가 한창이었던 1979년엔 세기적 상품인 워크맨이 출시되어 세계에서 2010년까지 4억 대를 판매하는 기록을 세웠다. VCR이 탄생한 시점 역시 이 시기였다.

일본-미국 1인당 실질 GDP 성장률 추이(1790년~2000년)

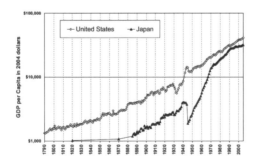

FIGURE 1
Real GDP per Capita in Japan and the United States, 1790-2005

Source: U.S. from Johnston and Williamson (2005) and National Accounts; Japan from Maddison (1995) and National Accounts.

4차 산업시대 통합가치와 그랜드 리셋

육중한 덩치에 기름 먹는 괴물이었던 미국형 상용차는 오일 쇼크에 직격탄을 맞았다. 유가가 천정부지로 뛰면 응당 연비를 개선하고 차량을 더 작게 만들어야 한다는 단순하면서도 직관적인 전략은 사실 누구나 생각할 수 있는 상식이었지만, 미국의 제조사들은 미국인의 라이프 스타일의 상징인 자동차 콘셉트를 바꾸는 데 조심스러웠다. 반대로 일본은 공격적으로 제품 개발과 마케팅에 나섰다. 이 시기 미국의 자동차 시장을 맹폭했던 브랜드가 바로 혼다와 도요타 자동차였다.

*"당신이 가스에 낭비하지 않은 돈은 다른 곳에 쓸 수 있습니다.
연비가 좋을수록 연간 비용도 절감됩니다."*

당시 혼다의 TV 광고다. 당시 3천 달러가 안 되는 비용으로 일제 경차를 살 수 있었다. 세계 최초의 연비 17㎞/L를 뽑아내는 기술력도 미국 업체들과는 상대가 되지 않았다.

*"미국 내 차량 중 10대 중 9대는 아직 도요타의 연비를 따라오지
못하고 있습니다. 도요타는 상식입니다."*

이건 도요타의 TV 광고 문안이었다.

2차 오일 쇼크 이듬해인 1980년에 일본은 세계 최대의 자동차 생산국으로 등극했다. 오토바이 시장도 마찬가지였다. 혼다에서 만든 세기적 명차 '슈퍼커브 100'은 "기름 냄새만 맡아도 간다."는 농담이 있을 정도로 연비가 좋았기에 무겁고 연비 낮은 할리데이비슨을 점차 대

체하기 시작했다. 물론 연비만의 문제는 아니었다. 혼다 바이크는 잔고장이 없었고, 마을에서 마트에 가거나 출근할 때 타기 좋은 안전한 생활용 바이크라는 마케팅도 크게 호평받았다. 2차 오일 쇼크가 끝난 1982년 '할리 데이비슨'는 미국 내 시장점유율 15%까지 추락했고, 제품 불량률로 이미지는 더 나빠졌다. 당시 미국 모터사이클 잡지에선 할리 데이비드슨을 '구시대의 돼지(hog)'[3]라고 조롱할 정도였다.

1979년, 에즈라 보겔(Ezra Vogel) 하버드대학교 교수는《Japan as No.1》, 즉 "일본이 세계 최고다"라는 책을 썼다. 세계 시장을 제패한 일본 제조업의 비약을 통해 미국의 각성을 촉구하는 내용이었지만, 이 책은 출판되자마자 일본 국민의 필독서가 되었다. 기업인을 비롯한 남녀노소 전 국민이 이 책을 읽으며 자국에 대한 자부심을 나누었다. 이 책은 실제로 근대화 이후 일본에서 가장 많이 팔린 책으로 기록되었다.

일본 경제의 부흥에는 일본 정부의 전략적 승부도 한몫했다. 2차 세계대전 패전 이후 군수용품을 제작하던 무기회사들은 모두 제조회사로 탈바꿈했고, 1950년 한국전쟁은 그들의 제조 기반을 더욱 단단하게 만들어 주었다. 1·2차 오일 파동을 겪은 일본은 석유 기반의 제조업 구조를 바꾸기로 결심한다. 1970년대 미국의 반도체 기술을 목도한 일본 정부는 기업을 모아 산업구조 개편을 단행한다. 철강과 화학

• • •

3 할리 유저 모임(H.O.G : Harley Owner Group)의 약자인 Hog를 빗댄 비난.

4차 산업시대 통합가치와 그랜드 리셋

등에서 나름 원천 기술을 가지고 있는 기업들에게 반도체 관련 장비와 소재를 만드는 기업으로 전환할 것을 요구했다.

이러한 일본 정부의 요구는 터무니없는 것이 아니었다. 자동차 타이어에 들어갈 고무를 만드는 회사는 고분자 화학을 이용해 반도체 식각액을 만들었고, 금속가공 회사는 컴퓨터를 활용한 CNC 정밀 반도체 장비를 만들었다. 최초의 노트북, D램, 컬러 TV, 전기밥솥을 만들며 세계 경제를 호령하던 도시바는 전구와 전기기관차, 전기세탁기 등의 전자기기를 만들던 회사였고 반도체 광선 장비를 개발한 회사는 렌즈 기업이었다. 통상산업성 주도로 '초LSI기술연구조합'이라는 이름의 민·관 연합기구를 만들었다. 일본 반도체 기업들이 연구개발 비용을 중복 투자하는 것을 막고, 핵심 기술을 일본 업체 간에 공유해서 독자적인 반도체 생산구조를 만드는 것을 목표로 했다.

1976년~79년 사이 일본 통상산업성은 하나의 칩 안에 수십만 개의 트랜지스터를 집적하는 기술인 VLSI 기술개발에만 2억 달러를 지원했다. 지원 대상도 5개 반도체 기업으로 제한했는데, 후지쓰, 미쓰비시, NEC, 도시바, 히다치가 혜택을 받았다. 이는 공식적인 자료일 뿐이고 실제로는 5억 달러 이상의 연구비용을 정부가 지원했다는 것이 정설이다. 일본 업체가 미국 반도체 업체와는 비교할 수 없는 수율(하나의 웨이퍼에서 불량품으로 버리지 않는 양품의 비율)로 시장을 압살했던 실적은 이렇게 나오게 된 것이다.

이렇게 성장한 대표적인 기업들이 바로 히타치, 소니, 파나소닉, 도시바, 후지쓰, NEC, 미쓰비시전기, 샤프전자, 산요전기, 파나소닉 등이다. 1990년까지 세계 반도체 기업 Top 10에 항상 6~7개의 일본 기업들이 포진했다. 반도체 세계시장 점유율도 1988년에는 50.3%에 달했다. 반도체와 관련한 원천 기술을 확보하고 있었던 미국은 80년대 초반만 해도 일본을 경쟁상대로 보지 않았다. 그래서 반도체 관련 특허권을 로열티를 받고 일본에 제공했는데, 결국 일본의 반도체는 미국을 집어삼켰다.

1986년 레이건 대통령은 '미·일 반도체 협약'을 일본에 제의해 우격다짐으로 관철했다. 미국 내 일본 반도체 수입 물량의 상한성을 설정하고 반대로 일본 시장에서 미국 반도체 수입물량을 20% 이상으로 의무화하는 내용이었다. 중요한 건 일본이 이 조약을 받아들였다는 점이다. 여기서 우린 미국의 다급함과 일본의 여유로움의 읽을 수 있다. 1980년대 후반, 동경의 부동산을 팔면 미국 전 국토를 살 수 있고 일본 황궁 부지를 팔면 캘리포니아를 살 수 있다는 농담 같은 말이 돌았는데, 실제 당시 환율을 감안하면 충분히 가능한 일이었다.

에너지 위기는 일본의 산업에도 혁신을 가져왔다. 에너지를 아끼려

4차 산업시대 통합가치와 그랜드 리셋

면 재고와 불량을 줄이고 기계 공정과 제작 방식 혁신을 통해 작업 동선을 더 효율적으로 바꿔야 한다. 도요타에선 '적시 생산시스템(just in time)'을 도입해 부품의 재고가 남지 않도록 공정을 관리했고, 숙련공을 중심으로 한 명이 여러 부품을 조립할 수 있도록 노동자들의 동선을 최소화했다.

물론 이런 공정 혁신은 포드의 컨베이어 시스템에 동원되는 고정밀 공작기계 기술이 부족했기에 마련한 궁여지책이었지만, 결과적으론 오일 쇼크를 맞아 오히려 빛을 보았다. 포드의 기계공작 시스템은 오일 쇼크 이전엔 높은 생산성과 비용 절감을 보장했지만, 유가가 오른 상태에선 오히려 도요타 시스템이 빛을 발한 것이다.

지금도 세계적 브랜드로 평가받고 있는 생활용품 브랜드 무지(MUJI)가 글로벌 업체로 부상한 것도 오일 쇼크가 한창이었던 1980년이었다. 브랜드 로고도 새기지 않을 정도로 원가를 절감하고 심플한

일본-미국 GDP성장률(1961년~2020년)

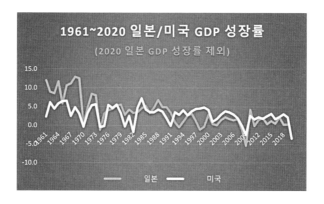

디자인과 저렴한 가격, 내구성으로 승부를 본 용품이 세계인의 요구를 충족시켰다.

1차 오일 쇼크 당시 일본과 영국은 상반된 경제 정책으로 주목받았다. 영국이 저금리로 시장에 돈을 풀고 이후에 긴축에 들어간 데 반해 일본은 초기부터 강력한 고금리 정책으로 긴축을 실행해서 타격이 훨씬 적었다. 물론 일본의 이러한 조치는 세계 최고의 수출 호조 현상과 엔화 가치의 안정성으로 인한 것이었다. 그리고 시장에 지나치게 풀린 돈을 회수하기 위해 금리 인상을 단행했을 때부터 일본의 버블은 깨지기 시작했다.

'그레이트 더블링
(Great Doubling)'과 미국

1980년대는 미국에게 암흑의 시대였다. 일본의 약진만큼이나 미국의 후퇴는 분명했다. 수출에서 확연히 밀리며 재정적자와 무역수지 적자가 계속 이어졌다. 미국 월가의 상징을 쌍둥이 빌딩이라고 했는데, 당시 미국의 끔찍한 경제 상황을 일러 경제인들은 '쌍둥이 적자'라고 표현했다. 물가상승은 15%까지 치솟았고, 생산성은 하락하고 실업률은 계속 올라 1990년 초반기에는 7%에 육박했다. 무역적자는 1965년 이후 계속 적자였고, 적자 규모는 기하급수적으로 늘었다.

레이건 대통령은 1985년 세계 경제 대국 5개 나라(일본, 영국, 프랑스, 독일, 미국)가 참가하는 회의를 통해 강제적으로 달러 대비 4개국의 화폐 가치를 올렸다. 달러가 약세를 보이면 주요 경제 대국에서 미국 상품을 사는 데 부담이 덜할 것이라 예상했다. 그래도 큰 효과를 보지 못한 미국은 1987년 6대 경제 대국을 모아 '르불르 합의'를 끌어냈지만 당장 효과를 보지는 못했다. 인위적으로 환율을 찍어 내려도 미국 제품에 대한 각국 소비자들의 불만이 컸던 탓이다. 재정적자는 계속 늘었고 실업률도 늘었다.

1987년 10월 검은 월요일(Black Monday) 사건은 미국 경제의 취약성을 그대로 드러냈다. 1987년 10월 19일 뉴욕 월 스트리트에서 하루 만에 주가가 22.6%나 빠져 1929년 경제 대공황을 촉발한 하락 폭을 넘어서는 사태가 발행했다.

1990년에 들어서도 상황은 나아지지 않았다. 이라크의 쿠웨이트 침공으로 미국이 걸프전을 주도했는데, 당시 유가는 2배나 상승하며 물가를 더 끌어올렸다. 엎친 데 덮친 격으로 모기지(Mortgage) 대출을 하던 저축대부조합의 줄도산이 이어졌다. 8개월간의 경기 침체 끝에 GDP는 1.5%까지 추락했다.

그레이트 더블링과 자유무역의 확대

그랬던 미국이었지만 1990년대는 1920년대에 이은 제2의 미국 경제 황금 호황기로 남았다. 소련의 붕괴와 독일의 통일로 인해 2차 세계대전 이후 최초의 글로벌 경제체제가 구축되었다. 당시 자본주의 체제의 임금노동자가 14억 6천만 명 수준이었는데, 공산권 내지는 농업국가에서 자본주의 체제로 유입된 노동인구 역시 14억 6천만 명이다. 중국, 인도, 러시아, 브라질 등의 합류로 자본주의 노동인구가 29억 2천만 명이 되었는데, 이를 학계에선 '그레이트 더블링', 즉 '거대한 2배'라고 부른다.

지구의 절반을 소비에트 경제체제로 묶었던 장막이 철거되자, 미국의 금융자본과 기업들은 발 빠르게 이 권역을 접수해 갔다. 자유무역협정(NAFTA)으로 캐나다와 멕시코를 잇는 자유무역지대가 건설되었고 1994년엔 우루과이 라운드 의정서가 체결되었다. 1995년에는 세계무역기구(WTO)가 설립되면서 세계 경제는 관세 없는 자유무역으로 재편되었다.

1980년대 일본에 밀려 고전을 면치 못했던 미국은 체질 개선에 나서며 제조업 비중을 줄였다. 철강과 자동차, 신발과 같은 전통적인 업종이 줄어들고 그 대신 원격통신과 컴퓨터 네트워킹 분야의 기술혁신은 방대한 컴퓨터 하드웨어와 소프트웨어 산업을 발전시켰다. 당시 '닷컴 버블'이라는 우려가 있을 만큼 글로벌 자본은 미국의 IT 관련 신생 업종에 막대한 투자를 단행했다.

아시아 신흥국들의 경제력이 올라서면서 미국산 수출품의 판매도 증대되었다. 경제는 빠른 속도로 성장했고 기업의 수익은 놀랄 만큼 증가했다. 낮은 인플레이션과 낮은 실업률, 거기에다 높은 수익성으로 주식시장이 폭등했다. 다우존스 산업지수는 1970년대에 겨우 1,000포인트였던 것이 1999년에는 11,000포인트를 기록했고, 모두는 아니지만 많은 미국인이 부자의 반열에 올라섰다.

인플레이션 없는 기묘한 호황

이 시기 가장 독특했던 점은 미국이 돈을 많이 찍어 내고 국제 자본이 월가에 집중되어도 인플레이션이 없었다는 것이다. 차갑지도 뜨겁지도 않은 '기묘한 시장의 안정'이 가능했던 이유는 중국의 저임금 노동력으로 생산되는 공산품 때문이다. 미숙련 저임금 노동자가 하위 생산 공정에 유입되면서 생산성은 높아지고 미국은 물론 세계적으로 임금 상승이 억제되었다.

자본이 노동자들의 임금 인상 요구를 비교적 압도적인 힘으로 누를 수 있었던 시절이었다. 중국의 저임금으로 수출했던 공산품이 세계 무역을 안정화시켰고, 무엇보다 중국 당국이 미국 국채를 엄청난 규모로 사들였기 때문에 미국은 저금리 정책을 유지하고 주가 상승의 덕을 볼 수 있었다. 임금이 상승하고 수출 호조가 이어졌지만 생산단가는 오히려 안정되었기에 인플레이션을 잡을 수 있었다.

중국이 세계의 공장으로서 저렴한 공산품을 풍부하게 제공하면서 세계의 '근원물가지수'를 억제할 수 있었는데, 근원물가지수란 소비자 물가 조사품목 중 석유와 농산물 등 일시적 외부 충격 요인에 취약한 품목을 제외한 물가 변동의 장기적 기조를 분석하는 지표다. 오일 쇼크와 같은 외부 충격에 물가가 상승할 경우 무조건적인 통화 긴축을 하면 경제가 망가지기 때문에 세계 각국은 근원물가지수를 일종의 인플레이션 지표로 활용하고 있다. 1990년대는 미국과 중국이 서로 이익을 보았기에 전략적 동반자로 지낼 수 있었다.

하지만 이런 현상은 1990년대까지였다. 중국과 인도가 성장하고 원자재와 에너지에 대한 수요가 급증하면서 원자재 가격이 상승하고 소비자 물가 역시 상승하게 된 것이다.

전투적인 인플레이션 억제 정책

1990년대 미국 경제만큼 경제학적으로 논란이 많은 시대는 별로 없다. 미국 경제 호황의 비밀을 각기 다른 관점에서 분석한다. 이론마다 편차가 있지만, 각종 지표를 통해 확인된 공통점을 꼽자면 필자는 다음과 같은 5개의 요인으로 정리하고자 한다. ① 안정적인 금리 정책을 통한 물가 안정, ② 기축통화를 활용한 공격적 환율 정책, ③ 노동 시간 연장과 임금 삭감을 통한 생산성 향상, ④ 인터넷을 기반으로 한 새로운 성장 동력의 확보, ⑤ 글로벌 투자금의 집중.

1991년부터 1999년 연말까지 미국 경제는 후퇴 없이 성장만을 했다. 미국 역사상 가장 긴 호황기였다. 1999년 11월 미국의 실업률은 4.1%였는데, 이는 30년 만에 최저치였다. 더 놀라운 것은 소비자물가 인상률이다. 1998년에야 겨우 1.6% 상승했다. 물론 평균 인플레이션을 기준으로 판단하면 1990년대 미국의 물가는 그렇게 예외적으로 안정된 것은 아니었다.

월평균 인플레율을 10년 단위로 비교해 보면 1990년대의 월평균 인플레율 3.0%는 1970년대의 7.09%, 1980년대의 5.66%와 비교해 보면 상당히 안정적이다. 이와 같은 미국 인플레율의 하향 추세는 1980년대 초 FRB 의장이었던 폴 볼커에 의해 주도된 강력한 긴축 정책에 힘입은 것이다. 1980년대 경기 둔화라는 비용을 지불하고 얻어진 대가라고 봐야 한다.

　인플레율의 변동성(volatility)을 기준으로 평가된 1990년대의 미국 인플레이션은 이전 40년과 비교했을 때 가장 안정된 것으로 나타났다. 1990년대 중 월간 인플레율의 표준편차는 1980년대에 비해 3분의 1에 불과했다. 역대 미국의 통화 정책 중 가장 안정적이라고 평가받는데, 미국의 호황은 이런 정책으로 인한 것이다.

두 번의 금융위기와 중국굴기

1999년은 한국이나 중국에 매우 드라마틱한 해였다. 1998년 동남아 금융위기로 인해 한국의 주요 금융자산(거의 60%)이 헐값에 외국자본에 먹힌 데 반해 글로벌 경제에 뒤늦게 뛰어들었던 중국은 오히려 성장과 안정 모두를 잡는 면모를 보였기 때문이다. 세계의 자본이 중국 시장을 달리 보게 된 계기였고, 중국 위안화(CNY)가 주요 통상화폐로서의 가치를 인정받은 시기였다. 1997년 동남아 금융위기가 한국으로 확산되자 미국 증시는 하락하고 일본의 엔화는 심각하게 동요했다. 미국 경제의 버블이 언제 터질지 모른다는 우려가 세계 주식시장을 지배했다.

1999년 당시 중국은 무역수지에서 연속해서 흑자를 기록하고 있던 와중이었다. 경제성장률은 1995년 11.0%에서 1998년 7.85%로 떨어지는 것처럼 보이지만, 오히려 중국 경제는 꾸준히 내수를 확대하고 수출 호조를 이어 갔다. 한국이 1997년 6.1% 성장을 했다가 이듬해에 −5.2% 추락한 것과는 대조적이다. 일본 역시 하시모토 내각이 구조 개혁을 통해 정부 적자를 만회하고 체질 개선을 하려고 개혁에 착수했는데, 이것이 오히려 독이 되었다. 경제가 위축되고 은행권의 폐업이 이어졌다.

아시아 금융위기 당시 중국의 외화보유고는 1,400억 달러를 초과하고 있었고, GDP에서 외채가 차지하는 비율은 16.9%에 지나지 않았다. 외국 자본이 투자한 돈의 성격도 한국과 달랐다. 또한 인플레이션을 막기 위해 1992년부터 꾸준히 실시했던 강력한 통화 긴축 정책의 덕을 보았다. 무엇보다 투기자본의 단기채가 아닌 장기채와 직접 투자금이 다수를 차지하고 있었다.

금융기관 주식 60%를 외국자본이 지배하고 있는 한국과 달리 중국은 2001년 WTO에 가입한 이후에도 금융시장은 부분적으로만 개방했다. 2006년 합작은행의 외국 지분을 투자자당 20%로 제한했고, 외국인 투자자의 소유지분 총합이 25%를 초과할 수 없도록 했다. 만약 중국에서 외국인이 금융기관 지분 10% 이상을 사려면 중앙정부는 물론 지방 금융감독기관의 승인까지 받아야 했다.

2011년 기준 한국 금융지주회사의 외국인 지분율이 외환 65%, 하나 65%, 국민 65%, 신한 63%, 우리 24%였던 것과 비교한다면, 한국 금융에 대한 초국적 자본의 지배력에 비해 중국 당국이 자국 금융환경을 얼마나 철저히 관리하는지를 확인할 수 있다. 그랬기에 중국은 당국의 결정만으로도 환율을 조절하고 안정적으로 관리할 수 있었다.

당시 중국 당국의 환율 정책은 위안화의 안정화를 통해 위안화를 시장에서 신뢰할 수 있는 통상화폐로 정착시키는 것이었다. 만일 당시 위안화가 달러와의 연동가치로 인정받고 국제 투기자본의 점유율이 높았다면, 중국 당국이 경제 정책도 큰 성과를 거두지 못했을 것이다. 아시아 금융위기를 중국이 비껴갈 수 있었던 요인은 이와 같다.

이런 기조는 신창타이 선언으로 계승된다. 중국 시진핑 주석은 2014년 '신창타이(新常态)', 즉 '새로운 상태(뉴노멀)'라는 정책을 발표했다. 선진국에 안착한 많은 나라의 사례처럼 고도성장기를 마감한 중국이 중고속의 안정성 있는 지속성장 국가로 발전하기 위한 전략이다. 다소 성장이 늦어지더라도 안정적이고 지속적인 성장을 구축하기 위해 기존의 제조업 분야를 저개발 국가에 점차 넘기고 서비스와 첨단 기술 산업으로 산업구조를 고도화하겠다는 것이다.

이 신창타이 선언에서도 중국은 금융과 원자재, 중간재 기술에 대한 대외 의존성을 줄이는 것이 핵심 과제라고 천명했다. 중국이 세계 경제에 영향을 줄지언정 세계 경제에 나쁜 영향은 받지 않겠다는 의지다. 세계 GDP의 20%를 차지하는 '세계의 공장'이 자립을 통해 영향받지 않겠다는 역설적인 움직임이다. 중국이 2012년부터 디커플링(탈동조화)을 국가 전략으로 수립한 배경엔 글로벌 금융위기로 인한 장기 침체의 후과를 확인한 결과다.

또 IMF에게 감독받는 국가의 처지를 반면교사 삼아 나름의 국가발전전략을 수립한 것이다. 중요하게는 대만을 임기 내에 반드시 통일하겠다는 시진핑 주석의 원대한 목표 때문이다. 국산화와 경제 자립,

일대일로 사업을 통한 교역 루트의 확보 작업은 대만 침공 이후 미국이 해상에서 중국을 봉쇄하거나 제재했을 경우를 대비한 작업이기도 하다.

이렇듯 중국 경제가 안정적으로 성장할 수 있었던 배경은 단순히 통화 정책에 있지 않았다. 중요한 것은 산업의 주력을 노동집약형 1차 산업에서 디지털, 반도체 첨단산업으로 전환시킨 것이다. 중국의 호황은 2008년까지 이어졌다. 양적 완화 국면이 이어지고 미 연방정부 국채와 달러를 충분히 비축하고 있었던 중국은 소득 불균형과 지역 불균형, 부채 등의 문제와 높아진 에너지, 원자재 수요를 감당하기 위해 새로운 전략이 필요했다.

그것이 바로 일대일로 사업이다. 새로운 시장 개척과 인프라 구축을 통해 에너지 문제를 해결하고, 중국 내의 과잉생산 문제를 해소하고자 했다. 군사적으로는 미국 중심의 태평양 미사일 방어망의 확장을 억제하고 남중국해 분쟁을 유리하게 종결하며, 중국 중심의 저지선을 구축하는 데 도움이 되었기에 중국 정부의 국책사업이 되었다.

리먼브라더스 장기 침체에서 중국굴기를 꿈꾸다 ▶▶

2004년 미국 부시 대통령은 당시 10월 재선을 위한 선거운동에서 "미국의 가족이 내 집 마련의 꿈을 이룰 때마다 미국은 더 강한 나라가 됩니다."라고 여러 번 강조했다. 대통령이 내 집 마련을 강조하자 각종 지원 정책이 뒤를 이었다. 1995년 미국인의 자가 소유 비율은 64%였는데, 2005년에는 69%까지 상승했다. 그런데 이상한 점은 2005년 매매된 주택의 40%는 1가구 2주택이라는 점이다. 한국과 같이 수도권 밀집도가 심각하고 국토가 협소한 나라에선 1가주 2주택이 흔한 일이지만, 미국에선 상상할 수 없는 문화다. 어떻게 된 일일까?

근원은 모기지(mortgage loan)에서 시작되었다. 1987년 레이건 행정부는 자동차와 신용카드 대출이자에 대해선 소득세 공제를 폐지했지만, 주택 담보 모기지 이자만큼은 소득세 공제를 유지했다. 모기지란 주택자금을 대출해 주고 그 대출채권을 은행이 그저 소유하고 있는 것이 아니라 대출채권을 다시 주택저당증권(MBS)으로 발행해서 대출해 대출 재원을 조달하는 제도다. 이런 방식은 은행 입장에선 매우 유리했는데, 과거에 한 사람에게만 대출하면 만기 때까지 자금을 돌려받지 못한 것에 비해 여러 사람에게 추가 대출해서 금방 나간 돈을 채울 수 있었고, 이런 시스템으로 인해 매우 적은 돈으로 주택을 구입할 수 있었다.

모기지는 현물이 아닌 저당권으로 새로 증권을 발행했다는 점에서 파생증권이라고 볼 수 있다. 주택 모기지에 대한 공제가 유지되자 사람들은 주택 담보 모기지 대출을 받고 자동차를 사거나 다른 물품을 구매하기 시작했다. 소득공제 금액을 감안하면 훨씬 이익이었기 때문이다. 이런 문화로 인해 주택은 소유가 아닌 투기의 대상이 되었다. 과거 주택 담보 모기지 대출은 적어도 20%라는 자기 자금이 있어야 가능했는데, 2006년에는 이런 보증금 규제도 없었다. 돈 한 푼 없어도 주택을 구입할 수 있는 시대가 열린 것이다.

당시 저금리 정책이 유지되고 있었기에 은행들은 대출 경쟁에 혈안이 되어 있었다. 대출자의 자금 여력에 대한 조사 없이 수십만 달러를 대출해 주거나 원리금 상환을 2년간 유예하는 파격적인 조치도 마다하지 않았다. 당시 서브프라임 모기지 업체 뉴센트리 파이낸셜의 홍보 문구는 다음과 같았다. "단 12초면 대출 여부를 알려 드립니다." 대출 실적이 좋을수록 인센티브도 컸기에 묻지마 대출이 기승을 부렸다. 그리고 은행들은 위험을 분산하기 위해 부채담보부증권(CDO)이나 신용부도스와프(CDS)라는 신종 파생상품도 만들었다. 은행의 위기를 제삼자에게 전가할 수 있는 장치였다.

문제는 여기서부터다. CDO와 CDS는 주택저당증권(MBS)와 달리 채권의 출처를 파악하기도 어렵고 리스크를 관리하기 불가능하다. 금융당국의 눈에서 벗어난 이런 증권들은 은행에겐 노다지와 다름없었다. 투자은행들은 투자자들의 돈을 끌어모아 CDO, CDS에 투자했다. 부동산이 과열되었기에 엄청난 수익금이 뒤따랐다. 당시 미국 월가에선 CDS에 투자하지 않는 사람은 바보 취급을 당할 정도였다.

위와 같은 일이 가능했던 이유는 미국의 저금리 정책에 있었다. 미

4차 산업시대 통합가치와 그랜드 리셋

연준은 2001년 IT 거품 붕괴와 9·11 테러로 인한 불황을 타개하기 위해 금리를 무려 13회나 급격하게 인하했다. 2001년에서 2004년까지 1% 금리가 유지되었다. 시장에 돈이 풀려 은행들은 돈을 주체할 수 없는 지경에 이르렀다. 주택 모기지 상품에 돈이 몰리자 주택 모기지는 투기처가 되었고 부동산 폭등이 나타났다. 5년 사이에 집값이 75%나 상승했다. 5년간 돈이 넘치도록 풀려도 정부는 유동성 완화조치를 이어 갔고 금융가에선 매일 샴페인을 터뜨렸다. 이에 따라 고위험 파생상품에 대한 투자도 늘었다.

과잉 유동성을 우려한 연준은 2004년 6월부터 금리를 0.25%씩 매달 올리기 시작해 2006년 8월엔 5.25%까지 인상했다. 거품이 여기서 터지기 시작했다. 주택가격이 곤두박질치기 시작하자 주택을 팔아도 대출금을 갚을 수 없는 사람들이 속출했다. 신용등급 상관없이 묻지 마 대출을 해 주었던 서브프라임 대출부터 문제가 생겼다. 뉴센트리 파이낸셜의 주가는 과거 50달러에서 1달러 밑으로 거래되어 파산보호 신청을 했다. 당시 주택 담보 모기지 대출을 받은 사람들은 주로 2년간 고정 저금리를 내다 이후 3년 차부터는 28년 동안 6개월마다 변동금리를 적용받는 상품에 가입하고 있었다. 연준이 금리를 올리자 이자는 폭탄이 되어 돌아왔다.

2006년 리먼브라더스와 메릴린치 등의 투자은행들이 문을 닫았다. 2006년 기준 서브프라임이 전체 주택저당대출에서 차지하는 비중은 무려 13%나 되었다. CDS와 같은 파생상품을 취급했던 투자은행들의 파산이 속출하자 연준은 2008년 3월, 13조 4천억 달러 상당의 파생상품 거래를 포기하고 도산을 앞둔 베어스턴스에 대해 300억 달러의 구제금융을 제공했다. 그리고 9월 7일에는 양대 모기지 업체인 패니메이와 프레디맥을 사실상 국유화하면서 1,530억 달러라는 사상 최대의 구제금융을 투입했다. 그리고 9월 13일, 세계 4위 2,000억 달러 자산규모의 투자은행 리먼브라더스가 파산했다.

언론이 정부의 구제금융 정책을 집중 난타하자 정부가 이번에는 파산을 외면하기로 했는데, 이것이 바로 2008년 금융위기의 폭발점이 되었다. 2008년 4분기 손실액은 620억 달러에 이르렀고, 주식시장은 붕괴되었다. 금융위기는 실물경제에 곧바로 영향을 미쳤고 은행들은 태세를 전환해 문 잠그기에 나섰다. 소비는 위축되고 투자가 줄어들자 침체가 이어졌다. 자산가치가 하락하자 저축률만 높아졌을 뿐 불경기가 아시아까지 번졌다. 리먼브라더스 파산으로 미국은 부동산 거품 붕괴와 투자 손실로 19조 2천억 달러라는 가계 자산이 증발했다. 이 세계적인 경제침체는 무려 10년이나 이어졌다.

2008년 세계 금융위기 시점에 가장 극적인 구원투수로 등장한 나라가 바로 중국이다. 중국은 미국발 금융위기가 발생한 2008년 경기부양에 4조 위안(약 786조 원)을 퍼부어 자국뿐 아니라 세계 경제 침몰을

4차 산업시대 통합가치와 그랜드 리셋

막는 데 큰 몫을 했는데, 당시 세계 경제성장의 3분의 1을 중국이 담당했을 정도였다. 더 주목할 점은 중국은 당초 2008년 자국의 심각해지는 인플레이션을 잡기 위해 10년 만에 최초로 긴축 정책을 2007 전국인민대표자회의에서 결정한 마당이었다는 점이다. 이랬던 중국이 베이징 올림픽 등을 이유로 달러를 계속 빨아들이면서 방패막이 역할을 했는데, 당시 동아시아 국가들의 중국에 대한 무역의존도가 높았던 것도 도움이 되었다.

리먼브라더스 사태 이후 중국의 위안화는 힘을 발휘하기 시작했다. 무역거래에서 위안화 결제 규모는 2009년 하반기 35억 9,000만 위안, 2010년 5,063억 위안, 2011년 2조 1,000억 위안으로 급성장했다. 특히 이후 미국이 자국의 경제를 살리기 위해 양적 완화를 추진하자 달러화의 가치는 골칫덩이가 되었다. 미국에서 시작된 금융위기도 좀 더 근본적인 측면에서 보자면 브레턴우즈 체제의 결함이기 때문이다. 금과 등가교환이 되지 않는 유동성 달러가 과연 기축통화로서의 자질이 있는가 하는 의문을 중국이 거세게 제기했고, 유럽도 역시 이에 호응했다.

미국 최대의 채권 보유국인 중국이 '기축통화 재편론'을 들고 나선 이유는 합당했다. 달러 그 자체가 투기상품이 되면서 고금리 통화에 투자하는 캐리 트레이드(Carry trade) 현상이 빈번해졌는데, 캐리 트레이드로 들어온 돈이 갑자기 빠지면 환율 폭등과 주가 폭락으로 타국의 경제가 몸살을 앓는 금융위기가 자주 발생했고 투기자본 또한 점점 늘고 있기 때문이다.

독일의 인더스트리 4.0, 중국의 중국제조 2025

2008년 미국발 금융위기에도 불구하고 이 시점을 미래 산업을 주도하기 위한 마지막 기회로 보고 국가 산업 구조와 체질의 변화를 공격적으로 추구한 나라가 바로 독일과 중국이다.

독일은 전통적인 제조업의 생산시스템을 혁신해 새로운 산업구조로 재편하는 길로 나갔다. 2013년, 독일은 전통 제조업의 생산 시스템을 일대 혁신하겠다는 인더스트리 4.0(Industry 4.0)을 국가 정책으로 공표했는데, '4.0'의 핵심은 가상 물리시스템을 활용한 완전 자동화와 최적화된 생산관리였다. '인더스트리 4.0'이라는 용어는 독일 인공지능연구소(DFKI)가 국가 미래 전략으로 제안한 것이다. 인더스트리 4.0은 제조업의 완전한 자동생산체계 구축, 생산 과정의 최적화가 이뤄지는 4차 산업혁명을 골자로 하고 있다.

즉, 제조업과 같은 전통 사업에 IT시스템을 결합해 지능형 공장(smart factory)으로 진화하자는 내용이다. 정보통신기술(ICT)을 이용해 공장의 기계, 산업 장비, 부품들은 서로 정보와 데이터를 자동으로 주고받을 수 있으며 기계마다 인공지능이 설치돼 모든 작업 과정이 통제되고 사람 없이도 수리가 가능하다. 이를 통해 생산에서 노동자가 차지하는 비중이 더욱 줄어들고 창의적인 기술 개발과 혁신이 제조업의 경쟁력을 좌우하게 됨으로써 인구 감소 등의 변화에도 불구하고 낮은 인건비를 바탕으로 도전해 오는 신흥국과의 경쟁력을 유지할 수 있는 전략이다.

중국제조 2025 주요 내용

분류	주요 내용
국가 분류	1등급: 미국 2등급: 독일, 일본 3등급: 영국, 프랑스, 한국
단계별 목표	1단계(~2025): 제조업의 IT 경쟁력 확보로 제조강국 단계(3등급) 진입 2단계(~2035): 글로벌 제조강국의 중간수준까지 진입(2등급) 3단계(~2045): 글로벌 제조강국의 선도적 지위로 도약(1등급)
9대 과제	① 제조업 혁신력 제고, ② IT 기술과 제조업 융합, ③ 제조업 기초역량 강화, ④ 품질 향상 및 브랜드 제고, ⑤ 친환경 제조업 육성, ⑥ 10대 전략산업 육성, ⑦ 구조조정 확대, ⑧ 서비스형 제조업 및 생산형 서비스업 육성, ⑨ 제조업 국제화 수준 제고
10대 전략산업	① 차세대 IT 기술, ② 고정밀 수치제어 및 로봇, ③ 항공우주 장비, ④ 해양 장비 및 첨단기술 선박, ⑤ 선진 궤도교통 설비, ⑥ 에너지 절약 및 신에너지 자동차, ⑦ 전력설비, ⑧ 농업기계장비, ⑨ 신소재, ⑩ 바이오 의약 및 고성능 의료기기

2012년엔 시진핑 총서기는 '중국몽(中國夢: 위대한 중화민족의 부흥)'을 공표했다. 이와 함께 2025년까지 기술 자립수준을 높이고 2049년에는 세계 최강국의 자리에 올라서겠다는 이른바 '중국제조 2025' 계획을 발표했다.

'중국제조 2025'는 자신들이 추월해야 할 제조업 강국을 3개의 등급으로 분류했다. 영국·프랑스·한국을 3등급으로 분류했고, 2등급은 독일과 일본, 1등급은 미국 한 국가다. 이 국가 분류는 첨단 과학기술에 대한 특허와 과점기업, 진입장벽을 살핀 것이다. 그리고 세계 최강 제조국이 되는 시점을 다시 3단계로 나눴다. 1단계는 2025년까지로 제조업의 IT 경쟁력 확보를 통해 제조강국 초입 단계로 진입하는 것이다. 이 과정에서 핵심 소재와 부품 70%를 국산화하겠다는 것이 목표다. 2단계는 2035년까지로 글로벌 제조강국의 중간순위인 2등급으로 진입하고, 3단계인 2035년엔 글로벌 제조강국의 선도적 지위로 도약하겠다는 뜻을 밝혔다.

10대 전략산업은 ①차세대 IT 기술, ② 정밀 수치제어 및 로봇, ③ 항공우주 장비, ④ 해양 장비 및 첨단기술 선박, ⑤ 선진 궤도교통설비, ⑥ 재생에너지와 전기ㆍ수소 자동차, ⑦ 전력설비, ⑧ 신소재, ⑨ 바이오 의약 및 고성능 의료기기다.

'중국제조 2025'에 미국이 언급되어 있으니 미국이 이 계획안을 모른 체 할 리 없었다. 각종 보고서와 포럼에서 중국에 대한 경계심을 호소하며 '중국제조 2025'가 언급되기 시작했다. 과거 1980년대 미국에겐 일본 경제가 타도 대상이었다면, 이제는 중국이 된 것이다. 실제 중국에 대한 시장개방 이후 미국 경제인구의 불평등 지표를 보면 '중국산 물결'에 실직하거나 이직을 강요당한 계층은 주로 제조업 종사자들과 소비재 관련 노동자들이었다. 이들은 중국에 무역전쟁을 실행했던 트럼프의 정책을 반겼고 공화당의 강력한 지지자가 되었다.

무섭게 치고 올라오고 있는 중국을 견제하기 위해 미국은 위에서 언급한 10대 분야의 핵심 기술에 대한 중국 이전을 막고 있다. 트럼프 행정부 이전 중국은 첨단기술을 확보하기 위해 관련 업체를 매입하거나 기술자를 영입하는 전략을 썼었다. 하지만 트럼프 행정부 이후, 미국은 전 세계 동맹국을 다니며 중요한 기술을 가진 기업을 팔지 못하도록 각국 정부를 설득하고 있다. 중국 정부는 '중국제조 2025'가 불필요하게 미국을 자극해 기술이전 장벽을 불러왔다고 생각하는 듯하다. 그래서 최근에는 중국제조 2015라는 표현보다는 앞서 언급한 '신창타이(새로운 상태)'라는 다소 모호하고 전략적인 단어를 사용하고 있다.

중국은 당시 2차 산업 의존에서 1차·2차·3차 산업이 조화, 과학기술 선진산업으로의 개편을 국가 중심 과제로 설정했다. 특히 경제사회 발전을 제약하는 핵심 기술 및 중요 기술 개발을 중국굴기의 핵심 돌파구로 설정해 첨단 정보통신, 우주과학, 소재과학, 드론과 사물인터넷 기술인재를 키우기 위한 사업에 주력하고 있다. 서방으로 유학 간 중국 과학자들은 중국으로 돌아와 정부의 지원 아래 자국에서 벤처기업을 창업했고, 2022년 현재 중국의 과학 기술력을 상징하는 첨단 과학 관련 논문의 양산과 인용은 미국을 추월하고 있다.

2007년 12월 3~5일 열린 중국 중앙경제공작회의에선 이후 중국은 무작정 시장개방을 하는 것이 아닌 중국에 이익이 되는 교역 구조를 실현하겠다고 선언했다. 2차 산업에서 고부가가치 상품을 생산하고 세계 시장에 진출할 수 있기 위해선 4차 산업 중심의 기업을 유치해 기술과 경험을 축적해 도약한다는 전략이었다. '지식재산권'에 대한 자국 중심주의를 유지했던 중국은 과거 한국이 추진했던 전략을 더욱 공격적으로 진행했다. 대표적인 것이 중간재에 대한 중국의 추월전략이다.

그동안 한국이 중국 시장에서 석권하고 있던 장비, 부품과 같은 중간재 상당수를 이제는 중국 기업들이 만들고 있다. 대표적인 것이 반도체와 선박, 자동차, 철강 생산에 필요한 장비들이다. 이제 국제시장에서 중국을 값싼 공산품이나 제공하는 '세계의 공장'으로 바라보는 시선은 거의 사라졌다. 광물, 에너지, 소재, 항공우주, 선박, 자동차, IT와 AI 모든 영역에서 미국을 추격하고 있다.

팬데믹 이후
한국의 성장 동력

2021년 유엔무역개발회의(UNCTAD)는 한국을 선진국으로 지정했다. 이는 2차 세계대전 시기 식민지였던 나라 중 유일한 사례다. 그 이전 시대 식민 지배를 받고도 일어선 나라는 한국, 핀란드와 아일랜드, 노르웨이 정도인데, 이 중 핀란드와 한국을 제외하면 모두 북해유전에서 천연가스가 나오는 산유국들이다.

선진국 지표에 대한 판단은 기관마다 다르지만, 대체로 2020년 기준 국민소득 2만 달러 이상 달성과 세계은행에서 정의하는 OECD 고소득 국가군 32개국을 포함한다. 여기에 파리 세계기후협약 비준국 22개국도 고려한다. UN은 기대수명과 세계 평화 기여도, 교육지수 같은 지표도 참고한다. 선진국 클럽에 가입했다는 것은 앞으로 권리보다 의무를 더 많이 부여받게 될 것이라는 의미다. 세계 난민에 대한

GDP 대비 세계 상품무역 비중과 한국 수출 비중 그래프 1(상), 2(하)

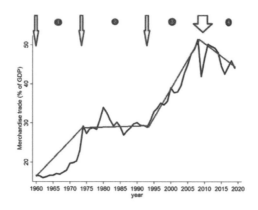

세계 GDP 대비 상품무역 비중 추이(1960~2020)

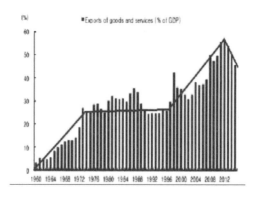

한국 GDP 중 수출 비중 추이(1960~2015)

지원, 빈곤국에 대한 감염병 지원과 원조, 탄소 배출 규제 의무화, 노동인권에 대한 준수와 같은 '글로벌 국가 윤리'를 요구받는다.

　그런 점에서 한국은 이스라엘, 핀란드와 상당히 닮았다고 말을 한

4차 산업시대 통합가치와 그랜드 리셋

다. 모두 자원의 혜택이 아닌 교육과 과학기술력, 무역을 통해 발전했기 때문이다. 위의 그래프는 지난 1960년 이후 세계 GDP 대비 상품 무역 비중과 한국의 GDP 중 수출 비중 추이를 비교한 것이다. 다시 말해 국민총생산액에서 수출이 차지하는 비중 변화를 추적한 데이터다. 흥미로운 점은 한국의 지표가 세계 전체의 지표와 정확히 일치한다는 것이다.

표에서 성장이 둔화되고 있는 지점은 각각 베트남 전쟁과 68혁명 (1968), 1·2차 오일 쇼크, 이라크 전쟁 시기다. 급격한 우상향 곡선이 이어지고 있는 1990년에서 2005년은 소련을 비롯한 공산권의 붕괴와 GATT 체계의 출범, 중국의 개혁개방 시점이다. 한국은 중국의 개혁개방으로 인해 가장 큰 혜택을 얻은 나라 중 하나다. 급격히 추락하고 있는 지점은 동아시아 금융위기, 리먼브라더스 사태 등으로 인한 침체기다. 이 표가 시사하고 있는 점은 한국이 무역으로 먹고사는 나라라는 것이다. 둔화기와 침체기와 같은 세계 경제 흐름에 가장 민감하게 영향받는다. 이런 경향성이 한두 번이면 모를까 1960년대 이후 줄곧 한국의 수출 동향과 세계의 수출물량 곡선이 일치했기에, 월가에선 한국통계청이 발표하는 수출입 지표를 글로벌 무역의 선행지표로까지 받아들일 정도다.

한국 경제의 기적은 한국인의 DNA 덕분인가

동유럽과 중남미 나라에선 특집 다큐멘터리를 편성해 '한국의 성장'

을 소개하곤 한다. 한국이 고도성장은 유례없는 수준인데, 특히 1953년 한국전쟁 이후의 도시 사진을 보면 기적이라 불러도 무방한 수준이다. 물론 이 과정에서 국제사회의 원조와 무상차관의 역할이 적지 않았다. 광복 이후 1995년까지 한국이 미국을 비롯한 국제사회로 받은 원조(지원액)는 127억 달러로 결코 작은 돈이 아니었다.

또 어떤 이는 이에 대해 한국인의 국난 극복 정신과 특유의 성실성 덕분이라고 말하기도 한다. 틀린 말은 아니다. 세계 어디를 가도 한국인만큼 부지런한 기업인은 있어도 한국인만큼 성실한 노동자는 없다는 말이 있을 정도니까. 한국은 한국전쟁 이후 국제사회의 원조를 통해 기아와 전염병, 종자와 농업용 비료 등의 문제를 해결했고, 경제계발 5개년계획을 통해 8% 수준의 실질 GDP 성장을 달성했다. 이후 몇 번의 천운을 만났고 그 운을 진취적 기업가 정신으로 올라탔다고 본다.

한국의 무역이 1970년대 박정희 정권의 경제개발 5개년 계획에 의해 순조롭게 발전한 것으로 오해하는 사람들이 많다. 하지만 한국 경제에서 1970년은 가장 위험한 시기였다. 한국의 중공업 단지는 주로 1970년대 초반에 건설되었다. 박정희 정권이 다소 급하게 '중공업 우선 정책'을 천명하고 포항제철에 이어 조선소와 중화학 공업단지를 건설하기 시작한 이유는 1970년 '닉슨 독트린'에 의한 안보 위협도 한몫했다. 미국으로부터 차관 형식의 무기 지원을 받을 수 없게 되자, 정부는 중공업을 통해 국산 무기를 제조하기로 한다. 1970년대 대규모 공업 단지는 모두 방산을 염두에 둔 것이었다. 투자 규모도 매우 컸는데, 당시 한국의 기술력과 세계 경제 추이를 보면 명백한 과잉투자였다.

4차 산업시대 통합가치와 그랜드 리셋

현대건설은 1972년 울산에 조선소를 만들면서 70만 톤급 드라이 도크 2기를 건설했는데 이는 당시 세계 최대 수준이었다. 공사비는 1억 2,900만 달러, 우리 돈으로 약 520억 원이었다. 골리앗 크레인 역시 당시로서는 가장 비싸고 큰 독일 제품이었다.

당시 현대건설의 총자산이 135억 원 수준이었고, 경부고속도로 총 건설비가 430억 원이었다. 그런데 당시 현대가 받아 놓은 물량은 유조선 2척에 불과했다. 처음부터 세계 시장을 겨냥했던 정주영 회장의 안목을 확인할 수 있는 대목이다. 당시 세계 경제는 오일 쇼크와 68혁명, 베트남 전쟁 등으로 침체기였다. 일본은 이미 조선·해운산업에서 손을 떼고 있던 시점이었다. 현대만 조선업을 시작한 것이 아니었다. 이미 대한조선공사가 있었고, 대우와 삼성이 뛰어들었다.

1980년대 중국이 경제를 개방하고 3저 호황이 따라오지 않았다면, 한국 조선소의 대형 도크는 흉물스러운 잔해만 남았을 것이다. 1980년대 초반 한국 경제의 극적인 부활을 "휘청거리다가 올라탄 곳이 중국의 등"이라고 야박하게 평가하는 것도 완전 헛소리는 아니지만, 운도 실력이다. 한국 경제가 도약했던 몇 개 지점을 돌아보면, 세계 경제의 침체기에 미래를 준비하며 역량을 축적했고 시장이 열리자마자 치고 나가는 패턴을 확인할 수 있다.

"언제 위기 아닌 적이 있었나?"

한국 경제를 두고 하는 말이다. 실제로 '한국 경제 위기'라는 키워드는 매해 끊이지 않고 나온 경고다. 이는 2가지의 의미를 담고 있다. 한국 경제의 자원 없는 수출국가 특유의 대외 의존성으로 글로벌 위기에 쉽게 충격받는다는 점과 한국 경제의 전진 속도가 지구상 그 어떤 나라보다도 가팔랐고 우린 이제 높아질 대로 높아진 이 기준점으로 한국 경제를 판단한다는 점이다.

2021년 기준 한국의 1인당 GDP는 35,000달러다. G2 국가인 중국이 약 1만 5천 달러, 초고속 성장을 거듭하고 있다는 베트남이 3,700달러, 매해 6%씩 경제 성장률을 기록하고 있는 인도가 2,170달러다. 한국전쟁 이후 한국에게 원조하던 에티오피아는 2021년 현재 960달러에 불과하다. '기적'이라는 단어가 워낙 흔하게 사용되긴 하지만, 사실 지난 40년간의 한국 경제의 성장을 기적과 마법이라는 사용하지 않고 설명할 수 있을까.

하지만 앞서 언급한 것처럼 2022년은 세계 경제의 중대한 변곡점이다. 냉전 블록 형성과 극단적인 고금리, 세계적인 경기 침체, 대중국 수출 급감 등 지난 세월 한국 경제를 견인했던 우월적 요소가 모두 부정적 요소로 작동하고 있다.

국가 경제가 외부 환경에 흔들리지 않으려면 다음과 같은 조건이 갖춰져야 한다. 에너지와 곡물 자립, 2억 규모의 내수시장, 첨단기술을 가진 세계적 과점기업의 수. 2023년부터 본격적으로 진행된 경제 침체에 한국이 큰 타격을 입을 것이라는 건 위의 그래프를 통해서도 직관적으로 확인할 수 있다.

냉전 갈등과 경제 블록화로 인해 21세기 세계 경제를 견인했던 공

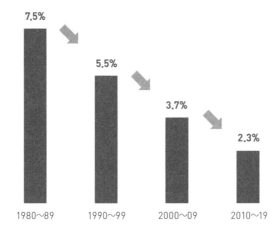

1980년 이후 10년 주기 한국 1인당 실질 GDP 성장률

7.5%

5.5%

3.7%

2.3%

1980~89   1990~99   2000~09   2010~19

급망 체인은 단절되고 있다. 글로벌 이동은 제한되고 교역은 위축될 것이다. 세계화에 의존해 왔던 지난 40년간의 흐름이 깨지며 세계 경제의 장기적 저성장을 낳을 것이다. 과거와 다른 점은 구원투수가 보이지 않는다는 점이다.

글로벌 공급망의 단절은 생산성의 하락을 불러오고 기술 진보의 확장 효과를 억제할 것이다. 양적 완화나 금리 인하 역시도 경제에 활력을 불어넣기 어려울 것이다. 현재 풀려 있는 돈의 성격 대부분이 금융자본으로 실물경제나 생산성과는 별개로 자가 복제된 기형적 자본주의 금융위기를 내포하고 있는 버블이기 때문이다.

IMF는 2023년 경제 전망을 4.4%로 잡았지만, 이를 지나치게 낙관적인 전망이라고 보는 경제학자들이 다수다. 유럽뿐 아니라 미국이

2023년 심각한 침체에 빠질 충분한 가능성이 있다는 근거로 연준을 비롯한 주요 중앙은행들이 인플레 대응을 위한 금리 인상이 효과를 발휘하지 못해 반대로 금리를 너무 급하게 공격적으로 올려서 경제 침체를 가져오는 '역방향의 정책적 실패'를 야기할 수 있다는 지적도 나오는 것이다.

특히 강달러 현상의 지속은 한국과 아시아 신흥국들의 숨통을 조여올 것이다. 지금이 1997년 IMF 위기 때보다 더 어렵다는 전망도 나오고 있다. 외환 거래량 대비 외화보유액으로 따지면 1997년보다 그 비율이 더 낮다. 무엇보다 투자시장에서 한국 경제에 대한 기대감이 사라지고 있다는 것도 중대한 변수다.

한국은 세계에서 GDP보다 가계 부채가 많은 유일한 나라다. 2021 세계 가계 부채(Global Debt) 보고서에 따르면 세계 36개국의 GDP 대비 가계 부채 비율은 한국이 104.3%로 가장 높다. 1년 동안 나라가 번 돈을 모두 가계 부채 갚는 데 사용해도 다 못 갚는다는 이야기다. 미 연준의 금리 인상과 한국은행의 기준 금리 인상에 더한 물가 인상을 심상치 않게 보는 시선이 많은 이유도 이 때문이다. 만약 한국에서 금융위기가 발발한다면, 부동산이 맞물린 가계 부채 폭탄에서 시작될 것이라는 우려가 있다.

국내 경제연구소들은 2023년 한국의 경제성장률을 1%대 수준으로 전망했다. 하나금융연구소는 "코로나19 방역 조치 해제로 소비가 늘어나는 '리오프닝 효과'가 소멸되고 고물가·고금리 여파, 경제 심리

부진 등으로 성장 둔화가 불가피하다."면서 "2008년 이후 처음으로 고물가(물가 상승률이 한국은행 목표치를 상회)와 성장 부진(성장률이 추세 성장률을 하회)이 동시에 발생할 가능성이 있다."고 전망했다.

국제신용평가사 피치는 2022년 9월, 2023년 경제성장률을 1.9%로 예측하며 "세계 경제의 급격한 둔화가 수출과 설비 투자에 부담으로 작용할 것"이라고 했다. 국제통화기금(IMF)은 종전 2.1%에서 2.0%로 낮춰 전망했다. 중국은 2022년 3분기 경제 성적을 공개하지 않고 있어 통계하기 어렵지만 무척 저조할 것으로 전망된다. 신용평가사 피치는 미국의 경제성장률을 0.5%로 잡았다. 전체적으로는 '완만한 침체'다.

그런데 한국의 경우 이미 3% 이상의 경제성장률을 기대한다는 것은 판타지일 것이다. 야구로 치면 한국 경제는 9회 말에 들어섰다. 지난 10년간 한국 경제를 평가하자면 전교 수석 수준의 실력을 발휘해 왔다. 또한 한국 정도의 발전 수준을 가진 나라가 신흥국 수준의 경제 발전을 달성할 수 있는 구조적 유연성이란 애초 불가능하다. 문제는 그다음이다. 국가 경제의 성장이 국민의 실질적 부를 확보하고 삶의 안정을 주지는 않는다는 문제다.

일본의 성장 동력이 모두 소진되었다고 말들을 하지만, 많은 전문가는 한국 경제가 일본 경제를 따라가고 있다고 경고한다. 다만 다른 점이 있다면 종자와 소재, 고정밀 가공기계 기술과 같은 원천 기술이 일본을 여전히 먹여 살리고 있고, 충분하진 않지만 그래도 한국에 비해 2배 이상 큰 내수시장을 가지고 있다는 점이다. 공부로 표현하자면 밤샘 공부와 과외를 통해 중학교 내내 1등을 달려왔지만, 체력이 약해고 2 때부터는 허덕일 것이라는 말이다.

신성장 동력과 전략의 변화

신성장 동력산업은 쉽게 말해 앞으로도 지속적으로 고부가가치를 달성하며 고용을 유지 또는 확대할 수 있는 산업을 말한다. 대표적으로 공산품과 중간재의 경우 중국과 동아시아 신흥국들의 저임금 노동력으로 인해 국내는 물론 국제경쟁력도 사라졌지만, 반도체와 LNG 조선, 방위산업, 엔터테인먼트, 로봇, 의료, 신소재, 바이오 제약 등은 고부가가치산업이다. 1970년대에 한국에게 신성장 동력은 중공업이었고, 1980년대는 전자산업이었다. 1990년대는 반도체와 휴대전화, 2000년대는 디스플레이 등이었다.

원래 '신성장 동력산업'이라는 개념은 2009년 당시 이명박 대통령이 국가과학기술위원회와 미래기획위원회를 소집한 합동회의에서 발표한 개념이다. 3대 분야 17개 산업이 선정되었다. 3대 분야는 녹색기술, 첨단 융합 분야, 고부가가치 서비스 분야다. 17개 신성장 동력산업에는 방송 통신 융합산업, IT 융합 시스템 산업, 로봇 응용 산업, 신소재 나노 융합 산업, 바이오 제약 의료기 산업, 고부가식품 산업 등이 포함되었다. 신성장 동력산업이란 고부가가치를 달성하며 지속적으로 고용을 확장할 수 있는 산업을 뜻한다.

이명박 정부는 2010년 국내 로봇산업에 투자해서 세계 3대 로봇 제조 강국으로 발돋움하겠다는 계획을 발표했다. 하지만 다수의 전문가들은 고개를 갸웃거렸다. 정부에서 예산을 투자해서 해당 분야가 세계적 경쟁력을 갖출 수 있다면 좋겠지만, 그건 1970년대에나 통하는 이야기라는 것이다. 그것도 재정 지원이나 세제 혜택 정도가 아닌 공권력을 동원해 기업을 통폐합시켜 강제적으로 구조조정했던 유신 시절에나 가능한 일이라는 것.

14억 중국이 축구 굴기를 주창하면서 천문학적인 돈을 투입했지만 번번이 월드컵 본선에 진출하지 못하는 이유는 정부의 투자가 없어서가 아니라 축구가 성장할 수 있는 유소년 토대 자체가 허약하기 때문이다. 시장도 마찬가지다. 특정 분야가 성장하고 경쟁력을 확보할 수 있는 시장 생태계가 형성되었을 때 가능하다. 이와 관련된 내용은 후술하기로 한다.

진화경제학자들은 애플, 아마존, 테슬라와 같이 세계를 선도하는 기업의 탄생할 수 있는 조건을 연구하면서 한 가지 결론에 이르렀다. 세계 초일류 기업의 탄생은 강한 기업이 경쟁자를 물리치며 성장하는 과정에서 나오는 것이 아니라, 강한 기업들이 끝없이 경쟁하며 소멸하는 과정에서 경쟁력을 확보한다는 것이다. 이것은 마치 생물종의 진화와 비슷하다. 진화가 개체가 아닌 종들의 선택과 수렴 과정에서 일어나는 것처럼 기업 역시 개별 기업이 아닌 해당 경제 생태계 내에서의 경쟁과 수렴, 도태의 결과를 거친다는 의미다.

위기가 기회가 될 수 있을까

한국에겐 2022년 미국발 금리 인상에 따른 세계 경제 침체가 1997년 IMF 구제금융 이후 최대의 위기가 될 것이라는 전망이 많다. 사실 한국은 지난 20년간 여러 번의 대규모 금융위기 속에서도 뛰어난 성장을 기록해 왔다. 전 세계에서 1조 달러 이상 무역 규모를 가진 나라는 10개국에 불과하고, 그중에서도 흑자를 기록하는 나라는 3개국밖에 없는데 지금까지 한국은 그 모두에 해당했다. 전교 1등이라고 해도 무방할 정도의 실력이었다. 제조 강국이라서 물건을 직접 생산하지 못하고 해외에서 조달하는 나라와 달리 국내 생산품으로 가격 방어를 일정 부분 할 수 있기에 인플레이션도 비교적 안정적으로 관리해 왔다.

당면한 문제는 앞에서도 언급한 좀비기업의 비중과 부동산 자산시장과 가계 부채다. 한계기업 수는 조사 이래 가장 높은 비중을 기록했고, 가계 부채 역시 마찬가지다. 한국인의 자산 70%가 부동산에 쏠려 있다. 부동산 가치가 적어도 1년간 40% 이상 하락할 것으로 보이기에 대출로 집을 얻고 이자를 더는 갚지 못하는 사람이 결국 파산을 할 가능성이 높아지고 있다.

물론 현재 부동산 가격의 하락은 최근 2년간의 기이한 상승에 의한 것이다. 금리 인상도 하나의 요인이지만, 근본적으로는 한국 부동산에 껴 있던 거품이 빠지면서 발생한 가격 조정 현상으로 봐야 한다는 주장에 힘이 실리는 이유다. 2019년에서 2021년까지 수도권 지역의 부동산 매매 경향을 보면, 다주택자에서 무주택자로 이동했다. 무주택자가 당시 집을 구입했던 이유는 앞으로도 부동산 가격은 오를 것이라는 '부동산 불패'를 맹신했기 때문이다.

불행히도 당시 매입했던 부동산 가격은 역대 최고가를 호가했던 시점이었다. 특히 매매가 수준까지 올랐던 전세 가격이 크게 떨어지면서 2022년 12월 현재 서울 강남 지역에서만 20억 원 대의 전세 매물이 6천 세대나 쏟아지고 있다. 갭 투자로 집을 샀던 사람들에겐 달리 도리가 없는 상황이다. 여기에 채권시장의 동요로 부동산 파이낸셜 기업은 건설사의 채권 연기 신청을 승인하지 않고 있다. 미분양이 확실해도 울며 겨자 먹기로 분양할 수밖에 없는 실정이다.

그런데 이런 미시적 접근에서 벗어나 조금 더 근본적인 지점에서 한국 경제를 돌아볼 시기가 되었다. 한국 경제의 위기를 일시적으로만 보면 바른 해결책을 찾을 수 없다. 현재 발생하고 있는 문제는 대부분 한국 경제의 근원적 취약성에서 비롯되고 있다는 것이 필자의 견해다. 한국 경제의 장기 침체는 이미 5년 전부터 예견되어 왔다. 2020년의 코로나19 팬데믹으로 가수요가 폭발했고 시간은 늦춰졌으나 증상은 더 심각해졌다.

'탄광 속의 카나리아'라는 표현이 있다. 과거 광부들이 갱도 안의 산소가 부족해지는 것을 확인하기 위해 카나리아를 늘 가지고 다녔는데, 이 카나리아가 이상행동을 하거나 쓰러지면 시급히 탈출해야 한다는 신호였다. 국가 경제에서의 카나리아는 다름 아닌 환율과 무역수지다. 1998년 IMF 당시 한국의 무역적자는 200억 달러 수준이었고, 환율은 달러당 2,000원이었다. 2020년 10월 기준 현재 무역적자는 400억 달러 수준에 1,410원 수준이다. 물론 무역수지 적자의 경우 원자재 중 석유와 연료 대금의 인상으로 인한 것이다. 이를 제외하면 760억 불 흑자다.

따라서 현재의 무역적자를 일시적인 것으로 보는 낙관론도 존재한다. 그러나 전문가들은 이번 경제위기를 한국이 넘어선다 하더라도 구조적인 문제는 더 심각해지고 있다고 입을 모은다. 과거 IMF 시절 한국이 뇌졸중을 겪었다고 본다면, 현재는 심각한 간 지방에 만성 당뇨로 인한 합병증이 온 단계라고 비유한다. 다시 말해 쉽게 치유되기 어렵고, 치유되기 위해선 엄청난 체질 변화를 동반하는 혁신이 필요하다는 뜻이다.

한국은 자원이 없어 무역으로 달러를 벌어들이지 않으면 성장하지 못하는 데다가, 금융을 비롯한 시장이 거의 100% 개방되어 있어 외부의 충격에 매우 취약하다. 원래 금융의 개방률이 높으면 글로벌 자본의 투자를 유치하기 쉽다. 그런데 한국은 싱가포르나 두바이, 홍콩에 비해 매력적인 요소가 부족하다.

인구가 1억 정도만 되어도 그나마 내수시장을 기반으로 경제 생태계를 유지할 수 있는데 그마저 불가능하다. 다수의 전문가가 2023년에서 2024년까지 한국은 원하지 않았던 쓰라린 구조조정을 감당해야할 것이라고 보는 이유다. 말이 구조조정이지, 실상은 외풍에 버틸 수없는 기업과 개인은 도태되거나 추락할 것이라는 말이다. 그러나 앞에서 우리가 시스템 사고를 통해 확인했듯 부동산 거품과 기업과 가계

4차 산업시대 통합가치와 그랜드 리셋

부채에 따른 개인의 파산은 개인으로 끝나지 않는다.

현재와 같이 고환율, 고물가, 고금리, 저성장 기조가 이어지는 상황에서 개인과 기업의 도산이 연쇄적으로 발생하면 시장에 돈이 마르고 기업은 투자를 중단한다. 당장 유동성 자금을 확보해 놓아야 기업이 생존할 수 있기 때문이다. 만약 러·우 전쟁의 장기화와 연준의 금리 인상으로 인한 충격을 유럽과 동아시아 신흥국이 버티지 못할 경우 한국은 더 심대한 타격을 입게 된다. 수출과 내수가 동반 추락할 때 환율은 한국 경제의 출로를 막는다.

쉬운 단기 처방이 아닌 장기적이고 전략적인 시스템의 변화

2008년 《맥킨지(McKinsey)》엔 전설적인 논문 〈When Growth Stalls〉가 게재되었다. "성장이 멈출 때", 높은 성장률을 유지하다 정체 이후 완만한 하락이 아닌 급격한 추락을 맞은 기업들의 특징은 모두 'No Soft Landings', 즉 급격한 추락을 맞았다는 것이다. 공통점은 단기적 처방에 기업의 역량이 집중되면서 오히려 근본적인 해결을 할 수 있는 역량이 고갈되어 이후로도 계속 단기 대증요법으로만 처방해 왔다는 것이다.

그렇다면 우린 무엇을 준비해야 할까. 잘하는 분야에 대해서는 계속 잘해야 하고, 너무나 중요하지만 취약한 분야에 대해서는 국가적 역량이 집중되어야 한다. 필자는 그 분야를 반도체, 그린에너지, 교육 역량이라고 본다. 반도체가 매일 전투가 벌어지는 치열한 격전지라면 그린에너지와 교육 문제는 중기적 국가 전략이 요구되는 영역이다. 이와 관련한 내용은 후반부에 자세히 풀었다.

3장

Systems Dynamic

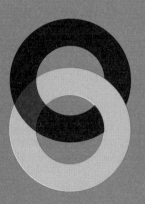

Grand Reset

세상을 보는 혜안, 시스템 다이내믹스와 시스템 사고

인도에서 전승되는 '셈(계산)'과 관련된 우화가 있다. 한 수학자가 전쟁을 게임처럼 연습할 수 있는 체스를 만들어 왕에게 선물했다. 왕이 상을 주겠다고 하자 수학자가 잔꾀를 썼다. 수학자는 체스판 64칸을 쌀로 채우되 첫 칸은 쌀 두 톨, 둘째 칸은 네 톨, 이런 식으로 매번 2배를 채워 달라고 했다. 왕은 처음에 수학자의 장난 같은 소박한 청이라고 생각했지만, 스스로 계산해 보고 나서 바로 수학자를 처형했다. 왕을 능멸했다는 이유다. 수학자의 요구대로 쌀을 채우다 보면 마지막 64번째 칸에 넣을 쌀은 1,884경 6,744조 737억 톨이 된다. 100만 톨이 약 1kg인데, 이를 환산하면 184억 톤이다.

이와 비슷한 사례로 '수련 개체군의 증가'가 있다. 프레스터 교수는 《성장의 한계》에서 '수련 개체군의 증가 사례'를 예로 들며 기하급수적

4차 산업시대 통합가치와 그랜드 리셋

변화(비선형적 변화)를 설명했다. 드넓은 연못에 수련이 하나 생겨났고, 수련은 매일 하나씩의 새로운 수련을 만들었다. 1이 2가 되고, 2가 4가 되고, 4가 8이 되며, 8이 16이 되는 방식이었다. 그리고 수련이 연못을 가득 채우는 시점을 30일이라고 설정한다. 수련의 증가를 도표로 나타내면 다음과 같다.

저수지 관리인은 첫 일주일 동안 수련의 증식을 눈치채기 어렵다.

매일 "×2"의 지수를 적용했을 때 수련 개체수의 증가

날짜	(×2)수련의 수	연못에서 차지하는 비중(%)
1	1	0.0000002%
2	2	0.0000004%
3	4	0.0000007%
4	8	0.0000015%
5	16	0.0000030%
6	32	0.0000060%
	//	//
24	4,194,304	1.6%
25	16,777,216	3.1%
26	33,554,432	6.3%
27	67,108,864	12.5%
28	134,217,728	25%
29	268,435,456	50%
30	536,870,912	100%

보름이 넘도록 미미하게 증가했던 수련은 20일이 넘어가면서 폭증하기 시작한다

작은 점처럼 보이는 비율(0.000006%)이기 때문이다. 관리인은 마음을 놓고 게으름을 피운다. 24일이 되는 날 혹시나 해서 연못에 갔더니 그 때도 수련의 넓이는 1.6%에 지나지 않았다. 29일째 되는 날 훌쩍 자라난 수련의 넓이를 보고 관리인은 놀란다. 내일은 반드시 수련을 치워야겠다고 결심한다. 그러나 다음 날 아침 연못은 수련으로 가득 차 있었다.

수련을 오염도로 생각해 보자. 일반적인 산식으로는 오염이 단순비율로 증가한다고 착각해서 조치를 늦출 수 있지만, 그랬다간 오염수 개선 장비를 주문하기도 전에 밤 연못은 불모의 땅으로 변해 그 어

4차 산업시대 통합가치와 그랜드 리셋

떤 조치에도 살아나지 못하는 무생물의 상태로 망가질 수 있다. 이는 정형적인 강화 피드백 루프 현상이다. 처음에 문제가 발생했을 때 시스템을 정확히 인식해서 대처하면 쉽게 해결할 수 있는 문제를 지연하면서 나중엔 손도 대지 못할 정도로 기하급수적으로 문제가 커지는 현상을 잘 설명한다. 이를 그래프로 나타내면 다음과 같다.

수련 개체군의 증가 곡선(지수 증가)

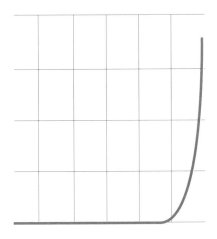

앞에서 예로 든 2개의 사례가 바로 '시스템 다이내믹스'의 기본 개념을 풀어서 설명할 때 주로 드는 것들이다. 언제부터인가 한국에서도 '시스템적 사고'라는 말이 자주 사용되고 있다. 때로 매우 유명한 말인데 널리 쓰여서 그 의미가 왜곡되거나 불확실해지는 경우가 많다. 이 '시스템 사고'나 '시스템 다이내믹스'라는 용어가 바로 그렇다. 이 이론을 수리모델로 풀 수 있는 사람은 지금도 많지 않다. 일부 식자들이 대중에게 더 쉽게 설명하는 과정에서 그렇게 된 듯하다. 그래서 한국에 선 여전히 '시스템적 사고'와 '시스템 사고'라는 용어가 혼용된다.

복잡한 세상사를 예측하기 위한 시스템 다이내믹스 이론

'시스템 다이내믹스'라는 개념은 MIT 대학의 포레스터(Jay W. Forrester, 1918~2016) 공과대 교수가 1961년에 개발한 복잡계 연구방법론이자 시스템 공학을 경영 현실에 대입한 설계방법론이다. 1950년대 경영학계에선 경영학적 방법론(수리모델과 통계예측)이 현실에선 틀리는 경우가 많고, 무용지물이라는 비판에 직면했다. 다시 말하면 통계분석은 '지나간 일과 축적된 데이터가 명확할 경우'에만 효과가 있지, 미래에 대한 예측이나 돌발 변수에 따른 변화값을 도출하는 데는 무능하다는 것이다.

시스템은 구조나 복잡계를 뜻하며 다이내믹스는 일정한 시간 동안의 변화를 뜻한다. 포레스터 교수는 과거 자신이 연구했던 컴퓨터 시스템 공학 이론을 경제에 접목해 보기로 했다. 그는 컴퓨터 메모리로 사용되는 램(RAM)의 개발에 참여한 적이 있는데, 그는 그 시절 사용했던 시스템 공학 용어를 세상에도 적용하기로 했다. '시스템 다이내믹스'는 일정 기간 서로 영향을 주는 요소에 의해 만들어진 구조가 형성하는 변화의 값을 추적하는 복잡계 과학용어다.

복잡계(Complex system)는 수많은 구성 요소의 상호 작용을 통해 구성 요소 하나하나의 특성과는 사뭇 다른 새로운 현상과 질서가 나타나는 시스템을 말한다. 복잡계는 완전한 질서나 완전한 무질서를 보이지 않고 그 사이에 존재하는 계(界)로 수많은 요소들로 구성되어 있는데, 그들의 상호작용에 의해 집단성질이 만들어지는 계를 말한다. 이런 물리적·사회학적 요소를 수학적으로 분석하는 것이 복잡계 과학이다.

다양한 요소가 영향을 준 결과, 완전히 새로운 현상과 질서가 태동한다. 이때 변화를 만드는 어떤 특정한 구조적 특징을 시스템 비해비어(System behavior)라고 하고, 입력값이 출력값을 뽑아내는 내적 구조 원형을 아키텍처(architecture)라 한다. 이 '아키텍처'라는 단어는 원래 컴퓨터의 입력값에 따른 출력값이 산출되는 프로세스(논리구조)를 뜻했다.

이 시기 제너럴 일렉트릭(GE)의 CEO였던 알프레드 슬론(Alfred Sloan)은 자신의 모교였던 MIT에 엄청난 후원금을 투자하면서 다음과 같은 조건을 걸었다고 한다.

> "MBA 출신 직원을 뽑아 함께 일해 봤지만, 그들의 이론은 겉만 번지르르했지, 현실에선 사용할 수 없는 비현실적 이론이었습니다. 현실 경영에 반영할 수 있는 과학적 경영이론을 창조할 수 있는 (경영)대학을 만들어 주시오."

MIT 공대 교수였던 포레스터 교수가 새로 건립된 경영학부(Sloan School)로 이전하게 된 계기다. 그는 전자공학에서 자신이 개발해서 사용하던 메커니즘을 경영 현실에 적용해 보기로 했다. 신기하게도 전기기에 사용했던 수학적(논리적) 매커니즘은 기존 경영학의 한계점을 오히려 여실히 보여 주었다. 당시 기존 경영학에선 다양한 변수가 상호 영향을 주며 변화하는 복잡계 모델을 반영하지 않았었다.

이후 보스턴 시장이 도시 문제의 발생과 확산에 대한 고민을 그에게 전하며 도움을 요청했을 때, 그는 자신의 이론이 경영의 수리모델을 떠나 현실을 바꾸는 데에도 기여할 수 있으리라고 생각한다. 시스템 다이내믹스는 통계분석 방법을 뛰어넘어 복잡한 변수들과의 상관관계로 새로운 값이 도출되는 '복잡계'를 해명하기 위해 만든 모델이다. 전자공학에서 사용하는 방법론을 경영학과 인문학에 접목한 것이다.

사실 이 이론은 대단히 어렵기에 천재 수학자들과 컴퓨터가 풀 수 있는 영역이기도 하다. 다만 쉽게 풀자면, 포레스터 교수가 제출한 욕조 모델을 확인할 수 있다. 욕조에 물을 넣는 파이프와 물을 빼는 파이프가 있다. 물을 넣는 파이프의 물의 양은 욕조 내의 물의 양에 영향받고, 거꾸로 욕조 안의 물은 파이프의 물의 양에 영향받는다. 또 욕조 내의 물의 양에 따라 물을 빼는 파이프의 배수량이 달라진다.

이를 수요 공급 모델로 풀면, 들어가는 flow(유량)는 어느 일정 기간 욕조에 들어와서 나간 물의 합계이며, Stock(저량)은 물을 받다가 현재 시점에서 수돗물의 남은 양이다. 이 역시 시스템상의 연속적인 피드백(Feedback)에 관한 영역이다. 공학에서 '피드백'은 우리가 흔히 쓰는 어떤 '제품 효과에 대한 반응이나 평가'라는 뜻이 아니다. 어떤 원인에 의해 나타난 결과가 다시 원인에 작용해 그 결과를 줄이거나 늘리는 자동 조절 원리를 뜻한다. 만약 이런 관계가 지속된다면 결국 서로에 의해 영향받고 순환되는 관계다. 이를 피드백 루프(Feedback Loops)라고 한다.

이를 조금 더 복잡한 복리(複利)의 개념으로 풀면 이렇다. 이자에 더해 이자를 더하는 개념이다. 가령 이자가 들어갈수록 은행은 유동성 자금이 늘어나는데, 이에 따라 금리는 달라진다. 이 역시 이자가 들어가면 유동성 자금이 쌓이지만, 쌓이는 요소(자금)로 인해 들어가는 금액(이자)이 달라지는 것이다.

가령 10달러라는 원금이 12개월 후에 20달러가 되는 금리 상품이 있는데, 이 원금의 이자에 이자가 붙고, 그 이자에 이자가 붙는 과정이 2회 · 3회 · 10회로 상승한다면, 그리고 기간이 각기 4개월 · 6개월 · 12개월씩 모두 달라진다. 여기에 이자는 은행의 유동성 자본의 크기에 따라 다시 영향을 받는다면? 계산이 상당히 복잡해질 것이다. 이런 식의 관계를 모델링해서 수학적으로 풀어낼 때도 시스템 다이내믹스 이론은 유용하다. 성장률에 따른 원금의 성장을 계산할 때도 사용된다.

선형적 사고 VS 시스템 사고

지수 증가의 형태로 변모하는 자연 상수를 계산할 때 선형적 산술 급수적으로 성장하지 않고 어느 순간 기하급수적으로 급격히 폭등한

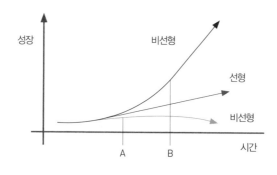

다. 일반적으로 사람들이 세상의 변화를 생각할 때 느슨한 선형적 곡
선(산술급수적 변화)으로 생각하지만, 실제로 시스템 다이내믹스 모델
을 활용하면 마치 어느 날 화산이 폭발하듯 비선형적 폭발적 변화를
자주 관찰할 수 있다. 이를 '비(非)직관 현상(Counter intuitive)'이라고
한다. 그리고 어제와 같은 흐름이 내일도 같은 비율로 계속되리라고
생각하는 것을 '선형적 사고'라 한다. 이에 대비해 입력값과 출력값 간
의 인과관계를 규명해 시스템의 구조를 파악하는 사고 방법을 '시스템
사고(Systems Thinking)'라 한다.

  '시스템 사고'와 '시스템적 사고'는 분명히 다른 말이며 다른 뜻이다.
시스템적 사고(System Thinking)는 체계적이며 논리적인 사유 방식을
뜻한다. 어떤 문제를 해결하기 위해 문제를 도출하고 연역적 논리에
의해 그 원인을 규명해서 결과를 도출하는, 일종의 마인드맵과 같이
전체적인 서사를 이해하고 연쇄적인 논리를 완성하는 체계적 사고방
식을 말한다.

시스템 사고(Systems Thinking)는 사물을 개별이 아닌 구조원형 속의 일부로 본다. 원인과 결과는 이 원형 내의 구조에 의한 것이다. 그래서 전체를 보고 다시 일부를 보는 통찰력, 그리고 오늘의 작은 변화가 미래에 일으킬 나비 폭풍을 감지하는 예지력을 뜻한다. 인구 모델과 환경오염, 금리 인상에 따른 신흥국의 외화보유고와 금리 연동 상품의 파산 유형을 계산해도 이런 비선형 그래프를 볼 수 있다. 미국 리먼브라더스 사태 당시 주가 추락에 따른 손실금 모델 역시 이러한 비선형적 곡선을 보였다. 시스템 다이내믹스란 결국 상호 간의 피드백으로 영향받는 복잡계에 대한 모델링 이론이다.

〈세상은 요지경〉이라는 노래가 한때 유행한 적이 있다. 원래 요지경(瑤池鏡)은 아름다운 연못 풍경이라는 뜻이다. 중국 주(周)나라 목왕이 서왕모를 만났다는 아름다운 곤륜산의 연못을 뜻했다. 이후 근대에 들어서면서 상자 안에 아름다운 그림과 풍경화를 넣어 놓고 확대경으로 보는 요지경이 유행했다. 이때부터 사람들은 천태만상, 알 수 없는 세상사라는 의미로 요지경이라 부르기 시작했다. 복잡하고 예측하기 어려운 세상사, 기존 패러다임을 뛰어넘는 놀라운 변화를 분석하고 예측하는 좋은 도구 중 하나가 바로 시스템 다이내믹스라 할 수 있다.

성장의 한계와
시스템 사고의 적용

　　글로벌 경영학 잡지 《맥킨지(McKinsey)》는 2008년 1월 표지 논문으로 〈When Growth Stalls〉를 실었다. 그해 최고의 논문으로 찬사받은 이 논문은 《포춘》에서 선정한 세계에서 시가총액이 가장 큰 50대 기업의 1955년에서 2006년까지 성장 과정을 추적해 성장과 실패의 원인을 해명한 시스템 아키텍처(시스템 원형)를 완성했다. 50대 기업은 높은 성장률을 유지하다 정체 이후 완만한 하락이 아닌 급격한 추락을 맞았다. 특이점은 50대 기업 그 누구도 예외가 없었다는 사실이다.

　　'No Soft Landings'라는 제하의 그래프는 가히 충격적이었다. 논문은 몰락으로 이끈 기업의 문제 중 80% 이상이 내부 요인이라고 분류했다. 대표적인 사례로는 기업이 성장을 지속할 때 어떤 문제가 발생해도 빨리 해결할 수 있는 대증요법을 선호하게 되는데, 문제는 단기 처방에 기업의 역량이 집중되면서 오히려 근본적인 해결을 위한 역량이 고갈된다는 점이다. 지금까지 단기 대증요법으로도 충분히 고객 불만을 해소해 왔기에 근원적 처방을 위한 시간과 역량을 예비하지 못한다는 점이다.

이 논문이 글로벌 기업의 경영자들에겐 공포로 다가왔음은 설명할 필요도 없을 것이다. 잘나가던 기업의 소멸 사이클에는 일련의 공통점이 있었다. 구조적 원인은 달랐지만, 유사성이 높은 모델을 합쳐 시스템 아키텍처로 분류하면, 기업 성장의 한계점에 대한 통찰력을 얻을 수 있다.

언제 성장이 멈추는가

스타트업 기업이 개발한 전자제품이 처음엔 고객에게 선풍적인 인기를 얻으며 순항하면 수요의 폭증으로 제품을 고객에게 판매하지 못하게 된다. 해당 전자제품을 사기 위해 3개월을 기다려야 하는 고객 중 일부가 타사의 제품으로 '갈아타기'를 하고 있다는 것을 염려한 경영인은 대기 고객을 없애기 위해 제품 생산 공장을 확장하고 생산 속도를 높이기 위해 로봇 설비를 대거 장착한다. 이제 제품이 제때 팔려 나가며 해당 제품이 시장을 선도한다.

하지만 성장세가 조금씩 완만해진다. 경영인은 새로운 설비 투자를 위해 은행 대출을 받긴 했지만, 그 정도 채무는 현재의 추세라면 큰 문

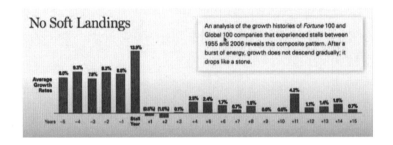

1955년에서 2006년 사이에 정체를 경험한 Fortune 100대 기업과 글로벌 기업의 성장 역사를 분석하면, 초반의 성장 에너지 폭발 이후 복합적인 패턴이 점진적으로 하강하지 않는다는 것을 알 수 있다. 그것은 마치 돌처럼 떨어진다.

제가 아니라고 믿는다. 시장에 제품이 많이 풀릴수록 더 많은 고객이 AS 서비스 품질에 불만을 제기하고 제품 불량으로 인한 반품량도 늘어난다. 경영인은 회사의 역량을 AS 서비스에 집중한다. 이제 회사의 유동성 자금이 마르기 시작한다.

이 지점에서 문제가 발생한다. 현금이 마르자 회사의 역량을 새로운 R&D 기술 투자나 품질 경영에 투자하지 못하게 된 것이다. 반품량과 재고는 더 많아진다. 그 순간 후발 주자가 자사 제품의 결함을 대폭 교정한 신상품을 출시한다. 이때 기업의 몰락이 시작된다. 이미 많은 돈을 투자해 생산 설비와 점포를 늘려 놓았고, 서비스 센터 운영에도 막대한 자금이 투입되었는데, 제품이 거부당하는 순간이 온 것이다.

무엇이 문제였을까? 기존 경제학 모델에선 설명되지 않았던 '피드백 루프(Feedback Loops)'라는 관념의 효용이 여기서 탄생한다. 경영

성장의 한계 다이어그램과 한계 정점에서의 추락 그래프

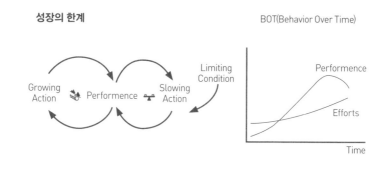

인이 선형적 사고를 하면 고객의 AS에 대한 불만을 잠재우고자 AS 부문에 자본을 투자한다. 하지만 시장에서 기업의 몰락은 비선형적 그래프를 그린다. 만약 경영자가 자신의 판단이 다양한 변수에 따라 어떤 효과가 나타날지 알았다면, 고객 대기자를 없애기 위해 제품 생산 설비를 증축하거나 무작정 AS센터를 늘리진 않았을 것이다. 미래의 변화를 그려 볼 수 있었다면, 다른 유용한 선택지가 많았기 때문이다. 이는 필자가 사례로 든 시스템 아키텍처(시스템 원형) 중 하나일 뿐이다.

2014년 한국 제과업계엔 '허니버터칩' 광풍이 불었다. 허니버터칩은 농심과 오뚜기에 밀렸던 해태제과가 일본 업체와 힘을 모아 만든 야심작이었다. SNS를 중심으로 입소문을 타기 시작하더니 나중엔 편의점에서 1인 1봉지 판매만 하겠다는 공지가 붙을 정도로 인기가 많았다. 감자 칩은 짜다는 고정관념에서 벗어나 아카시아꿀과 고메 버터를 버무려 만든 새로운 맛이 소비자를 사로잡았다.

졸라 대는 아이를 위해 대형 마트 문이 열리자마자 달려가서 허니버터칩을 사는 주부들이 많았다. 마트에선 허니버터칩 한 개에 인기 없는 과자 4개를 묶어 파는 방식으로 이 열풍을 이용했다. 품귀 현상이 지속되자 생산 설비를 늘리라는 소비자의 요구가 빗발쳤다. 그때 해태 담당자는 이렇게 말했다.

"지금은 매장 문이 열리길 기다려서 살 정도로 인기 있지만, 이 인기가 언제까지 이어질지는 모릅니다. 생산 설비 증설 계획은 없습니다."

당시 필자는 해태가 시스템 사고를 한다고 생각했다. 하지만 허니버터칩의 인기가 지속되고 제과업계에서 허니버터칩을 베낀 유사품을 잇달아 출시하자, 다급해진 해태는 2016년 생산 라인을 늘린다.

그런데 사람 마음이 참 변덕스럽다. 마트의 판매대에서 허니버터칩을 쉽게 살 수 있게 되자 열기는 금방 시들해졌다. 그리고 얼마 못 가 해태는 허니버터칩을 박스째 할인해서 팔아야 했다. 상품의 판매 사이클은 단순한 수요 공급 곡선으로 설명할 수 없다. 여기엔 소비자의 심리와 경쟁사의 대응, 시간 경과에 따른 입맛의 변화와 같은 복잡한 요인이 서로에게 영향을 주기 때문이다.

포레스터 교수는 자신의 시스템 다이내믹 이론을 보스턴의 도시 문제에 대입해 해결책을 제시하면서 전자공학에서 사용되었던 복잡계 계산이론으로 여러 사회문제를 해결하기 위해 노력한다.

1968년, 이탈리아의 재력가 아우렐리오 페세치(Aurelio Peccei)와 글로벌 기업의 후원으로 급속한 공업화가 환경오염을 유발한다는 인식에서 출발하여, '지구의 유한성'이라는 문제의식을 느낀 유럽의 경영자·과학자·교육자 등이 로마에 모여 회의했다. 이를 로마클럽(Club of Rome)이라고 한다. 이들은 천연자원의 고갈, 환경오염 등 인류의 위기 타개를 모색, 경고·조언하는 것을 목적으로 했다. 로마클럽은 '인류가 특정 정책들을 따르면 향후 130년 동안 어떤 일이 벌어질까?'라는 주제로 '인류의 위기 상황에 대한 프로젝트(Project on the Predicament of Mankind)'를 시작했다. 이 프로젝트의 책임자가 바로 포레스터 교수였다.

2년간의 연구 끝에 연구팀은 모든 데이터와 이론을 통합할 수 있는 '월드 3'라는 모델을 만들었고, 이 모델은 포레스터 교수의 시스템 다이내믹스 방법론에 의해 설계되었다. 이 모델에 따라 연구진은 "지금과 같은 추세로 세계 인구와 산업화, 오염, 식량 생산, 자원 약탈이 변함없이 지속된다면 지구는 앞으로 100년 안에 성장의 한계에 도달할 것이다."는 내용의 '인류 위기에 관한 프로젝트 보고서'를 제출했다. 보고서의 이름이 〈성장의 한계〉였다.

이에 대한 대안으로 1983년 세계환경개발위원회(WCED, 일명 브룬트란트 위원회)에서 '지속가능성(sustainability)'이란 개념이 채택되었

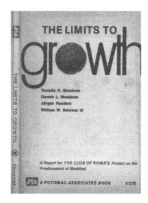

《성장의 한계》

다. 1988년 유엔총회에서는 브룬트란트 위원회의 보고서에서 권고한 '지속 가능한 성장'의 개념을 UN 및 각국 정부의 기본 이념으로 삼을 것을 결의했다. 그는 이후 1971년에 '월드 다이내믹스' 이론을 완성한다. 공학에서의 메커니즘을 도시와 지구의 문제로 확장해서 해석·해결하는 이론이다.

이후 포레스터 교수와 후학들은 1972년 시스템 다이내믹스 이론을 대중적으로 풀어서 쓴 《성장의 한계》라는 세계적 베스트셀러를 출판했다. 1990년 피터 센게(Peter Senge) 슬론 스쿨 교수의 역작 《제5경영(The Fifth Discipline Fifth Discipline: The Art and Practice of the Learning Organization)》은 20세기 가장 독창적인 경영서로 꼽힌다. 그 역시 포레스터 교수의 제자인데, 그는 조직이 스스로 학습하고 성장하기 위한 5가지 시스템 사고를 소개했다.

문제는 그의 시스템 다이내믹스 이론은 미적분 정도는 쉽게 풀 수 있어야 그 원리를 이해할 수 있었다는 점이다. 그래서 그의 제자들은 시스템 다이내믹스 이론을 폭넓게 적용해 사물과 세상의 변화에 대한 사유 방식만을 뽑아내서 '시스템 사고'라는 테마로 K-12(초등에서 고등학교까지의 교육과정)에 적용했다. 지금도 미국의 수많은 초중고 과정에서 시스템 사고라는 주제로 현상과 본질, 원인과 결과(인과), 연관과 상관관계를 추론하며 피드백에 의한 비선형적 세계의 변화를 학습한다.

한국에선 시스템 다이내믹스 학회를 중심으로 포레스터 교수의 방법론을 응용해 컴퓨터 시뮬레이션을 연구하거나 사회의 갈등과 모순에 대한 연구를 수행하고 있다. 인구 절벽과 빈집 문제, 연금 고갈과 노령화, 지방 소멸과 같은 문제가 대표적이다. 그들은 포레스터 교수의 예측 모델인 '월드 3'에서처럼 100년 후의 한국 사회를 연구한다.

시스템 다이내믹스의 핵심 요소인 'Feedback Loops(인과관계의 순환)'와 'Stock & Flow(입력값에서 산출값에 이르는 구조적 원리)' 개념을 현실에 적용한 것이 바로 시스템 사고다. 선형적 사고의 결함을 가장 잘 보여 주는 사례가 바로 미국이 지난 50년간 전개했던 마약과의 전쟁이다.

1973년 미국 닉슨 대통령은 '마약과의 세계 규모의 전쟁'을 공언하며 마약 퇴치를 부르짖었다. 당시 미국은 자국에서 벌어지는 마약 사건의 근본 원인이 공급에 있다고 보았다. 미국 내 코카인 90% 이상을 공급하는 콜롬비아·볼리비아의 대마초 농장에서 끝없이 흘러들어 오는 마약을 없애거나 공급을 차단할 수 있다면 마약을 관리할 수 있을 것으로 여겼다.

그래서 마약 단속국(DEA, Drug Enforcement Administration)을 창설해 미국 내 마약 유통의 고리를 발견하면 언제든 남미의 마약 농장에 쳐들어가 밭을 불태우고 관련자들을 사살 또는 송환할 수 있는 권리를 주었다. 미군 특수부대 출신 요원들이 주축이 된 현장진압팀은 실제 남미 각국에서 전투를 실행했다.

미국으로 공급되는 마약의 총량이 일순 줄어든 것이 성과로 보였지만, 그 이면에서는 더 무서운 피드백 루프가 작동하고 있었다. 인위적으로 공급을 줄이면 수요가 줄어드는 것이 일반적인 시장의 법칙이지만, 마약은 그 지독한 중독성으로 인해 그러한 시장의 법칙이 더 파괴적인 방식으로 작동했던 것이다. 마약의 가격이 높아졌고, 마약을 구하기 위한 강도 · 살인 사건은 더욱 많아졌다.

높아진 마약 가격은 소수의 마약 공급자에게 기존보다 더 큰 이익을 주었다. 엄청난 무엇보다 기존의 느슨했던 남미 국가의 마약 단속과 미국 DEA의 군사 작전은 비교가 되지 않았다. 남미 지역의 마약상은 카르텔을 형성했고 커진 자본력으로 농민에게 총을 쥐어 주며 군대를 조직했다. 과거 소매상 규모에서 재배되던 마약은 이제 '반군'에게 보호받는 거대한 영토에서 재배되었고, 유통은 미국과 멕시코 국경 인근의 대형 땅굴을 통해 이루어졌다. 해상과 항공기를 이용했을 때보다 훨씬 많은 물량을 짧은 시간에 미국에 들여보낼 수 있게 된 것이다.

중화기로 무장한 카르텔은 군대와 교전을 불사할 정도로 막강해졌고, 농민들은 앞다투어 마약 유통업(?)에 참여하기 위해 경쟁했다. 콜롬비아에서 생산된 마약은 멕시코를 통해 유통되었다. 1994년 북미자유무역협정(NAFTA)의 발효로 멕시코의 소규모 자영농은 붕괴하기 시작했는데, 그들이 생계를 위해 선택한 것이 바로 마약 유통이다. 멕시코 농부의 자식들은 지역 사회에서 당당한 마약 유통업자로 인정받는다.

공급만 줄여서는 답이 없다고 판단한 미국은 수요자들까지 처벌하기 시작했다. 학교에서 자투리 마약을 팔거나 이들에게 마약을 공급한 자, 지역의 갱단까지 예외 없이 체포해서 수감했다. 그 결과 2021년 현재 미국 교도소 수감자는 200만 명을 돌파했다. 해마다 미국은 교정시설 운영비로 800억 달러(110조 원)를 사용하고 있다. 마약 관련 수감자들은 출소 후 다시 마약을 찾거나 유통했고, 더 큰 갱단에 가입하길 원했다. 미국은 지난 50년간 1조 달러를 이 마약과의 전쟁에 쏟아부었지만, 지난 10년간 마약 조직은 3배 이상 커졌고 마약 관련 범죄는 1960년 이후 정점을 찍었다.

만약 1970년대 미국 정부가 마약과의 전쟁을 실행하기 전 1920년대 '금주법'의 후과를 연구하고 피폐화된 남미의 농촌 지역이 변하는 방식을 성찰해서 보다 장기적인 전망을 노렸다면 어땠을까. 1920년대 금주법은 미국과 영국, 이탈리아 갱단이 급속도로 성장하는 계기였다. 높아진 술값으로 밀수 조직은 떼돈을 벌었고, 번 돈으로 지역의 경찰과 세관, 운송 관련자들을 포섭하며 덩치를 키웠다. 금주법이 가져온 연쇄작용은 1970년 마약과의 전쟁에서도 동일하게 나타났다.

2022년 콜롬비아 정부는 '마약과의 전쟁은 실패했다'고 선언하며 갱단과 카르텔에서 독점권을 빼앗아 정부가 관리하는 방안을 검토 중이라고 밝혔다. 마약 금지로 인한 폐해가 마약 그 자체보다 심각하다고 본 것이다. 담배와 마찬가지로 정부가 마약을 공급해서 마약의 가격을 획기적으로 떨어뜨려 마약 중독자를 양지로 끌어내 치료하고 관리하겠다는 취지이다. 그래서 콜롬비아 농부들이 마약이 아닌 다른 작물을 재배하는 것이 더 큰 이익이 될 수 있도록 마약 유통 시스템을 혁파하겠다는 계획이다.

콜롬비아 자국에선 높은 호응을 얻었지만, 미국은 발끈했다. 합법적인 코카인 유통이 불법적인 유통을 제약하지 않을 것이며, 콜롬비아의 합법화된 마약이 미국에 흘러들어오는 양만 늘어날 것이라고 본 것이다.

이 과정을 일련의 인과율(因果律)에 따른 연쇄작용이라고 봐도 좋다. 시스템 사고란 형태에 상관없이 주고받는 영향력의 흐름을 뜻한다. 문제의 해법 이전에 문제를 우선 정확히 진단해야 하는데, 시스템 사고에선 '인과관계'를 정확히 규명하는 것이 필요하다. 그리고 이 인과관계는 단번에 단방향으로 진행되는 것이 아니라 지속해서 새로운 변수에 의해 인과율의 지배를 받는다. 단 한 가지만의 변화도 긍정(positive)과 부정(negative)이라는 양방향으로 영향을 줄 수 있다.

선형적(직선적) 사고를 시스템 다이어그램으로 나타내면 다음과 같다.

A 마약 농장을 불태우고 책임자를 처벌한다. → B 농장이 붕괴되고 조직은 분산된다. → C 미국 내 마약 유입이 줄어든다. → D 미국 마약 소비량이 줄어든다.

자신의 의도하는 목표에 부합되는 일련의 가정을 단선적으로 구상하는 것이다. 하지만 현실은 어떤가?

마약 농장을 불태운다. → 군소 마약상들이 체포되어 더 강한 조직력을 가진 카르텔로 결집한다. → 생산과 유통에 관여하는 조직은 더 음성적으로 활동한다. → 공급량이 줄고 유통 과정이 어려워져 마약 가격이 오른다. → 마약상은 기존보다 적은 양으로도 10배 이상의 이익을 얻는다. → 얻은 돈으로 생산 · 유통조직을 확장하고 미국 판매량을 늘린다. → 미국 내의 마약 유통 갱단은 더욱 커진다.

앞의 시스템 프로세스가 긍정적 방향성만을 표현한 것이라면 후자는 부정적 방향성이다. 물론 이 프로세스로 미국 내 갱단의 발호와 무장 세력의 증가, 또는 멕시코 농촌 사회의 변화까지 그려 볼 수 있다면 더 좋을 것이다. 이처럼 시스템 사고란 조직 또는 문제를 발생시키는 요소의 변화를 만들어 내는 구조를 파악해 그 변화값을 산출해서 대응하는 방법이다.

성장하는 강한 기업의 힘
① Communication

앞에서 설명한 시스템 다이내믹스 이론을 기업조직이나 교육 문제에 적용해서 문제를 해결하려는 사람들이 많다. 오늘날 포레스터의 제자들은 세계 각국에서 기업 경영의 문제뿐 아니라 사회 전반의 고질적인 문제에 대한 통찰과 해법을 얻기 위해 노력한다. 2년에 한 번씩 열리는 '미국 시스템 다이내믹스 콘퍼런스'에는 세계의 우수한 연구 사례들이 발표된다.

시스템 다이내믹스라는 말이 일반인에겐 생소하게 다가오지만, 경영학이나 회사의 성장과 쇠락을 연구하는 이들 사이에선 '문제에 대한 일종의 과학적 접근법'으로 인정받고 있다. 미국에선 50년이 넘었고, 국내에선 10년이 넘었다. 시스템 다이내믹스 연구자들은 사물이나 현상의 변화를 초래하는 그 변수의 영향력과 흐름을 읽어 내는 방법으로

4차 산업시대 통합가치와 그랜드 리셋

사회나 조직의 문제 또한 읽어 낼 수 있다고 믿었고 그대로 적용했다.

시스템 사고를 이해하기 위한 매우 간단한 사례가 있다. 일종의 '지연 다이어그램'이다. 매우 추운 겨울철, 샤워를 위해 샤워기를 틀었더니 차가운 물이 쏟아진다. 놀란 주인공은 수도꼭지를 아주 뜨거운 방향으로 돌린다. (되도록 빨리 물을 데우기 위해서!) 알맞은 온도라고 여겨 샤워기를 몸으로 향했지만 조금 지나자 너무 뜨거운 물이 쏟아진다. 주인공은 다시 온도를 낮추기 위해 냉수와 온수의 중립 위치에 가져다 놓는다. 물 온도가 내려가는가 싶더니 이번엔 약간 차가운 느낌이다. 다시 온수 쪽으로 조금 돌린다. 이제 물 온도는 적정하다.

이 사례에서 주인공은 원하는 물의 온도를 얻기 위해 여러 번 목표점을 수정해야 했고, 일련의 행동으로 시간은 더욱 지연되고 물과 에너지는 낭비되었다. 이런 행동이 공격적일수록 지연효과는 커진다. 목표에 이르는 시간은 길어지고, 정반대의 효과(부정 강화 피드백)로 인해 재원이 낭비된다. 이런 사례는 기업 경영에서 쉽게 찾아볼 수 있다.

'PQ'(가)라는 건설사가 있다. PQ 기업의 CEO는 직원들의 사고방식을 '개조'하길 원했다. 자신의 창업 정신과 회사의 비전을 전 사원이 함께 각인하길 원한다. 공통의 가치와 비전을 공유한 집단의 실천력이 현실의 전장에서 특별한 힘을 발휘할 것이라고 믿었다. 쉽게 말하자면 자신과 같은 '정신 상태'를 전 직원이 소유하면 회사가 못 해낼 일은 없다고 본 것이다.

특히 영업부서에 같은 실수가 반복되어 중요한 프로젝트가 표류하면 CEO의 분노는 폭발했다. CEO가 불같이 화를 내면 임원들은 담당자와 부서장에게 주로 '시말서'라는 형태의 '반성문'과 '개선보고서' 제출을 요구했다. 그럴 때마다 CEO는 "앞으로 실수를 안 하겠다는 다짐이 필요한 것이 아니라 당장의 손실을 메울 방안을 마련하라."고 지시하면서 회사의 분위기는 얼어붙었다. 회사 구성원들은 자신도 언제든지 회사에 해를 끼치는 존재로 전락할 수 있다고 생각하기 시작했고, 어느새 직원이라는 존재는 회사에 누를 끼치는 존재, CEO는 자신을 먹여 살리는 존재라는 종교적 관념이 회사를 지배하기 시작했다.

CEO는 사고의 원인이 해이해진 정신 상태와 책임감 부재라고 진단했기에 회사에 강한 드라이브를 걸고자 했다. 조직에 긴장을 거는 가장 손쉬운 방법은 원인을 개인의 탓으로 돌리거나, 특정 부서의 무능을 질책하며 미묘한 경쟁심을 조직 내에 불어넣는 것이다. CEO의 사고방식은 문제가 발생하면 원인을 개인의 책임, 그것도 일하는 방식과 그 일하는 방식을 만든 개인의 사유 방식(정신 상태)으로 돌린다. 다시 말해 일종의 정신모델이 잘못 구축되어 있고 이를 바꾸지 못해 발생한 일이라고 생각하는 것이다. 결국 해결책은 인간 개조밖에 없다고 인식하게 된다.

해당 직원은 시말서를 쓰고 "앞으로는 업무 관리와 점검에 만전을 기하겠다."고 쓸 수 있었지만, 이후 그 직원의 스트레스 강도는 올라갔고 회사로부터 '찍혔다'는 사실에 좌절감을 느꼈다. 응당 이후의 업무는 공포로 다가왔고, 부서장은 해당 직원에 대한 불신으로 더 중요한 프로젝트를 맡기는 대신 허드렛일이나 시키며 은근히 사직을 종용하기 시작했다.

이후에도 비슷한 문제가 발생하자 기업의 CEO는 해당 직원의 정신만이 문제가 아니라 관리자들의 정신 개조가 더 시급하다고 생각한다. "이 회사엔 일을 온전히 책임지는 임원이 단 한 명도 없다."라며 푸념한다. 관리자들은 이제 CEO의 눈치를 보게 된다. 이제 관리자들에게 있어 중요한 것은 자신이 담당한 본부나 부서에서 '사고가 일어나지 않는 것'이다. 임원들은 기존보다 더 정밀한 보고서를 더 자주 올릴 것을 요구하고, 사업의 모든 세밀한 단계에서도 임원의 승인을 얻은 뒤 실행하라는 지침을 내린다.

해당 부서는 물론 회사 전체의 긴장도는 높아지고, 업무 실행은 더뎌진다. 권한과 책임의 경계가 붕괴해 모든 업무 권한을 부서장이 독점하는 기현상이 발생한다. 이럴 때 발생하는 주된 현상이 바로 '방어 루틴'이다. 부서 업무의 문제점을 발견하고도 감히 상사에게 건설적 제언을 하지 못하게 된다. 소소한 일까지 모두 승인을 얻으라 했기에 부서장의 머리엔 과부하가 걸린다. 나중엔 자신이 내린 지시마저도 "내가 언제 그렇게 하라고 했어?"라며 직원을 질책한다.

업무 방식은 방어적으로 퇴행하고, 이제는 부서장의 지시 없이는 새로운 업무를 구상하거나 진척시키지 않는다. 권한도 책임도 모두 부서장 1인에게 집중되었기 때문에 부서원들은 업무 동기를 잃는다. 이것이 바로 전형적인 '욕실 온수 조절의 지연 현상'이다. 임원은 자신의 성급하고 공격적인 조치, 즉 특정 개인이나 부서를 향한 질책이 '기업 조직의 학습과 숙련'의 첫 번째 장벽을 높게 구축했다는 사실을 모른다.

《이기적 직원들이 만드는 최고의 회사》[4]의 저자 유호현은 자신이 속했던 글로벌 숙박 플랫폼 에어비앤비(Airbnb)에서 큰 실수를 했을 때의 경험을 다음과 같이 말한다.

그는 어느 날 밤 자신의 만든 프로그램의 버그로 인해 하루아침에 2만 달러가 다양한 고객의 계좌에 입금된 것을 확인했다. 2천만 원은 적은 돈이 아니다. 저자는 밤새 이불을 뒤집어쓰고 고민했다고 한다. 아직까지는 자신만이 이 사실을 알고 있었다. '다음 날 회사에 잘못을 자백하면 2만 달러를 물어내라고 할까?' 전전긍긍하며 밤을 보냈다.

그는 출근하자마자 자신의 매니저에게 보고했다. 매니저는 '포스트모덤(postmortem) 리포트'를 작성하자고 했다. 즉, 부검으로 사인(死因)을 밝히는 것과 같이 사고의 원인과 경과를 담은 사후 탐색 보고서를 작성하라는 것이었다. 사건의 개요를 요약하고, 문제가 언제 발생했으며 문제 발견 당시 어떻게 대처했는지, 문제를 어떻게 멈추게 했는지, 그리고 앞으로 이와 같은 일이 발생하지 않으려면 어떤 대책이 필요한지를 쓰는 것이다.

중요한 것은 보고서 마지막의 '대책란'을 개인의 성찰이나 반성으로 채우지 않고 반드시 조직의 시스템적 오류를 교정하는 내용으로 채워야 한다는 것이다. 다시 말해 특정 개인이 감기약에 취해 일했거나 이틀 동안 잠을 못 자 정신이 혼미한 상황에서 일하더라도 문제가 발생하지 않는 시스템을 구축해야 한다는 뜻이었다. 미친 척하고 나쁜 버

· · ·

[4] 유호현. 이기적 직원들이 만드는 최고의 회사(스마트북스, 2019).

4차 산업시대 통합가치와 그랜드 리셋

그를 의도적으로 집어넣더라도 시스템에서 돈이 빠져나가지 않게 만드는 것이 궁극적인 대책이라는 것이다.

만약 기존에 다녔던 한국 기업이었다면 해당 직원의 부주의나 상사의 관리 감독, 또는 매뉴얼을 지키지 않은 개별적 행태를 비난했을 것이라고 한다. 즉 문제를 개인의 탓으로 돌리는 기업문화와는 전혀 달랐다는 것이다. 특정 직원이 "잘못했습니다."라고 반성하는 게 아니라 시스템의 문제가 무엇이었는지를 밝히라는 것이 회사의 의도였다고 한다.

그래서 저자는 비슷한 유형의 실수를 하더라도 시스템에서 돈이 인출되지 않고 잘못된 버그가 다른 프로그램으로 병합되지 않고 바로 오류를 고칠 수 있는 프로그램으로 재설계했다. 이후 해당 보고서를 회사 내의 전산망에 올리려고 할 때 제출 버튼 옆엔 이런 문구가 있었다. "제출 버튼을 누르면 회사의 전 직원에게 이메일로 전송됩니다." 저자는 식은땀을 흘렸다. '전 직원이 나를 부주의하고 실력 없는 엔지니어로 보겠구나. 여기서 내 커리어는 끝장이다.'라는 생각이 엄습했다고 한다.

제출 버튼을 누르자 모르는 직원들로부터 메일이 쇄도하기 시작했다. 반응의 대부분은 고맙다는 것이었다. "과거에도 유사한 사례가 있었는데, 그 담당자는 이 문제를 해결하지 못했다. 해결하지 못해 이번 일이 발생한 것이다. 그런데 당신은 앞으로 누가 실수해도 프로그램이 오류를 교정하고 손실로 이어지지 않을 대책을 만들었다."

저자는 '책임'의 의미를 비로소 깨달았다고 한다. 위계조직에선 한 직원의 실수를 팀장 · 부장 · 이사 · 전무 · 상무 · 사장으로 이어지는 연쇄적 질책으로 해결하려 하지만, 역할조직에선 전체 시스템을 통해 문제를 바라보고, 시스템적으로 해결한다는 것이다.

특정 직원이 중대한 프로젝트의 핵심 사항에 실수를 반복했다는 사실을 확인하면, 보통은 해당 직원의 문제라고 자연히 인식하기 쉽다. 하지만 그것이 반복되었다는 점에서 영감을 얻어야 한다. 시스템 사고는 문제 발생 자체를 특정 구조로 인식할 것을 요구한다. 해당 사안과 연관된 모든 사람은 조직 구조 속에 있다. 따라서 문제는 특정 변수를 반영하는(feedback) 구조원형에 있지, 개인에게 있지 않다. 그럴 때만이 구성원들이나 해당 직원은 현실을 비로소 통합적으로 인식하게 된다.

CEO는 문제점을 '보고'하라고 할 것이 아니라 자신의 결정과 부서장의 결정과 업무 프로세스를 살피고 이어서 부서 내의 업무 정형을 하나의 구조로 파악하기 위해 시간을 들여 '소통'하는 것이 더 좋았을 것이다. 그런데 '집단학습'이라는 개념을 인식하지 못한 상황에서 다수의 CEO는 '소통의 방식'을 잘못 이해할 수 있다. 집단학습이란 공통의 비전을 공유하고 이를 실현하기 위해 팀이나 조직 전체의 숙련도와 팀워크를 숙련하며 상호 간에 소통을 강화하며 발전하는 것을 의미한다.

몇 해 전 한 대기업 총수가 '번개를 때려서' 젊은 직원들과 맥주 파티를 하는 모습이 언론에 보도된 적이 있다. 사람들은 그룹의 총수가 격의 없이 직원들과 어울리는 모습을 보고 확실히 해당 기업이 "유연하고 소통을 중요시하는 조직문화를 가졌겠구나."라고 느낄 수 있을 것이다. 어떤 언론사는 한 기업의 회장이 점심시간에 손수 식판을 들고 직원들과 줄을 서고 밥을 함께 먹는 모습을 보도하며 '서열 파괴', '평등한 조직문화'라고 보도한다. 언론이 대통령이 재래시장에 나가서 길거리 음식을 먹는 걸 국민과의 스킨십 또는 소탈함으로 보도하는 것과 비슷한 이치다.

그런데 사실 이는 강한 기업으로 성장하기 위한 소통(Communication)과는 전혀 관련이 없는 것들이다. 기업에서 'Communication'은 정확하고 원활한 정보의 공유와 전달을 뜻한다. 그 정보는 업무에 관한 것일 수도 있고, 직원의 심리적인 위태로움이나 아이디어일 수도 있다. 중요한 것은 제때 적절한 방식으로 전달되어야 하며, 전달된 정보 중 '가치 있는 것'들은 조직적으로 공유되어야 한다는 점이다. 모든 공유의 순간 기업 내에선 작은 변화가 이루어져야 하고, 이 변화가 궁극적으론 큰 혁신으로 향하게 해야 한다.

APC(가)라는 보안업체가 있다. 이 업체는 창업 당시 기업 전자보안에 있어 혁신적인 솔루션을 보유하고 있었다. 창업 이후 회사는 성장했고 직원도 늘었지만, 어떤 기업이든 봉착하게 되는 '성장의 한계' 지점에 서고 말았다. CEO는 소량을 제공하는 다수의 기업보다 한 번의 계약으로 큰 수익을 얻을 수 있는 은행을 대상으로 한 영업에 집중하기로 한다. CEO의 의지에 따라 직원들의 영업 목표는 변경되었고 한동안 회사는 다시 성장했다.

문제는 시간이 지날수록 거래처가 소수의 거대 거래처에 집중되어 의존도가 커졌다는 점이다. 기술 투자 역시 금융기관에 최적화된 솔루션으로 집중되었다. 회사의 일부 임원과 영업부서에선 이런 불안감이 있었지만, 당장 높은 이익을 내는 현재의 매출 구조가 위험하다고 윗선에 보고할 엄두가 나지 않았다. 경쟁업체가 등장하고 한두 금융기관에서 거래처를 변경하자 회사의 수익은 반토막이 나고 주가는 폭락했다. 회사가 확보하고 있던 거래의 취약점이 노출되는 순간 주주들이 발을 빼기 시작한 것이다.

APC라는 기업은 독특한 기업문화를 가지고 있었다. 기민한 운영을 위해 회사조직을 팀 단위로 나누어 특화했고, 해당 팀은 다른 팀과 회사의 비전에 대해 소통할 필요가 없었다. 개발부서와 영업부서, AS 부서 이렇게 3개로 전문화된 팀들은 당장 주어진 직무에만 집중하면 별문제 없었다. CEO는 긴 회의와 장문의 보고서를 혐오했다. 그런 비정상적인 업무 관행이 기업의 경쟁력을 떨어뜨린다고 믿었기 때문이다.

모든 업무는 프로토콜에 맞춰 시행하면 되었다. 영업부서에서 계약을 체결하면 고객의 요청사항에 맞춰 개발부서가 납품하고 AS부서는 패치를 받아 점검하면 끝이었다. CEO는 목표 지향적인 사람이었고 추상적인 이야기를 싫어했다. 매출 목표와 이를 달성하기 위한 영업 계획, 솔루션 기술 개발이 매주 점검 대상이 되었다. CEO의 관심이 현실적 목표 달성에 있었기에, 회사 운영계획과 비전에 의문을 제기하는 것은 금기시되었다.

무엇이 문제였을까. 물론 일차적으론 CEO의 경영방침이었다. CEO의 목표가 '현실적인 매출 증가'였기에 회사 구성원들은 응당 '수익' 이외의 비전에 대해선 공유할 수 없었다. 심지어 회사의 주력 사업 분야를 '금융회사에 대한 강력한 보안 솔루션 제공'이라고 못 박은 터에 회사 임원을 비롯한 직원들이 다른 분야는 타 회사의 전문 영역이라고까지 생각하게 된 것이다.

만약 APC가 회사의 비전을 확장하고 이를 구성원들과 공유했다면 임원들은 CEO의 금융권 의존 경영방침에 이의를 제기할 수 있었을 것이다. 적어도 2~3년을 전망하며 금융기업의 불안정성(변수)으로 인해 발생할 수 있는 연쇄적 변화(Feedback)를 감지하며 회사 역량을 다른 분야로 확대 이전할 수 있는 발판을 준비할 수 있었을 것이다.

APC의 진짜 문제는 회사 비전에 대한 집단 학습과 비전 성취를 위한 구성원 간의 소통을 가로막는 구조에 있었다. 사람들은 적어도 CEO와 함께 있을 때는 자신의 관점과 비전을 말하지 않는 편이 현명하다고 생각했고, 이것은 암묵적으로 공유되어 기업의 문화로 정착되었다. APC에는 이런 식의 방어루틴이 작동되었다. 그 누구도 CEO의 고집을 교정할 수 있는 정보를 전달하지 않게 된 것이다.

회사 내의 소통을 가로막는 요소는 위에서 언급한 CEO의 선형적 사고에만 있지 않다. 단순히 "CEO의 그릇된 판단과 운영이 회사를 망친다."는 경구로만 받아들여선 안 된다. 그래선 소통(Communication)의 본질을 보지 못한다. 문제는 '전체성'의 관점으로 지속해서 대응하는 것이었다. 시스템 사고에 관한 연구자 데이비드 봄은 현재 집단 사고를 '오염'시키는 가장 심각한 문제는 '파편화', 즉 '사물을 해체하여 생각하는 경향'이라고 비판한다.[5]

PQ는 회사 구성원을 조직 전체를 구성하는 요소로 바라보며 이를 하나의 구조로 파악하지 못한 데 문제의 원인이 있었다면, APC의 경우 각 부서에선 특화된 자기 영역에 대한 탐색을 이어 갔지만 회사 전체의 진로와 비전을 성찰할 수 있는 구조적 시각이 없었던 데 그 원인이 있었다.

소통을 가로막는 요소 중 중요하게는 '언어의 한계'도 있다. 현실은 다양한 변수들이 복잡하게 얽혀 유동적임에도 조직의 형태가 경직되어 있거나 회사에서 사용하는 언어들이 현실을 담지 못하는 데도 원인이 있다.

아마도 경영진이 안고 있는 가장 힘든 문제를 하나 꼽으라면, 단순하고 정적인 문제에 걸맞게 고안된 언어를 가지고 복잡하고 역동적인 현실에 맞선다는 것이리라. 경영 컨설턴트 찰스 키퍼는 이러한 상황을 다음과 같이 이야기한다. "현실은 동시다발적이며 상호 의존적인 까닭에, 원인이 결과를 불러일으키고 그것이 다시 원인이 되는 관계로 구성되어 있다. 그러나 우리가 일상

• • •

5 Peter M. Senge, 강혜정 역, 학습하는 조직(에이지21, 2014), p 348.

4차 산업시대 통합가치와 그랜드 리셋

적으로 사용하는 구두 언어는 이러한 현실에서 단순하고 직접적인 원인－결과 고리를 뽑아내는 것이다. 많은 관리자가 레버리지가 낮은 방법에 쉽게 끌리는 이유가 여기에 있다.”

이를테면 제품 개발에 걸리는 시간 지연이 문제면 시간을 단축하기 위해 기술자를 늘리고, 낮은 이윤이 문제면 비용을 삭감하고, 시장점유율 하락이 문제면 가격을 인하해서 점유율을 높이는 식이다. 우리는 세상을 간단하고 분명한 언어로 인식하기 때문에 간단하고 분명한 해결책을 신봉하게 된다. 이러한 태도 때문에 경영자들은 간단한 ‘해법’을 찾으려고 혈안이 되고 그것에 많은 시간을 쏟는다.

포드 자동차에서 ‘알파 프로젝트(Project Alpha)’를 이끌었던 존 마누지언의 말을 들어 보자. “찾아서 고친다는 논리는 결국 끊임없이 단기 해결책에 의존하는 상황을 만든다. 단기 해결책 덕분에 사라진 것 같던 문제가 계속 재발한다. 그러면 다시 단기 해결책으로 문제를 바로잡는다. 그래서 우리는 찾아서 고치는 전문가가 되고, 이러한 흐름은 영원히 계속된다.[6]

만약 회사 구성원들이 회사의 경영방침과 자신의 업무를 구조적으로, 앞서 언급했던 시스템 원형(System architecture)을 그리며 소통할 수 있었다면 상황은 달라졌을 것이다. 부서 간의 미묘한 갈등과 경영

• • •

6 위의 책. p.367.

방침, 유통의 문제 등을 보다 전체적인 관점에서 구조적으로 파악할 때 회사의 집단 학습력과 문제 해결력은 발전한다. 그것이 바로 사유의 힘이고, 그 사유의 힘은 언어에서 비롯된다. 언어는 소통의 알갱이를 차지하는 기호다.

미국의 한 금융회사 직원들을 상대로 한 인터뷰 연구 결과가 있다. 연봉 협상 이후 회사를 떠난 그룹과 회사에 잔류한 그룹을 대상으로 심층 인터뷰를 진행했다. 당연히 이직을 결심한 이들은 연봉에 대한 불만족 때문에 떠났을 것으로 짐작했지만, 실제로는 그것이 전부가 아니었다.

떠난 그룹은 모두 소통의 문제를 들었다. 자신의 업무 성과와 노력에 대해 상사가 왜곡된 보고를 하거나 그 위의 상사 역시 실상을 잘 모르고 있다는 사실에 절망감을 느꼈다고 했다. 단절감으로 인해 이 회사에선 아무리 노력해도 나를 알아주지 않을 것이라는 판단이 가장 컸다는 응답자가 많았다. 공정의 문제 역시 제기되었다. 공동의 작업물이 특정인의 공으로 돌아가거나, 명료하지 않은 인사평가로 인해 평소 미운 짓만 골라 하는 이가 승진의 기회를 얻었을 때, 이 조직에 미래가 없다고 생각했다고 답했다.

반대로 낮은 연봉을 제시받았음에도 회사에 잔류했던 이들은 공통으로 자신이 제출한 좋은 아이디어는 바로 반영되었고, 비록 부족한 아이디어라 할지라도 상사는 다양한 피드백으로 리액션해 주었다는 점을 들어 잔류를 희망했다. 언제든 회사의 중요한 결정에 참여할 수

4차 산업시대 통합가치와 그랜드 리셋

있고, 회사가 나의 활동에 대해 정확히 알고 있다는 사실로 인해 그들은 조직에 대한 귀속감이 높아졌다고 한다. 이것이 바로 기업 내에서 소통과 참여가 주는 효과다.

많은 회사에선 3/4분기부터 이듬해의 목표와 계획을 실현할 수 있는 프로젝트를 제출하라고 요구한다. 3/4분기부터 시장과 기술적 요인을 조사하며 4/4분기에는 좀 더 디테일하게 기획된 계획서가 팀별·부서별·본부별로 취합되어 임원회의(본부장들이 소집되는 회의) 책상에 올라간다. 본부장들이 내년도 매출과 기대수익, 시장점유율과 이를 실현한 제품과 유통 혁신에 관한 계획을 발표하고 이것이 확정되면 다음 해 회사의 계획(비전)이 확정되는 것이다.

4/4분기는 신년에 대한 계획을 설계하고 당해의 목표를 달성하기 위해 회사 내의 전 구성원에게 과부하가 걸린다. 이는 흡사 '달리는 말' 위에서 미래의 경영을 고민하는 것과 같은 효과를 가져온다. 불행히도 이 시기가 회사 구성원들이 선형적 사고의 함정에 빠져들기 가장 좋을 때다. 공정 설계를 담당하던 직원은 2022년 유난히 높아진 불량률과 반품률을 줄이기 위한 계획에 몰두할 것이고, 타사의 반격에 주력 상품의 매출이 줄어든 제품 개발 부서와 마케팅 부서에선 이를 만회하기 위해 절치부심할 것이다. 말 위에선 전투를 잘할지는 모르지만 미래를 기획하긴 어렵다.

예리한 독자라면 이와 같은 시스템이 가진 또 하나의 허점을 발견했을 것이다. 바로 피라미드 구조로 설계된 보고와 결제 시스템이다. 이와 같은 바텀업(bottom-up) 방식은 현장과 현실의 요소가 모두 반영되어 즉각적으로 실행될 수 있는 강점을 가지고 있지만, 앞에서 언급한 회사 전체를 하나의 구조 속 요소로 보고 사고하고 성찰할 기회를 앗아 간다.

또한 부서장, 본부장, 전무와 사장단으로 이어지는 거대한 의사결정의 망(필터) 속에서 수없이 많은 아이디어와 단서들이 사장(死藏)될 수밖에 없다는 결함을 가지고 있다. 무엇보다 회사 구성원이 자신의 업무와 부서, 회사 전체의 시스템을 유기적으로 파악하고 성찰하는 과정에서 현실을 객관적으로 인식할 시간을 갖지 못한다는 점에서 문제가 있다.

만약 다음 해의 계획서를 받아 들고 CEO가 기업의 전망이 불안하다고 느끼면 '전략기획회의'를 소집하거나 외부의 전문가(컨설턴트)에게 기업 진단을 의뢰할 수도 있을 것이다. 수개월이 지난 후에 기업을 구조조정하고 주력 분야의 변경과 시스템을 혁신해야 한다는 결론에 이르면 이때부터 모든 조직은 혼란에 빠지게 된다. 일부 부서는 병합되고 일부는 없어지며, 또 연구자들은 단 한 번도 호흡을 맞춰 보지 않은 직원들과 팀 생활을 함께해야 할지도 모른다.

무엇보다 외부의 처방에 회사의 키를 맡긴 경험으로 인해, 회사는 스스로 생존할 수 있는 능력을 잃게 된다. 만약 외부 자문 기간을 6개월이라고 계산한다면, 적어도 그 회사는 1년이라는 시간을 허비(지연)한 것이 된다. 그리고 1년이라는 시간 동안 구성원이 새롭게 학습하고 숙련하며 협력을 강화해 회반죽 같은 단결력을 고양할 수 있는 기회를 날리는 대신 섞이기 어려운 구성원들과의 강제적인 협업을 요구받으며 이질적인 문화와 언어로 인한 조직적 긴장감은 최고로 고조될 것이다. 이 경우 외부 컨설팅 업체의 진단과 권고는 기계적으로만 적합할 뿐 현실에선 조직의 강점을 해체하는 후과를 가져올 수 있다.

현실의 문제를 파악하고 내년의 계획을 수립하는 데서 가장 필요한 것은 집단적인 학습과 성찰 그리고 과학적이고 허심탄회한 소통이다. 이 기간은 회사가 영적으로 성숙하는 기간이며, 회사와 구성원이 자신을 둘러싼 객관세계를 정확히 인식하고 회사의 비전과 가치를 재발견하며 성장하는 기간이어야 한다. 혁신적 아이디어는 대부분 이런 과정을 통해 생산된다. '매출 부진 → 공격적 마케팅'이라는 단선적(선형적) 사고가 결국 회사를 망치는 것이다.

성장하는 강한 기업의 힘
② Culture

"우리는 좋든 싫든 문화를 가지게 된다. 그렇다면 좋은 문화를 만들어라."

디지털 마케팅 솔루션을 공급하는 허브스팟(HubSpot)이 공개한 허브스팟 컬쳐 코드(HubSpot Culture Code)에 나오는 문구다. 소수의 직원으로 시작해서 2천 명 이상의 직원을 둔 기업으로 성장한 허브스팟은 2018년 글래스도어의 직원들이 뽑은 상 대기업 부문에서 '가장 일하기 좋은 10대 기업'으로 선정되었다. 당시 허브스팟은 547명의 직원이 쓴 후기 평점에서 5점 만점에 4.7을 얻었다.

허브스팟 컬쳐 코드는 그들이 추구하는 직장문화를 총 128장에 달하는 슬라이드로 정리해 놓은 것이다. 2013년에 공개되어 2022년 현재 597만 회가 넘는 조회 수를 기록하고 있다. 다시 말해 그들의 직장 문화는 직원들에게 존중받고 있으며 고객들과 기업인들이 참고할 만큼 가치가 있다는 뜻이기도 하다.

글래스도어(www.glassdoor.com)는 세계 최대 직장 평가 사이트로, 전 세계 기업의 전·현직 직원들이 자신들이 일했던 기업에 대한 후기를 작성해 내부인의 시각으로 그 회사가 어떤 곳인지를 보게 한다. 물론 이 글래스도어는 소비자와 투자자 역시 유심히 살피는 정보 플랫폼이기도 하다.

1. 문화는 제품을 마케팅 하듯이 직원을 고용하는 것이다.
2. 좋든 싫든 우리는 문화를 가지게 된다. 그렇다면 좋아하는 문화를 만들어라.
3. 고객의 행복뿐만 아니라 그들의 성공까지 살펴야 한다.
4. 힘은 지식을 축적하는 것이 아니라 공유함으로써 얻을 수 있다.
5. '햇빛은 최고의 소독제다', 즉 모든 일은 투명해야 한다.
6. 소수의 실수로 다수에게 불이익을 가하는 일이 없어야 한다.
7. 결과는 언제 어디에서 만들어졌는지가 아니라 그 자체로 더 중요해야 한다.
8. 영향력은 직급과는 무관해야 한다.
9. 위대한 사람들은 '어떻게 가는지'에 대한 방법이 아닌 '어디로 가야 하는지' 방향을 원한다.
10. '흠집 없는 조약돌보다 흠집 있는 다이아몬드가 낫다', 즉 부서질수록 나약해지는 돌이 아닌 부서질수록 더 단단해지는 다이아몬드 같은

사람이 되어야 한다.

11. 아무것도 시도하지 않는 것보다 자주 실패를 경험하는 것이 낫다.[7]

허브스팟은 무제한 유급휴가 정책을 실시하고 무료 스낵에 사내 체육관, 사내 바리스타를 운영하고 있다. 하지만 직원들이 작성한 회사에 대한 평가에는 이런 요소들보다 오히려 '자신이 회사와 함께 성장하고 있다는 것'에서 큰 감동을 얻었다는 내용이 담겨 있다. "똑똑하고 야심 찬 상급자들이 나와 같이 맨 아래 직급에 있는 직원과 협력하고 의견을 수용하는 것은 회사가 장려하는 것 중 하나다. 그래서 회사가 내 의견을 구하고 소중히 여긴다는 느낌을 받는다. 나는 매일 새로운 기술을 배우고 회사와 성장하고 있다." "사람, 투명성, 직원의 가치와 팀워크 구축, 직원의 성공을 돕기 위해 제공되는 많은 것들. 나는 여러 회사에서 근무해 봤지만 나와 내가 기여한 것의 가치를 이처럼 진정으로 인정받는 회사는 처음이다."

허브스팟의 직원들은 공통으로 자신이 '인정받고 있으며 회사가 나의 성공을 위해 지원하고 있다.'고 말한다. 회사의 인력관리 최고책임자(CPO) 케이트 버크는 이렇게 말했다. "우리는 훌륭한 직원을 고용한다. 그리고 그들에게 요청하는 원칙 중 하나는 자율성이다. 그런 우리가 왜 직원들에게 휴가를 가는 데 허락을 얻으라고 하겠는가. 그들은 성인이다. 우리는 직원들이 자신의 인생을 주도적으로 살기를 바란

• • •

7 데이비드 미어먼 스콧, 레이코 스콧. 정나영 역. 팬덤 경제학(미래의창, 2021), p.297.

4차 산업시대 통합가치와 그랜드 리셋

다. 궁극적으로는 자기 삶을 중심으로 자기 일을 구축해 나가기를 바란다."[8]

　과거 잘나가는 기업의 성공 비결을 '멈추지 않는 경쟁'에서 찾던 이들이 있었다. 기업의 목표가 시장 점유율 확대와 경쟁업체 타도였기에, 회사 내에서도 신상필벌(信賞必罰)[9]의 원칙을 강하게 세워야 경쟁력을 확보할 수 있다고 믿었다. 그래서 고객은 왕일 수 있지만 직원은 결코 왕이 될 수 없었고, 성과가 좋은 직원에게 성과급을 비롯해 더 많은 투자와 지원을 아끼지 않았다. 그런데 이러한 조치가 회사의 역량을 깎아 먹는 것이었음이 이후 실적을 통해 검증되었다.

　회사로부터 좋은 피드백을 끝없이 받는 직원은 더 깊은 충성심으로 업무에 매진할 수 있었지만, 그 반대로 감봉이나 정리해고의 위협을 받는 직원에겐 격려나 지원이 없어지기 마련이다. 비슷한 역량을 가진 두 집단이 있다고 한다면, 칭찬과 격려가 없는 집단은 끊임없이 고무받는 경쟁 집단에 비해 모든 활동 성과가 뒤처진다는 연구 결과는 많다. 결국 회사는 절반의 역량을 의미 없이 잃고 있는 것이다. 성과를 팀이 아닌 개인에게 돌리는 문화는 실제로 구성원들의 협력을 가로막고 부서와 팀의 정보 공유나 건설적인 협력을 망치기 일쑤다.

• • •

8 위의 책. 298.

9 신상필벌. 공로가 있으면 상을 주고, 과오가 있으면 벌을 줘야 한다는 뜻.

아래는 필자의 전작 《통합가치와 배려의 리더십: CIV를 중심으로 위기의 지구와 연대를 끌어내는 리더의 힘》에서 설명한 바 있는 협력의 기업문화와 경쟁의 기업문화에 대한 대목이다.

잭 웰치(Jack Welch)는 제너럴 일렉트릭(GE)에 화공 엔지니어로 입사해 46세의 나이로 CEO 자리까지 오른 입지전적 인물이다. 그는 공격적인 경영으로도 유명한데, 가장 대표적인 것이 높은 성과급과 하위 그룹에 대한 가차 없는 해고였다. 그는 늘 직원을 3등급으로 나누어 관리했는데, 높은 성과를 보인 직원에겐 승진 기회와 함께 많은 성과급을 주었고, 하위 그룹은 해고했다. 기업 내에 자연스러운(?) 경쟁 풍토를 형성해서 우수한 직원만 남기겠다는 전략이었다. 경쟁을 통해 우수 직원만 남기고, 열등한 직원은 해고해서 기업 경쟁력을 강화하겠다는 전략은 1980년대 글로벌 금융기업들의 트렌드였다. 하지만 그 결과는 만족스럽지 못했다. 직장은 전쟁터로 변했고, 직원들은 성과를 독차지하기 위해 정보를 공유하지 않았다. 투서가 횡행했고 부서 간의 칸막이는 더욱 높아졌다. 이런 3분위 경쟁방침은 2005년에 경영진에 의해 '낡은 방식'이라는 이유로 폐기되었다.

이와 관련해선 복잡계 네트워크 이론의 창시자인 앨버트 라슬로 바라바시(Albert Laszlo Barabasi)의 공식을 살펴보는 것이 도움이 될 듯하다. 그는 저서 《성공의 공식 더 포뮬러(The Formula)》를 통해 성공의 방정식을 공개했다. 그의 작업이 흥미로운 이유는

'성공'과 같이 과학적으로 측정하기 어려운 영역의 공식을 밝혀 내기 위해 수많은 인터뷰를 통해 자료를 수집하고 이를 수학 공식으로도 재현했다는 점이다.

닭을 사육하던 윌리엄 뮤어(William Muir)는 슈퍼 유전자를 선별해 우수한 닭들만이 자신의 농장에 남길 원했다. 그래서 그는 알을 많이 낳고 건강한 암컷 슈퍼 닭들만 선별해 따로 사육하기로 했다. 몇 세대만 지나면 양계장에 달걀이 산더미처럼 쌓일 것이라고 기대했다. 그는 비교를 위해 생산성이 높은 닭과 평범한 닭들을 적절히 섞은 대조 그룹 B도 만들었다. 과학적 검증을 위해 6세대에 걸쳐 그들을 교배시켰다. 그리고 그는 그 결과를 과학 학회에 공개했다.

6세대가 지나자 슈퍼 닭들과 적절히 교배한 B그룹의 생산성은 16% 정도 늘었다. 그리고 슈퍼 닭들의 6세대 손자들만 모아 놓은 닭장을 공개하자 객석에선 탄식이 나왔다. 자손들은 전혀 슈퍼스타처럼 보이지 않았다. 털은 죄다 빠져 있었고 꼬리는 부러진 것으로 보였다. 피부는 온통 상처투성이였다. 그나마 암탉 아홉 마리 중 겨우 3마리만 살아남았는데, 죽은 여섯 마리는 동료들에게 살해당했다. 닭장은 말 그대로 전쟁터로 변해 있었다. 생산성은 최하를 기록했다. 끊임없이 싸우는 데서 오는 스트레스에 시달렸고, 언제 자신과 알이 공격당할지 몰라 닭들은 알을 낳지 않았다.

라슬로 박사는 지적한다. "재능 있는 사람을 채용할 때 팀의 성과보다 개인의 성과를 우선시하면 원하는 결과를 얻기가 힘들다는 점이다. 실제로 팀워크에 대한 이런 접근 방식은 동물종을 불문하고 한결같이 파괴적이다. 집단을 주도하려는 욕망에 눈이 멀어 아무도 해야 할 일에 집중하지 못한다."[10]

BBC 기자 출신이자 여러 신생 IT기업의 CEO를 맡으며 강한 기업으로 키워서 유명해진 마거릿 해퍼넌(Margarte Heffernan) 역시 자기 경험을 기반으로 조언한다. "기업은 생각하지 못한다. 사람만이 한다. 그리고 사람들을 움직이는 것은 서로 같이 발전시킨 의리, 유대감, 믿음이다. 중요한 것은 벽돌 하나가 아니고 서로를 잇는 회반죽이다." "경쟁은 비밀 유지를 유도하고, 투명성을 저해하고, 정보의 흐름을 막고 공유하고 협력하려는 욕구를 꺾어 놓으며 결국 범죄를 부추긴다."[11] 경쟁이 더 이상 경제와 사회를 성장시키는 원동력이 아니라는 것은 다양한 사례를 통해 입증되고 있다.

필자는 중견광고업계를 이끄는 두 명의 CEO와 친분이 깊다. A 회사는 창업한 지 30년이 넘은 미디어 광고업체이고, B 회사는 BI(Brand Identity)와 CI(Corporate Identity)에 주력하는 10년 차 브랜딩 업체다.

• • •

10 앨버트 라슬로 바라바시, 성공의 공식 더 포뮬러(한국경제신문, 2019).
11 마거릿 헤퍼넌, 김성훈 역, 경쟁의 배신(알에이치코리아, 2014).

4차 산업시대 통합가치와 그랜드 리셋

두 명의 CEO는 모두 창업한 지 몇 년 지나지 않아 직원의 근무 시간을 줄이기 위해 노력했다. 직원들이 야근하는 대신 집에서 충분히 휴식하고 회사에선 높은 집중력으로 일해야 한다는 명분이었다. 그런데 그 방식은 사뭇 달랐다.

A 회사의 CEO(이하 'A')는 잔업을 하면 불이익을 주겠다고 경고했지만 직원들, 특히 임원들은 중요한 프로젝트를 앞두고 잔업에 야근을 마다하지 않았다. 보다 못한 A는 오후 5시 40분 셧다운 조치를 감행했다. 퇴근 20분 전 사무실 PC를 강제로 끄게 한 것이다. 허가받은 직원만이 PC를 켤 수 있었다. 그리고 나머지 20분은 팀 단위로 정보를 공유하거나 회의하게 했다.

하지만 A의 결정은 지켜지지 않았다. 직원들은 서류를 챙겨 집에 가서 일했고, 일부 팀장들은 A 몰래 사우나에서 팀원들과 미팅을 가지며 잘 풀리지 않는 '인사이트(Insight)'를 얻으려 했다.

B 회사의 경우는 좀 더 대담했다. B 회사의 CEO(이하 'B')는 하루 업무 시간을 6시간으로 조절하는 한편 주 4일제를 도입하겠다고 공표한다. 하지만 독특하게도 직원들이 모두 B의 공표를 반대했다. 강제적인 노동 시간 규제 정책이라는 것이다. 이에 질세라 B는 약 3달에 걸쳐 출근에서 퇴근까지의 불필요한 시간과 시스템을 정리해서 파악했고, 이 데이터를 근거로 회사 출근 이후 비생산적인 시간과 활동 등을 열거하며 직원들을 설득했다. 하지만 직원들의 반응은 차가웠다. 한 직원은 이렇게 말했다.

"난 주말에도 어떤 아이템을 생각하고, 어젯밤엔 프로젝트에 대한 영감을 얻기 위해 주문해 둔 책을 쌓아 놓고 읽었다. 하지만 내 머리는 지금 맑고 이 회의 시간에도 당장 머릿속에 있는 것들을 표출할 단어를 고르고 있다. 하루 16시간을 일해도 업무 능률이 높아질 때가 있고, 8시간 동안 책상에 앉아 있어도 아무 생각이 나지 않을 때가 있다. 성공적인 업무를 위한 나의 노력을 왜 회사가 통제하려고 하는 것인가. 그냥 많이 일하든 적게 일하든 알아서 하게 둬라. 중요한 건 시간이 아니다."

결국 B는 타협안을 내놓았다. 주 4일제에 출퇴근 시간은 자율. 이후 B 회사에서는 4시간만 일하는 직원이 있고, 16시간 이상을 매달리는 직원도 생겼다. 중요한 건 이 모든 게 자율이라는 점이다. B 회사는 매해 매출을 비약적으로 키우는 데 성공했고 업무 문화도 정착되었다. 불필요한 회의나 문서, 비생산적인 PT 관행이 사라졌고 무엇보다 공부하는 문화가 정착되었다. 결국 중요한 것은 '성취'와 같은 결과물이지, 수단 그 자체가 아니라는 점을 구성원 모두가 동의했다는 것이다.

필자가 이해한 표면적인 차이점은 다음과 같다. 우선 직원들의 숙련도 문제였다. A 회사는 현장 경험이 풍부하고 실력이 뛰어난 팀장급에서부터 경험이 부족한 직원들이 혼재되어 있었다. 업무 하중은 대부분 팀장에게 집중되었고, 일부 팀원은 완결적으로 자신의 업무를 해내지 못했다. B 회사는 처음부터 검증된 실력자들을 중심으로 회사를 구성했다.

따라서 현실적으로 A 회사가 노동 시간을 단축하기 위해선 수준 높은 직원을 선발하거나, 아니면 상당한 노동 시간이 투여되는 일은 외

주로 처리해야 가능했다. 하지만 A는 그런 곳에 돈을 투자해 수익률을 낮추는 것에 동의하지 않았다. 시간이 지나 팀원들의 현장 경험이 풍부해지면 자신의 구상을 실현할 수 있다고 믿었던 것이다.

역량이 뛰어난 팀장에게 집중된 책임과 권한은 회사의 상명하복 위계를 더욱 굳게 만들었고, 직원을 거칠게 대하거나 집안일 때문에 휴가를 당겨쓰는 것 자체도 눈치 보게 되었다. 업무량은 줄어들지 않았고, 사무실은 늘 긴장이 가득한 것 같았다. 이후 주 52시간 노동제가 정착되자 임원들은 짐을 싸 들고 집에 가서 일하거나, 주말에도 일하는 것을 당연한 충성심이라고 생각하게 되었다. A 역시 임원들의 그런 행동을 내심 반겼기 때문이다.

10년 정도 지나자 A 회사는 근본적인 문제에 봉착하게 된다. 바로 '이직'과 '퇴사'였다. 말단 직원들은 자신의 미래를 팀장이나 부장을 통해 바라보게 되는데, 결단코 저런 상사가 되어 주말도 없이 일하는 미래를 원하지 않았다. 실력이 좋은 직원일수록 일찍 퇴사했다. A 회사에 대한 흉흉한 평가는 내부에서부터 새어 나오기 시작했다. A 회사가 업계에서 말라 죽지는 않았지만, 경쟁에서 눈에 띄게 뒤처진다는 평가가 있다.

이에 비해 B 회사는 3곳이 넘는 계열사를 가진 기업으로 성장했다. 초기 직원들이 대부분 계열사 CEO와 임원으로 배치되어 다시 기업을 성장시켰다. 그들에겐 자신의 성장과 사회적 성공을 위한 지원을 아끼지 않는 회사를 떠날 이유가 없었다. 무엇보다 회사가 근무 시간 등의 외적인 요소로 자신을 평가하려 들지 않고 그저 자신을 믿고 알아서 일하게 해 주었다는 점에서 그들은 자신의 회사문화에 일종의 우월감마저 느꼈다. 물론 B 회사의 경우 A 회사보다 직원이 적었고, 구성원 대부분이 B와 과거에 함께 일한 경험이 있던 실력자들이었다는 강점도 있었다.

그렇다면 기업문화(Culture)의 효용은 무엇일까? 기업문화는 한 부족(기업)의 세계관이다. 어떤 유형의 사람이 존중받고, 어떤 유형의 직원이 축출되어야 하는가. 위기에 봉착했을 때 우리는 어떻게 사고하는가. 좋은 매출과 성장을 이어 가고 있을 때 다른 변수를 예측하고 분석하는 것. 다시 말해 기업문화란 회사가 끊임없이 성장하기 위한 정신 모델, 엔진이다. 그것은 주로 열정과 책임감, 협업과 배려, 팀워크와 구성원의 성장으로 표현된다.

앞서 '소통' 편에서 언급한, 직원의 정신을 개조하고자 했던 CEO의 사례를 생각해 보자. 그 CEO는 자신이 회사에 대해 가진 책임감을 직원들이 소유하길 원했고, 시장의 변화에 더 기민하고 유연하게 대응하길 원했다. 회사마다 표구로 만들어 붙인 '도덕적 행동강령'을 자신의 기업문화라고 이야기할 수 있지만, 진정한 기업문화는 이런 자구가 아니라 시스템의 운영원리를 규명한 것이어야 한다. 그리고 적어도 80% 이상의 압도적 직원이 이 기업문화를 존중하고 따랐을 때 그 효과는 배가된다.

글로벌 OTT업체 넷플릭스(Netflix) 경영자 헤이스팅스(Reed Hastings. Jr)는 넷플릭스를 창업하기 전에 '퓨어 소프트웨어'라는 회사를 경영하다 참담한 실패를 맛보았다.

헤이스팅스는 실리콘 밸리의 많은 기업처럼 처음엔 자율과 권한을 직원에게 부여하며 창의적인 조직문화를 만들고자 했다. 퓨어 소프트웨어는 빠르게 성장했다. 그런데 회사가 성장하자 직원들은 방종하기 시작했다. 하룻밤 숙박비로 700달러를 지출하기도 했고, 어떤 직원은 업무 효율을 이유로 거액의 호피 무늬 의자를 구매했다. 분노한 헤이스팅스는 금지 규정을 하나씩 늘려 갔다. 그리고 단계별 보고와 권한과 책임 또한 더 세분화해서 축소했다. 회사 내의 방종은 사라지는 듯했지만, 창의력은 떨어졌고 불만은 쌓여 갔다. 결국 변화된 시장 환경에 대처하지 못하고 회사를 경쟁사에 매각하는 실패를 경험했다.

그는 넷플릭스를 창업하며 사전 휴가 보고 규정을 없애고, 노동 시간 규칙, 출장비 및 비품 사용의 승인 규정을 없앴다. 그리고 성과급을 폐지했다. 성과급은 해마다 줄 수도 있고 안 줄 수도 있는데, 이런 가변적인 조치로는 사원들의 열정을 끌어내기 어렵다고 판단했다. 그는 애초 동종업계 최고의 연봉을 줄 뿐이다.

단지 그가 요구한 유일한 규정은 "무엇이 넷플릭스에 이익인가?"라는 한 문장이다. 일반적인 미팅을 위해 근거리 비행을 하는데 비즈니스석을 이용하는 것은 회사에 이익이 아니다. 반대로 다음 날 중요한 프레젠테이션을 위해 야간비행을 한다면 응당 비즈니스석에서 숙면을 취하는 것이 회사에게 이익이다.

그런데 어떻게 규제 없이도 이 모든 것이 자율적으로 지켜질 수 있을까? 우선 다수가 해당 규칙을 존중하고 지키고 있는 것에 자부심을 느끼고 있기 때문이다. 그리고 규칙 이탈이 주는 당장의 만족감보다 회사가 제공하는 비전과 평가가 더 큰 효능감을 주고 있기 때문이다. 그래서 헤이스팅스는 넷플릭스의 사내 규정을 '규칙 없음'이라고 표현한다.

요즘 한국의 스타트업 기업들에서도 수평적인 조직문화를 만들기 위해 직급 제도를 없앤다거나 부서 직속 규정을 폐기하거나 모두가 팀장이 된다. 아예 호칭을 "○ ○ 씨"나 "다이넬"과 같은 영어 이름으로 부르는 회사가 늘고 있다. 그런데 정작 본질적인 질문을 누락하는 경우가 많다. 왜? 수평적인 조직 문화가 좋은가? 그것은 수직적인 위계보다 더 우월한가?

그렇지 않다. 수백 년 경험이 축적된 광물, 조선, 철강, 정유와 같은 부문에선 이미 축적된 노하우가 있어 속도감 있는 실행 조직과 타이트한 SCM(공급사슬관리)을 할 수 있는 관리체계가 더욱 중요하다. 생산과 유통 과정에서 신입 직원의 창의력 따위는 개입할 여지가 없는 경우가 더 많다. 이 조직에서 중요한 결정 권한은 평등하게 주어지지 않으며 그럴 필요도 없다.

그런데 한 사람이 1,000억 원 이상의 가치를 만들어 낼 수 있는 정보통신 스타트업 기업이나 투자기업의 경우 시장 분석과 전략 기획, 그리고 빠른 실행이 성패를 가른다. 한 엔지니어의 잘못된(지저분한) 코딩 작업 때문에 6개월이 넘는 시간을 허비할 수도 있고, 한 사람의 잘못된 판단으로 큰 손실을 볼 수도 있다. 그들은 더 많은 정보를 실시간으로 공유해야 하며, 한 사람이 비더라도 손실 없이 일을 추진할 수 있고 매달 전략을 기민하게 교정할 수 있는 유연함이 생명이다. 이 경우 위계 조직은 기업을 추락시킬 수도 있다.

요즘은 다행히 회사의 '목표' 이전에 '가치'를 묻는 사람들이 많아졌다. 가치가 없는 목표는 맹목적이며, 왜 일하는지도 모르는 채 일하는 것과 같다. 기업문화 역시 CEO나 책임감 높은 임원의 철학에 의해 탄생한다. CEO가 몸으로 실천하지 않는 철학과 비전 또는 습관이 정착될 리도 없거니와 입에 발린 '좋은 말'이 직원들에게 존중받을 리 만무하기 때문이다.

성장하는 강한 기업의 힘
③ Consideration

조직문화에서 Consideration(배려, 존중)은 독특한 의미를 가진다. 어떤 사람에게 우리가 "배려심이 깊다"고 표현할 때는 주로 그이의 성품과 사람을 귀하게 대하는 태도를 뜻한다. 그런데 조직에서 '배려의 문화'가 정착되어 있다는 말은 개개인의 도덕적 능력이나 성품을 의미하지는 않는다. 그보다는 해당 조직이 갈등을 효과적으로 해소하고 있으며, 사전에 갈등이 발생할 수 있는 요소를 적절히 관리하고 있다는 것을 의미한다.

회사나 군대, 심지어 동호회 모임에서도 조직을 약화시키는 오래된 요소는 '갈등'이다. 공통의 정치적 목표를 위해 결사한 정당은 물론, 이따금 모여서 화투를 치는 할머니들의 모임에서도 마찬가지다. 수천 년 인류 역사에서 조직의 붕괴나 약진을 이루는 힘은 바로 '갈등 통제'

4차 산업시대 통합가치와 그랜드 리셋

에 있었다.

아마도 큰 기업에서 조직문화나 인사를 담당했던 사람은 필자의 주장에 공감할 것이다. 개인과 개인의 갈등, 상사와 부하의 갈등, 부서와 부서의 갈등, 조직적 가치와 개인의 사생활 간의 갈등, 창업 임원과 스카우트된 임원 사이의 갈등, 소유자와 경영인 간의 갈등이 조직에 미치는 폐해가 얼마나 큰지, 또는 이를 해소하기란 어찌나 어려운지 말이다.

갈등을 유발하는 요소는 다양하다. 그리고 구조적일 때가 더 많다. 모든 회사 구성원이 가장 많이 낙심하거나 배신감을 느끼는 '연봉 협상'이 대표적이다. 연봉 협상은 응당 전년도 해당 직원의 회사 기여도에 의해 평가되기 마련이다. 그런데 이 회사 기여도를 어떻게 평가해야 할까. 평가는 해당 직원의 성장과 성취에 기준점이 맞춰져야 할까 아니면 회사의 생산성 기여에 따라야 할까. 아니면 타 직원과의 대비를 통한 상대평가여야 할까.

직원에게 투자할 수 있는 재원은 한정적이다. 따라서 모든 구성원에게 '배려'라는 명목으로 더 나은 연봉과 처우를 약속할 순 없는 노릇이다. 성과지표 중심의 평가제도가 회사 내에 자리 잡고 있다면, 실적과 연결되지 않는 배려는 또 다른 누군가에겐 상대적 박탈감과 불공정하다는 원망을 불러올 것이다. 하지만 거꾸로 실적이 나기 어려운 상품 출시 초기라면, 상품 개발에 참여한 직원들이 실적 중심의 평가에 불만을 제기할 것이다.

또한 직원에게 업무 수행 과정에서의 결함을 있는 그대로 그때그때

전달할 것인가? 아니면 배려라는 명목으로 이를 완화해서 표현하거나 굳이 잘한 것만을 지적하며 고무시킬 것인가? 여기서 우리는 "진정한 배려란 무엇인가?", "조직에서 배려의 가치는 어떻게 구현되어야 하나?"와 같은 근본적인 질문을 던지게 된다.

이러한 문제에 대해 미국의 글로벌 기업에선 오랫동안 시행착오를 겪으며 정리해 왔다. 아래는 실리콘 밸리에서 '일반적으로' 통용되고 있는 배려와 투명성에 대한 관계 그래프이다.

배려와 투명성의 상관관계

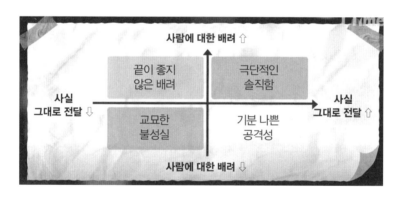

배려한다며 정보를 제대로 전달하지 않았을 땐 뒤끝이 좋지 않다. 왜냐면 직원은 평소의 피드백에 의해 자신의 결함보다는 성취도에 집중하고 있을 것이기 때문이다. 이런 배려는 오래가지 못한다.

사실을 그대로 전달한다는 명목으로 사람에 대해 배려하지 않았을

4차 산업시대 통합가치와 그랜드 리셋

때의 결과는 '기분 나쁜 공격성'이다. 피드백과 업무 지도라는 명복으로 반복해서 사람을 평가하고 지적할 경우, 사람은 타인이 자신을 공격한다고 생각하게 된다.

사실을 그대로 전달하지도 않고 배려도 없는 경우는 어떤 경우일까. 사람이 자주 바뀌는 영세조직이나 비효율적인 관료조직의 특징이 바로 그러하다. 사람의 성장에도 관심이 없고, 그 사람은 물론 회사의 성장에도 큰 관심이 없는 경우다. 그래도 오래된 업력에 의해 월급이 나오는 관료조직일 경우엔 큰 문제가 되지 않는다. 단기계약 노동자(파트타임 노동자)를 주로 채용하며 6개월이 못 가 직원이 자주 바뀌는 업소의 경우도 이와 크게 다르지 않다. 사람이 늘 바뀌고 업무가 단순해서 회사에선 굳이 단기계약 노동자에 대해 품을 들이려 하지 않는다. 노동자 역시 회사로부터의 그런 지적을 달가워하지 않는다.

결국 문제는 정보를 정확히 전달하면서 사람을 배려하는 방법이다. 또한 그 결과는 명확히 나타나야 한다. 당사자가 자신은 충분히 배려받고 있다고 느껴야 하며, 그것이 업무 성취나 조직의 활력으로 구현되어야 한다.

사회심리학자인 애리얼리 박사는 이스라엘의 한 반도체 공장에서 실험을 진행했다. 직원 207명을 3그룹으로 나눈 후 CEO의 명의로 메일을 발송했다. 실적이 과거 평균 실적보다 좋아지면 보상하겠다는 내용이었다. A그룹엔 하루 30달러의 성과급을 제시했고, B그룹엔 피자 한 판, C그룹엔 직속 상사에게 격려 메시지를 받을 것이라고 했다.

일반적 통념으로는 당연히 A그룹의 실적이 가장 뛰어났을 것으로 생각한다. 하지만 결과는 정반대였다. 고작 피자 한 판을 약속받은 B 그룹이 가장 뛰어난 성과를 보였고, A그룹의 생산성은 13.2%나 하락했다. 같은 실험을 매일 5주째 반복하자 A그룹은 평균 6.5% 하락했고 C그룹은 2.1% 하락했다. 유일하게 B그룹만이 향상된 생산성이 고르게 유지되었다. A그룹에 속한 직원들은 "더 열심히 일하면 성과급을 주겠다."는 회사의 메시지를 "당신의 업무 성과는 현재 충분하지 않으니 더 열심히 하라."는 메시지로 받아들였다. 즉 자신의 노동이 평가절하되고 있다고 느낀 직원들의 스트레스는 올라갔고, 인정받지 못하는 노동의 성과는 낮았다.

최근 들어 CEO들이 구성원에게 심리적 압박을 가하며 경쟁을 독려하는 시스템보다 배려의 조직문화를 선호하게 된 배경은 전반적으로 사회적 눈높이가 사람 존중, 인권 경영이라는 높은 가치관에 맞춰져 있다는 점 외에도 생산성 향상에 실제로 도움이 되기 때문이다. 구성원들이 심리적 안전감(安全感)을 느낄 때 자신의 역량을 제대로 발휘하며 창의적인 발상에 지속해서 집중할 수 있으며, 실수를 줄일 수 있다.

이는 사회심리학과 뇌 과학 분야가 밝혀낸 사실이기도 하다. 애초에 사람은 우호적인 동료 관계에서 공동의 목표를 위해 열정을 불태우고 그 성과를 확인했을 때 높은 경지의 행복감을 느끼도록 설계되어 있다. 결국 조직 내에서 배려의 문화는 회사의 비전과 조직문화와는 떼려야 뗄 수 없는 문제다. 다만 해당 조직에선 무엇을 진정한 배려라고 생각하는가, 이를 어떻게 시스템으로 녹여 내느냐의 문제일 것이다.

기업마다 배려의 문화를 정착하는 방법은 다르다. 빠르게 성장하는 신생 업체는 팀장급으로 시작해 회사의 성장에 기여한 인물을 대거 임원과 계열사 CEO로 임명하면서 "당신의 노고로 회사가 성장했으니 앞으로도 회사는 당신과 함께 성장할 것이다."라는 메시지를 뚜렷하게 전한다.

100명 내외의 직원을 둔 중소기업 사장이 하는 일은 보름에 한 번 모든 직원과 환담하는 것이다. 이 자리는 친목과 관계를 위한 것이 아니다. 사장은 늘 묻는다. "당신의 업무 성취를 위해 내가 무엇을 도와주면 좋겠는가?" 사장이 한 달에 두 번 직원과 면담하는 것은 결코 쉬운 일이 아니다. 사장이 면담하려면 해당 직원의 업무와 최근의 이슈를 잘 알고 있어야 한다. 그리고 사장에게 제출된 자료에는 현장의 진실이 그대로 담겨 있어야 한다. 인사 담당자나 책임자들에겐 높은 투명성을 요구하게 되는 이치다.

이 모든 것이 사람을 귀하게 여기는 기업에서 가능한 일이다. CEO가 사람이 기업 성장의 핵심 동력임을 인식할 때, 직원은 조직도 내의 부속이나 실적 달성을 위한 도구로 전락하지 않는다.

Creating
Integrated Value
통합가치 창출

앞에서 우린 시스템 사고(Systems Thinking)에 기반한 소통과 조직문화, 배려를 다루었다. 이제 결론을 말할 차례다. 필자는 과거 우연한 기회에 시스템 사고를 우리 사회 문제와 세계의 문제에 대입해서 연구하는 이를 만난 적이 있다. 그는 자주 통합과 융합, 협력과 가치, 비전이라는 말을 했다. 한 철학자는 이 시스템 사고가 동양철학의 세계관과 유사하다고 했다.

그도 그럴 것이 동양에서 인간을 비롯한 모든 사물을 우주의 일부이며, 거꾸로 이 일부가 우주를 바꾸는 조화를 부리기도 한다고 믿는다. 즉 전체 속에서 개별을 보고, 개별을 통해 전체를 파악한다. 개별과 개별 간의 '관계'가 세상을 움직이는 힘이라는 전통적인 동양철학의 사유 원리가 이 시스템 사고에 깃들어 있는 것이다. 그래서 사물의 변화는 늘 단방향으로 움직이지 않아 상호 조응하며, 변화는 음과 양이 하나를 이루며 조응하는 것과 같이 끝없이 순환한다는 동양철학과 시스템 사고의 교집합을 찾아 연구하는 이들도 있다.

그런데 통합가치(IV) 역시 시스템 다이내믹과 시스템 사고를 이용해 세상의 문제에 접근하는 관점으로부터 시작했다. '통합가치 창출(CIV)'의 주창자인 웨인 비저(Wayne Visser) 박사가 자신의 출생지였던 남아프리카공화국의 인종차별, 범죄적 다국적 기업의 행태 등의 기원을 추적하면서 1960년 70년대 포레스터 교수의 '시스템 사고'를 수용한 것이기 때문이다.

통합가치 역시 사물과 세계를 분절적으로 이해하는 것이 아니라 전체의 지속(생존)을 위해 지구라는 하나의 구조원형의 관점에서 세계의 변화를 관찰하고, 무엇보다 사람과 사람, 계급과 계급, 기업과 소비자, 국가와 국가라는 과거의 갈등 당사자들이 서로 살아남기 위해 철학과 태도를 혁명적으로 전환하지 않으면 미래는 오지 않을 것이라는 철학 체계를 핵심으로 한다.

4차 산업시대의 변화를 가늠하기 위한 효과적인 도구가 시스템 다이내믹이라는 방법론이라면, 4차 산업시대에 사람의 가치를 지키며 옳게 성장하기 위한 철학이 통합가치(integrated value)라고 생각한다. 우선 통합가치 이론에 대해 간략히 알아보자. 통합가치와 관련한 철학, 산업적 배경 등의 깊은 정보가 필요한 독자들은 필자의 전작 《통합가치와 배려의 리더십: CIV를 중심으로 - 위기의 지구와 연대를 끌어내는 리더의 힘》(완성출판사, 2022)을 일독하길 권한다.

통합가치에서 통합(integrated)이라는 개념은 종래의 기업가치 이론 중 혁신적이고 긍정적인 가치의 공통점을 추출해서 그 원리적 통합을 꾀한다는 의미다. 그래서 통합가치에는 기업의 사회적 책임과 공유가치, 윤리경영, 지속 가능한 가치 등의 기업가치 이론의 긍정성을 계승하고 있다. 수백 년 자본주의 산업사회가 만든 인간의 소외와 극단적인 빈부 격차, 자원고갈과 기후위기 등을 결과물들을 직시하며 "기업은 지속 가능한 세상을 위해 무엇을 해야 하는가"라는 근본 질문에 답하기 위한 혁신 방법론인 셈이다.

아래는 필자의 전작 《통합가치와 배려의 리더십》에서 인용한 내용이다.

기업의 사회적 책임, CSR(Corporate Social Responsibility)은 "사회가 기업에 대하여 가지고 있는 경제적, 법률적, 윤리적 및 재량적 기대"라는 개념으로 출현했다. 처음에는 사회공헌이나 투명경영 정도의 윤리 기준으로 이해되었다. 하지만 CSR이 기업 이미지를 제고하고 소비자와의 결속을 강화하는 등의 긍정적인 가치를 생산했다는 연구 결과가 이어지자, 점차 CSR을 경영 전략적 측면으로 받아들여야 한다는 주장이 대두되었다. CSR은 기업과 소비자를 연결시켜 주는, 소비자가 해당 기업을 신뢰하고 제품을 충성심 있게 재구매하게 만드는 전략적 자산이라는 것이다.

이후 CSR은 '기업의 지속가능성(corporate sustainability)'을 가능케 하는 중요한 전략 개념으로 성장했다. 즉, CSR은 기업의 이

4차 산업시대 통합가치와 그랜드 리셋

미지 제고를 위한 '비용'이 아니라 '투자'다. 기업이 솔선해서 건강한 사회규범을 지키고 선한 영향력을 확대해야 한다는 개념이다. 하지만 CSR에는 여전히 기업이 사회문제를 해결할 수 있는 주체가 아니라는 소극적 인식이 있고, 무엇보다 기업의 활동과 CSR의 교집합이 제한적이라는 한계가 있었다. 그래서 탄생한 것이 공유가치창출이다.

공유가치창출(CSV: Creating Shared value)은 하버드 비즈니스 스쿨의 마이클 포터교수와 마크 크레이머가 제시한 개념으로, 기업이 창출된 이익으로 사후에 사회공헌을 하기보다는 기업의 경영활동이 사회적 문제를 해결함으로써 사회적 가치와 경제적 이익을 동시에 추구하는 것으로 기업의 이윤 창출과 사회적 가치라는 두 가지 목표 사이의 '윈-윈(win-win)'을 추구한다는 전략이다.

공유가치창출은 프라할라드 박사가 제시한 BOP(Bottom of the Pyramid)전략, 다시 말해 저소득층의 욕구(societal needs)를 충족시킴으로써 사회적 가치를 창출해 내면서 동시에 기업의 경제적 가치도 향상할 수 있다는 주장 역시 수렴했다. 공유가치창출(CSV)은 기존의 CSR의 한계점을 극복하고자 사회문제를 기업 본연의 목적과 연관 지어 해결하려는 적극적 책임 차원의 경영전략이다.

CSV(공유가치창출)는 기업의 사회적 책임에 따른 자선활동이나 지속가능성과 같은 소극적 개념이 아니라 사회의 진보와 기업의 성공이 연계되어 있다는 전제로 효율성을 확보하고 시장을 확대해 새로운 가치를 제공하는 새로운 방식의 자본주의라고 할 수 있다. 회사가 보유한 자원과 전문성을 가지고 사회가 직면하고 있는 근본적인 문제를 해결함으로써 기업과 사회 모두를 위한 지속 가능한 개발을 촉진할 필요가 있다는 주장이다.

통합가치 창출(CIV)이라는 개념은 이러한 다양한 흐름을 실제 실행할 수 있는 방법론이다. 아직 국내에는 '통합가치(Integrated value)'라는 말이 생소하다. 기업의 사회적 책임경영을 뜻하는 CSR(Corporate Social Responsibility)과 공유가치(CSV: Creating Shared Value) 이론이 요즘 경영하는 이들에겐 몰라선 안 될 경영전략이듯 머지않아 통합가치 역시 국내에서 많이 사용하게 될 것이라고 확신한다.

통합가치 창출(CIV)은 웨인 비저(Wayne Visser) 박사[12]가 처음 고안한 용어다. 그 역시 사회적 책임경영(CSR)과 공유가치창출(CSV)의 적극 주창자였다. 통합가치 창출에 대한 설명은 비저 박사의 논문 서론에 잘 정리되어 있다. 밑줄은 필자가 그었다.

통합가치 창출(CIV)은 기업의 책임과 지속가능성 운동의 중요한

• • •

12 그는 지속 가능한 변화(Sustainable Transformation)의 의장이며 캠브리지 대학교의 지속가능성 리더십 연구소(Institute for Sustainability Leadership)의 펠로우다.

발전입니다. 이는 기업의 사회적 책임(CSR), 지속가능성 및 공유 가치 창출(CSV)과 같이 이미 유통되고 있는 많은 아이디어와 관행을 결합하지만 특히 통합 및 가치 창출에 중점을 두어 몇 가지 중요한 변화를 나타냅니다. CIV는 새로운 개념 그 이상으로 기업의 사회적, 윤리적, 환경적 책임을 다루는 수많은 글로벌 지침, 규범 및 표준을 포함하여 사회적 열망과 이해관계자 기대의 확산을 생존 가능성을 저해하지 않으면서 신뢰할 수 있는 기업 대응으로 바꾸는 방법론입니다. 실질적으로 CIV는 기업이 경영 시스템과 가치 사슬 연결을 통해 이해관계자 기대에 대한 응답(중대성 분석 사용)을 통합하도록 돕습니다. 이 통합은 거버넌스 및 전략적 계획, 제품/서비스 개발 및 제공, 공급 및 고객 사슬 관리와 같은 비즈니스의 중요한 프로세스 전반에 걸쳐 적용됩니다. 궁극적으로 CIV는 혁신과 변혁을 위한 도구가 되는 것을 목표로 하며, 이는 비즈니스가 문제의 일부가 아니라 글로벌 도전 과제에 대한 필수적인 솔루션입니다.

CIV(통합가치 창출)는 사회에서 기업의 역할에 대한 오랜 전통에서 나온 개념이자 실천입니다. 이는 오늘날 많은 사람이 기업(사회) 책임 또는 CSR, 기업 시민 의식, 기업 윤리 및 기업 지속가능성이라고 부르는 것에 뿌리를 두고 있습니다. 이러한 아이디어도 오랜 역사를 가지고 있지만 주로 두 가지 방향으로 진화한 것으로 볼 수 있습니다. 이를 의식의 흐름, 즉 책임의 흐름과 지속

가능성의 흐름이라고 부르겠습니다.[13]

비저 박사는 남아프리카공화국에서 대학 시절을 보냈다. 그는 학창 시절 대부분을 아파르트헤이트(Apartheid)에 맞선 군중의 시위와 흑인 지도자에 대한 테러와 진압을 보며 보내야 했다. 참고로 아파르트헤이트는 분리, 격리를 뜻하는 아프리칸스어다. 1950년 남아공 정부가 전체 인구의 16%를 자치하는 백인의 지배권을 확립하기 위해 흑인 거주 구역과 백인 지역을 분리하고 흑인의 직업을 제한하거나 화장실과 버스, 공공장소에서의 흑백 분리하는 정책이다.

그는 아파르트헤이트가 단순한 인종차별정책을 의미하지 않는다는 것을 깨달았다. 아파르트헤이트는 소수에게 독점적 이익이 돌아가도록 설계한 경제·사회 시스템 그 전체를 의미했다. 오늘날 기후위기와 생물 다양성 손실, 독점과 착취, 불평등과 부패 등의 문제는 여전히 해결되지 않고 있는데, 그 이유에 대해 그는 원인이 아닌 증상에 주목하기 때문이라고 생각한다. 경제, 기술, 인간, 사회 및 생태 시스템의 상호 연결성을 보고 행동하는 시스템 사고를 적용하지 않기 때문에 세상은 변하지 않는다고 생각한 것이다.

• • •

13 Wayne Visser, 《Creating Integrated Value (CIV) – Creating Integrated Value: Beyond CSR and CSV to CIV》(2014).

4차 산업시대 통합가치와 그랜드 리셋

증상이 아닌 원인을 살피고, 문제를 일으키는 요소가 상호 영향을 주며 순환(피드백 루프)한다면, 이 역시 시스템 사고를 기반으로 접근해야 한다는 생각이 통합가치이론의 시작점이다.

1960년대 이후 기업가치 이론의 변화는 아래의 표로 정리할 수 있다. 초창기 기업 활동의 목표는 주주의 이익을 위한 것이고, 사회적 책임마저 수익 증진의 효과적인 방편이라고 보았다(1970, 프리드먼). 이후 기업은 응당 노동자와 소비자, 지역민, 유통 과정에 참여하는 공급사슬의 모든 관계자, 그리고 국가 등에 이익을 분배해야 한다는 이해관계자 가치로 발전한다.

1992년 에킨스의 주장은 다소 혁신적이다. 기업의 핵심 가치를 금융, 제조, 인적 자본에서 자연자본으로 확장했다. 지구 자원의 고갈과 인류 생존의 위기를 처음으로 반영했다. 이후 기업은 재무적 목표를 사회적 가치에 통합시켜야 한다는 혼합가치 이론(2000, 에머슨)이 탄생했고, 지속 가능한 경영과 사회적 문제를 해결하는 데 기업이 앞장서야 한다는 공유가치 이론(2011, 포터와 크레이머)이 나왔다.

이런 주장이 단순히 기업가치 혁신 이론에만 머문 것이 아니라 UN과 EU, 다국적 기업들의 혁신모임에 모두 적용되며 인정받기에 이르렀다는 것이 중요하다. 현재의 방식이 온전히 지속되기 어렵다는 공감대가 적어도 '표면적으로는' 형성된 것이다.

그렇다면 통합가치 이론과 기존의 공유가치, 지속가능 경영 등의 기업가치 이론과의 가장 큰 결정적 차이란 무엇일까? 공유가치 이론이나 윤리경영과 같은 기업가치 이론은 지속가능 경영을 위해 사회

기업가치 이론의 변화

핵심 가치	기업 활동의 목적	주창자
주주가치	주주에 대한 재정적 수익 기업의 사회적 책임은 수익의 증진	1970. 프리드먼 (Milton Friedman)
이해관계자 가치	기업과 사업에 이해관계가 있는 그룹에 대한 혜택 분배	1984. 프리드먼 (Milton Friedman)
4가지 자본	금융, 제조, 인적, 자연자본의 확장	1992. 에킨스 (Paul Ekins)
3중 기준선 이론 (TBL: Tripple Bottom Line)	경제, 사회, 환경 영역에서의 상향평준화 된 성과	1994. 엘킹턴 (John Elkington)
혼합 가치 (blended value)	사회적 가치와 재무적 가치 통합 추구	2000. 에머슨 (Jed Emerson)
핵심역량 이론 (core competence)과 피라미드 구조 이론 (The Fortune at the Bottom of the Pyramid)	핵심역량을 구축으로 지속가능 경제구조에서 포괄적인 시장에 봉사 피라미드, 즉 저소득 시장에 투자 후 선진국 시장에 역방향 수익	2002. 프라할라드 (Coimbatore Krishnarao Prahalad)
지속 가능한 가치	꼼꼼한 제품 관리, 오염 방지, 청결 기술 및 포괄적인 전략	2003. 하트와 밀스타인 (Hart and Milstein)
5가지 자본	에킨스의 4가지 자본 + 사회적 자본	2007. 포트릿 (Porritt)
공유가치(Shared value)	사회문제에서 사업 기회를 찾아야 제품, 가치 사슬 및 산업 클러스터	2011. 포터와 크레이머 (Porter and Kramer)
통합가치 (Integrated value)	안전하고 스마트하며, 공유되고 지속 가능하며 만족스러운	2014. 비저 (Wayne Visser)

4차 산업시대 통합가치와 그랜드 리셋

적 문제에서 가치를 찾거나 사용한 지구 재원만큼 다시 돌려주어야 한다는 기업 중심의 관점에서 문제를 고찰했다면, 통합가치 이론은 기아와 총기살인, 환경오염과 종교 분쟁, 패권 쟁탈로 인한 신흥국의 비극, 부의 양극화와 가난의 대물림과 같은 공고하고 낡은 시스템까지 혁신하는 데 기업의 가치가 있다고 설명한다. 기업뿐만 아니라 기업을 둘러싼 모든 공급사슬과 자원의 분배사슬, 그리고 지구자원의 증발 경로를 통합적으로 고찰해서 시스템을 혁신해야 한다는 주장이다.

4장

반도체 전쟁과
성장 전략

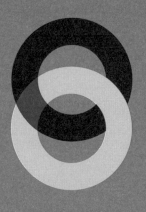

Grand Reset

2023 반도체 전쟁

"제2의 애치슨 라인". 대만의 타이난 TSMC 공장, 한국의 이천공장(SK하이닉스), 평택(삼성반도체)을 잇는 새로운 미국의 반도체 안보 라인을 일컫는 말이다. 미 상무부 관계자들은 이 개념을 실리콘 쉴드(Silicon Shield)라 부른다. 이 실리콘 쉴드는 반도체 제조를 책임지고 있는 대만과 한국을 반도체 공급사슬의 최전방으로 대중국 전선을 구축하겠다는 미국의 안보 전략 개념이다.

2022년 5월 한국을 방한한 미국 바이든 대통령은 가장 먼저 삼성전자 평택공장을 찾았다. 그리고 8월 중국의 히스테릭한 반발을 불러왔던 미 정계 권력 서열 3위 낸시 펠로시 하원의장의 대만 방문 일정을 보자.

4차 산업시대 통합가치와 그랜드 리셋

그녀는 대만 방문 다음 날 TSMC 전·현직 회장을 만났다. 메시지는 동일했다. 4차 산업혁명의 '쌀'이라고 일컫는 반도체에 대한 미국의 의존성을 줄이기 위해 미국 내에 설비 투자해 달라는 것이었다. 삼성전자는 22조 원을 투자해 텍사스주 테일러시에 신규 파운드리 공장(팹)을 설립하겠다는 뜻을 밝혔고, 펠로시 하원의장은 중국으로부터의 대만 수호 약속을 밝히며 안보동맹을 강조했다. TSMC는 2022년 11월, 17조를 투자한 미국 애리조나 피닉스 공장의 준공식을 열었다. 이 준공식엔 바이든 미국 대통령, 낸시 펠로시 하원의장, 정부 고위관계자와 반도체 관련자 총 600명이 참석했다. 이날 행사에서 TSMC는 기존 120억 달러로 계획된 미국 투자 규모를 세 배 이상 확대해 400억 달러로 늘리기로 했다고 밝혔다.

인공지능과 드론, 자동차에서 사소한 전기기기까지 이제 반도체가 들어가지 않는 제품은 찾기 어렵다. 아무리 뛰어난 제품을 만들어도 반도체가 수급되지 않으면 팔 수 없다. 그런데 세계적인 반도체 생산 공장은 대만과 중국, 한국에 편중되어 있다. 미국은 이를 경제패권을 떠나 국가안보의 가장 심각한 문제라고 인식하고 있다.

2019년 중국의 반도체 생산 점유율에서 처음으로 미국을 추월했다(중국 13.9%, 미국 12.8%). 그리고 그해 연말엔 코로나19 감염증이 세계를 강타했다. 시장이 멈춰 서는 중에도 반도체에 대한 수요는 폭발적으로 증가했다. 도시가 봉쇄되자 사람들은 집에서 업무를 하고 회의를 하고 게임을 즐겨야만 했다. 코로나 팬데믹이 4차 산업혁명을 가속했다는 말이 나오는 이유다.

당시 발생한 반도체 공급 부족 현상은 지금까지도 이어지고 있다. 포드, GM, 테슬라, 크라이슬러 등 글로벌 기업들이 차를 모두 만들어 놓고도 반도체 부족으로 출고하지 못하는 상황이 계속되고 있다. 2021년 기준 반도체 설계 분야에선 여전히 미국이 68%의 시장을 점유했지만, 반도체 생산에서는 대만 20%, 한국 19%, 미국이 13%였다. 트럼프 대통령의 반도체 장비, 기술 금수조치 등으로 중국 반도체가 일정 타격을 받았지만, 미국의 반도체 의존성은 나아지지 않았다.

반도체 수급을 의존하다가는 미래의 패권도, 당장의 경제 안보도 유지될 수 없다는 미국의 조바심은 2022년 8월 제정된 '반도체 칩과 과학법(CHIPS and Science Act of 2022)'에서 그 실체를 드러냈다. 미국 내 반도체 시설 건립 보조금 390억 달러, 연구 및 노동력 개발 110억 달러, 국방 관련 반도체 칩 제조 20억 달러 등 반도체 산업에 직접적으로 520억 달러가 지원된다.

미국에 반도체 공장을 짓는 글로벌 기업에 25%의 세액 공제를 적용하는 방안도 담겼다. 이는 향후 10년간 반도체 업계에 240억 달러를 지원하는 효과와 맞먹는다. 또 미국에 반도체 시설을 짓는 업체는 최대 30억 달러의 보조금을 받을 수 있는데, 다만 향후 10년간 중국에 반도체 시설을 투자하는 데 제한받는다. 메모리 반도체는 14나노미터, 시스템 반도체는 28나노미터 이하의 물량을 생산할 수 있는 소재와 장비의 중국 반입과 투자가 금지된다.

이후 11월 미국 상무부는 미국 내에 공장이 있는 20여 개의 반도체 기업에 고객 정보를 제출할 것을 요구했다. 미 상무부가 요청한 자료는 기업들의 반도체 재고와 주문 내역, 제품별 매출과 고객사 정보들로 구성된 26가지 문항인데, 외부에 공개할 수 없는 민감한 정보도 포함돼 있다. 기업들은 이 조치를 미국에 필요한 반도체 물량이 국제적 수급 불안으로 인해 다른 나라로 먼저 가는 것을 용인하지 않겠다는 엄포성 메시지로 받아들이고 있다.

또 앞서 8월에 제정된 '반도체 칩과 과학법'에서 주기로 한 보조금의 대상과 관련한 대통령실의 결정이 없어 미국에 투자하고 있는 삼성과 SK하이닉스, TSMC가 미국의 눈치를 볼 수밖에 없는 상황으로 몰리고 있다. 2022년을 기점으로 반도체는 단순히 '4차 산업혁명의 쌀'에서 '전략적 국가안보물자'로 자리 잡게 되었다.

미국은 '칩(Chip)4' 동맹을 대만과 한국, 일본에 제안했다. 즉 핵심 기술이 담긴 반도체의 중국 수출 및 교역을 중단하고 미국 중심의 배타적 공급망을 구축하자는 것이다. 현재 한국의 대중국 반도체 수출 비중은 전체 수출액 중 40.2%이고 이와 연관된 디스플레이는 33.2%, 정밀기기는 35%, 세라믹은 32.3%에 달하고 있다.

미국 상무부는 2022년 10월 중국 공장에 대한 반도체 관련 장비와 슈퍼컴퓨터에 사용되는 반도체, 미국 기술이 10% 이상 포함된 제품의 수출 중단을 결정했다. 미국은 반도체 노광장비 제작업체인 네덜란드의 ASML에게 이미 14나노미터 이하의 최첨단 반도체 제조에 필요한 극자외선(EUV) 노광장비의 수출 금지를 압박한 데 이어, 기존의 성숙 장비도 중국에 공급하지 말 것을 요구하고 나섰다. 일본은 칩4 참가를 희망했고, 대만과 한국은 한 발 물러선 형국이다.

이와 관련해 국내 언론들은 미국과 중국의 반도체 전쟁의 최대 피해국이 한국이 될지도 모른다는 경고를 쏟아 냈다. 다행히 반도체 전문가들은 현재까지의 미국 조치로는 한국의 피해가 없을 것으로 전망한다. 왜냐면 반도체 장비와 소재 중에서 한국이 독자적으로 판단해서 투입할 수 있는 것이 거의 없기 때문이다. 디자인과 핵심 장비는 미국 상무부의 제재를 받고 있고, 일본 또한 미국의 정책에 동의하고 나섰기에 한국으로선 선택의 여지가 없다는 것이다. 미국이 막고 있는 것은 반도체 설비이지, 반도체 상품 그 자체가 아니다(다만 슈퍼컴퓨터에 들어가는 시스템 반도체는 예외다).

중국에 대한 미국의 의지를 의심하는 시선도 있다. 월스트리트 저널은 2021년 미국의 대중국 첨단기술 수출액이 2,000억 달러에 육박했고, 미 국무부에서 기업들의 수출을 거부한 건수는 4%밖에 되지 않는다고 보도했다. 중국의 디커플링(decoupling: 탈동조화)을 제지하는 데 한계가 있다는 말이다.

TSMC가 대만에 있기에 미국으로부터 대만의 안전을 보장받을 수 있다는 믿음은 대만 정부는 물론 대만의 시민사회에도 넓게 퍼져 있다. 하지만 이러한 믿음은 조금씩 흔들리고 있다. 2022년 펠로시 하원의장은 대만을 방문해서 동맹의 가치와 안보를 재차 약속했지만, 대만의 군사 전문가들은 중국의 24시간 침공 작전이 전개되면 미국은 TSMC의 핵심 연구진부터 일본이나 한국으로 탈출시킬 비상계획을 가지고 있다며 TSMC가 미국 애리조나나 일본의 구마모토현에 반도체 공장을 짓는 것은 자살행위나 다름없다고 주장한다.

대만 당국 역시 이러한 우려를 하고 있다. 4나노 이상의 초미세 공정은 대만 타이난 팹에서만 제조하고 미국 애리조나 공장에선 7나노 이상 공정의 제품을, 일본 소니와 합작해서 건설한 구마모토 공장에선 22나노 공정을 운영하겠다고 밝혔다. 자동차와 일반 전자부품에 사용되는 공정은 해외에 분산하지만 테슬라의 자율주행 칩이나 스마트폰의 시스템 반도체는 대만 타이난 공장에서 계속 제작하겠다는 것이다.

하지만 미국이 여기에 만족할 리 없다. 대만 당국과 미국이 구체적으로 어떤 종류의 협의를 거쳤는지는 밝혀지지 않았지만, 2022년 11월 TSMC는 미국 애리조나 피닉스 공장 옆에 16조 4천억 원을 투자해 3나노 공정의 제2공장을 신설할 것을 고려 중이라고 밝혔다.

일본은 TSMC의 구마모토 공장 유치에 이어 반도체 관련 기업을 모두 묶어 1980년대의 신화를 재현하겠다는 의지를 불태우고 있다. 2022년 11월엔 토요타 자동차, 소니 그룹, NEC, NTT, 소프트뱅크, 미쓰비시 UFJ 그룹 등 8사가 합작한 차세대 반도체 회사 'Rapidus(라피더스)'를 설립한다는 발표가 있었다. 일본 기시다 총리는 지원을 아끼지 않겠다고 했다. 일본은 그간 산업 재구축과 구조조정에서 경제산업성이 적극적으로 개입해 왔다. 그래서 합작의 막후엔 경제산업성이 있었다는 추정이 자연스럽다.

삼성을 한 축으로 미국 빅 테크 기업과 대만, 일본이 포위 섬멸전을 전개하는 형국이다. 시스템 반도체 분야의 경우 기술 장벽이 대단히 높지만, 메모리 반도체의 경우 수율과 생산 속도와 제작 단가의 싸움이다. 소재와 장비 등에 원천 기술을 확보한 일본이 메모리 분야를 추격하고 이후 시스템 반도체 분야로의 약진을 노릴 것이라는 추측은 어렵지 않다.

통합가치와 속도전의 대결

반도체 기업은 공정에 대한 관여에 따라 크게 5개로 구분할 수 있다. 먼저 삼성전자와 같이 모든 생산 공정을 종합적으로 갖춘 '종합반도체 기업'이 있고, 공장 없이 반도체 설계만 하는 '팹리스(Fabless)'가 있다. AMD, 애플, 퀄컴, 엔디비아가 대표적이며, 삼성이나 TSMC에 설계도를 넘겨 생산을 수탁하고 있다.

팹리스 기업의 설계를 실제 제조할 수 있도록 효율성을 높일 수 있는 디자인을 해 주는 '디자인 하우스(Design House)'가 있고, 셀 라이브러리라고 부르는 설계 블록을 제공하고 사용료를 받는 기업을 'IP(intellectual property) 기업'이라고 한다. 끝으로 생산만을 전문적으로 대신해 주는 기업을 '파운드리'라고 한다. TSMC가 대표적이다.

현재 반도체 세계 반도체 시장은 2021년 기준 5천 950억 달러(약

735조 원)다. 메모리 분야에선 삼성이 시장 총매출의 27.9%로 1위다. 특히 D RAM(휘발성 메모리) 시장에선 삼성과 SK하이닉스가 세계시장의 77%를 석권하고 있다. 하지만 메모리 시장의 3배가량 되는 시스템반도체(CPU, DPU, AP) 분야에선 TSMC가 파운드리 시장을 석권하고 있다. 2022년 1분기 기준 TSMC는 53.6%의 시장 점유율을 유지하고 확장하고 있지만 삼성전자는 4분의 1 수준인 16.3%다. 물론 삼성전자는 파운드리(수탁생산) 시장에서의 후발 주자라는 점을 감안해야 한다. 전문가들은 이조차도 약진이라고 보고 있다. 2021년 기준 메모리 반도체 시장은 약 700억 달러였는데 비해 시스템 반도체 시장은 4,500달러 규모다. 파운드리 시장이 커지면서 TSMC의 시총(3,255억 달러, 450조 7,872억 원)은 삼성전자의 시총(2,665만 달러, 368조 9,326억)을 넘

2021년 세계 반도체 공급기업 매출 순위(단위: 백만 달러)

순위	기업	2021 매출액	2021 점유율
1	삼성전자	73,197	12.3%
2	인텔	72,536	12.2%
3	(TSMC)	(56,633)	-
4	SK 하이닉스	36,352	6.1%
5	마이크론	28,624	4.8%
6	퀄컴	27,093	4.6
7	브로드컴	18,793	3.2

* TSMC의 경우 반도체 공급업체가 아님.

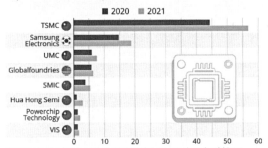

어섰다. 크게 보자면 반도체 시장은 현재 한국 25%, 미국 50%, 대만 15%를 점유하고 있다. 소위 '반도체 삼국지' 형국이다. 나머지 10%를 NXP · 보쉬 같은 유럽 기업, 화웨이 · 중귀신지(SMIC) 등의 중국 · 일본 업체가 점유하고 있다.

TSMC의 경쟁력과 생존 전략

TSMC는 파운드리 공장만을 가지고 있고, 삼성전자는 메모리 반도체, 시스템 반도체의 설계는 물론 제작과 후속 공정인 패키징까지 한다. 그뿐만이 아니다. 스마트폰과 디스플레이 등의 전자기기까지 생산하는 거대한 '삼성전자 왕국'을 구축했다. 그런데도 많은 반도체 전문가들은 삼성의 앞날을 걱정하고 있다. TSMC에겐 맑은 날씨에 순풍이 차려져 있고, 삼성전자 앞에는 천둥 번개와 거대한 파도가 기다리고 있다고 한다. 무엇보다 자체 공장을 가지고 있지 않은 팹리스 기업들이 삼성이 아닌 TSMC로 향하고 있다.

전문가들은 그 핵심 요인을 다음과 같은 3가지로 들고 있다. 우선 삼성은 경쟁사인 데 반해 TSMC는 협력사라는 점. 그리고 4나노미터 공정의 수율(웨이퍼에 투입된 칩 대비 불량 없는 양품의 비율)에서 TSMC가 80% 수준을 꾸준히 기록했다면 삼성 파운드리의 수율은 30%에 불과했다는 점. 끝으로 삼성은 삼성반도체를 사거나, 삼성 파운드리에 생산을 맡길 것을 요구하는 선에서 그치지만 TSMC는 반도체의 기획과 설계, 제조공정 적용까지 도와준다는 점을 들었다.

삼성이 D램 석권을 외치며 세계시장을 평정하고 있었을 때, TSMC는 미국의 신생 팹리스 기업들을 찾아다녔다. 지금은 글로벌 기업으로 발전한 퀄컴과 엔비디아(NVIDIA)가 걸음마 단계였을 때 TSMC는 그들의 반도체 설계를 도우며 수탁생산 물량을 받아 냈다. TSMC가 삼성을 앞지른 상징적인 사건은 2013년 애플의 결정이었을 것이다.

아이폰 6를 출시할 때 애플은 16나노 공정을 삼성과 TSMC 양사에 맡겼다. 상품을 인도받은 애플은 두 회사 반도체의 성능을 비교했다. 결론적으로 차이가 없었다. 이듬해 애플은 아이폰에 들어가는 칩 생산을 모두 TSMC에 몰아주었다. 애플은 스마트폰 시장에서 삼성과 경쟁하고 있었고, 무엇보다 삼성이 자신의 저작권을 도용한다고 소송까지 불사했기에 삼성에 자신들의 칩 설계도면이 넘어가는 것을 원하지 않았을 것이라는 후문이다.

삼성 반도체와 TSMC를 거쳐 지금은 구글에서 일하는 흔치 않은 경력의 한 엔지니어는 자신이 삼성에서 일했을 때와 TSMC 시절을 비교했다. 그는 두 기업의 문화를 "경쟁의 삼성, 협력의 TSMC"라고 단정한다. 그는 TSMC의 경쟁력을 "고객과는 경쟁하지 않는다."는 금칙과 "고객사의 성공을 위해 TSMC는 돕는다."는 기업 가치를 꼽았다.

모든 기업은 "고객과 협력사를 위해 최선을 다하겠다."라고 말하지만 실제 현장에서 그것이 구현되느냐의 문제에선 달랐다고 한다. 삼성 역시 윤리경영을 이야기했지만, 실제 삼성에서 경험한 고객과 계열사에 대한 태도나 관행과 TSMC에서의 경험은 전혀 달랐다는 것이다.

"만약 어떤 그룹사가 계열사에 단가 후려치고 고압적으로 대했던 임원이 이듬해 승진하는 것을 보면 직원들은 회사가 겉으로 내세우는 가치와 실제 내적 가치가 다르다고 인식하게 됩니다. 결국 어떤 일이 닥쳤을 때 상사의 생각을 계속 유추하게 되고, 상사의 지시를 기다리는 수동적 조직문화가 구축됩니다. 하지만 TSMC는 탄생에서 지금까지 '고객과는 경쟁하지 않는다. 그들의 요구를 관철하기 위해 최선을 다한다'는 모토를 지켜 왔던 기업이었기에, 나는 현장에서 고민하지 않았습니다. 고객이

4차 산업시대 통합가치와 그랜드 리셋

요구하는 것 이상으로 그들을 배려하고 성공적인 제작을 위해 설계까지 지원하면서도 한 번도 상사의 눈치를 보지 않았죠. 고객이 요구하면 회사 상부에 요청하는 것이 당연한 관행이었고, 또 임원들 역시 이를 중요하게 수용했습니다. 결국 직원들은 어떻게 하면 고객이 우리 TSMC를 동반자 관계로 생각하게 될까를 끝없이 고민합니다."

삼성전자의 반도체 D램 분야에서 일했던 한 외국인 엔지니어는 2010년대 삼성은 공급사슬을 담당하고 있는 중국, 일본 등의 계열사에는 놀라운 집중력을 보였지만, 반도체를 사는 고객에겐 특별히 주목을 돌리지 않았고, 이런 활동에서 매우 서툴렀다고 회고한다.

어차피 세계 최고 성능의 D램은 삼성밖에 못 만드니 굳이 고객을 찾으러 다니지 않았고, 고객의 형편과 요구를 더 섬세하게 파악하지 않아도 되는 조직 문화가 형성되었다고 한다. "기술의 최강이면 모든 거래를 주도할 수 있다."는 신념 아래 기술 개발 속도전을 위해 일사분란하게 움직이는 느낌이었다는 것이다.

신뢰를 통한 윈윈 전략, TSMC의 가치

통합가치라는 것을 기업가치 이론, 경영이론으로 풀어내자면 설명해야 할 것들이 많지만 그 원리를 쉽게 말하자면 '협력을 통한 윈윈(win-win)'이다. 승자독식이 아니라 동반 성장을 하자는 것이고, 자연에서 약탈할 것이 아니라 가져간 것 이상으로 돌려주자는 것이다. 이 원리는 국가와 사회, 소비자, 노동자에게도 적용된다.

한 기업의 생산 활동으로 인한 성장은 그 무엇 하나 하늘에서 뚝 떨어지거나, 해당 기업만의 순수한 자원으로 이루어지지 않는다. 그 누구의 것이라 할 수 없는 지구의 땅과 물, 육지와 공기에서 에너지를 얻어 수많은 사람의 노동력을 동원하며, 그 노동자가 소비자가 되어 기업을 성장시킨다는 이 시스템의 순환을 있는 그대로 정직하게 보자는 것이다. 기업과 주주의 독식으로는 '지속 가능한 성장'이 불가능하며 '성장의 한계'는 해당 기업의 예상보다 더 빨리 찾아올 것이라는 역사적 교훈에서 탄생한 철학이 바로 통합가치다.

TSMC의 시작은 보잘것없었다. 1980년대 한국이 일본 반도체 기업들의 후공정을 처리했던 것과 같은 하청기업으로 시작했다. 설립자 모리 창은 미국 유명 반도체 기업 텍사스인스트루먼트(TI)에서 글로벌 반도체 부문 최고 간부로 일했고, 제너럴인스트루먼트(GI)로 이직해 최고운영책임자(COO)로 지낸 인물이다.

1985년에 대만 정부는 창 전 회장에게 대만으로 귀국해서 대만의 반도체 산업을 육성해 달라고 요청했다. 고국에 돌아온 창 전 회장은 반도체 산업이 분업화되어 앞으로는 설계도만 받아 생산만 해 주는 파운드리 사업으로 확장될 것으로 예견했다. 당시 미국, 일본, 한국 모두 반도체를 자국 시장에서 설계·제작하는 것을 당연하게 생각했다.

창 전 회장은 TSMC의 설립 자금을 마련하기 위해 10여 통의 편지를 미국과 일본 대기업에 직접 보내기도 했다. 이때 인텔·미쓰비시·도시바에 거절당했고 필립스만 유일하게 투자에 동의했다. 정부 자금과 필립스 자금을 받아 1987년 TSMC를 창업한 후에도 한동안 대기업이 자체 생산하지 못하는 주문을 넘겨받아 생산하는 하청에 불과했다.

이런 상황은 설립 2년 후 세계 냉전이 종식되면서 급변했다. 1990년부터 IT가 발전하고 미국 실리콘밸리에서는 엔비디아, 퀄컴 등 반도체 웨이퍼 설계 능력을 갖춘 기업들이 등장했다. 창 전 회장의 아이디어는 적중했다. 개별 기업들이 삼성, 인텔과 같이 모든 생산 설비를 갖추려면 천문학적인 투자비용이 든다. 또 경쟁으로 인해 그 이익 또한 매력적이지 못할 것으로 보았다. 설계를 잘하는 기업은 설계를 하고, 자신들은 훌륭한 품질의 반도체를 만들어서 공급하는 '공급망 사슬'이 훨씬 더 경제적이라고 판단했다.

이로 인해 인건비가 비싼 미국 기업들은 대규모 투자를 통해 생산 시설을 갖추는 대신 설계 능력 고도화에 집중했고, TSMC는 그 물량을 받아 생산에 집중하며 반도체 공정 능력을 고도화했다. TSMC는 여전히 성장 중이다. 2021년 파운드리 시장에서는 53%의 점유율을 기록하며 1위 자리를 굳혔고 매출은 568억 달러(약 70조 원)를 올렸다.

사람들은 TSMC가 파운드리 기업이니 설계도를 받아 제조만 잘하는 기업으로 착각한다. 하지만 TSMC에는 베일에 싸인 '반도체 설계팀'이 있다. 실제 미국의 반도체 디자인 실력자들이 여기서 일한다. 물론 반도체라는 것이 설계도만 있다고 제작할 수 있는 게 아니다. 해당 설계가 실제 공정에 적용될 수 있도록 교정해야 하고, 무엇보다 그로 인한 수율 문제와 생산성 문제 또한 민감하게 챙겨야 한다.

디자인 설계에 따라 수백억 달러를 더 벌거나 밑지는 것이 반도체 공정이다. TSMC는 고객사의 반도체 설계까지도 돕는다. 자신들이 개발한 설계를 아낌없이 내어 준다. 그럴 수 있는 이유는 그들이 고객의 사업 영역과는 경쟁하지 않는다는 철칙을 가지고 있기 때문이다. 생산되는 물량에 대해서도 고객 탓을 하지 않는다. 애초 고객의 설계도면을 기계적으로 적용한 것이 아니라 훌륭한 제품으로 발전시키기 위해 자기 팀과 함께 작업한 결과물이기 때문이다.

TSMC는 2000년대부터 고객의 반도체 설계를 공정에 반영하기 위해 재설계하고, 공정을 바꾸는 VCA(value chain aggregator) 과정을 새롭게 자신의 공정에 포함했다. 이 과정을 통해 고객사의 설계 오류를 바로잡고, 더 최적화된 설계도를 거꾸로 제안한다.

VCA 전문회사로는 유럽의 IMEC, 북미의 ALchip, Open-silicon 회사 등이 있다. TSMC 입장에서 VCA 기업에게 자신의 일부 공정을 의뢰한다는 것은 자사의 기업 비밀, 즉 공정 스펙을 상세하게 알려 줘야 한다는 부담이 있다. 하지만 TSMC는 자신의 설비와 공정 스펙을 해당 기업에게 공개한다.

한국의 에이디테크놀로지는 TSMC의 VCA 기업으로, 아시아와 한국의 설계업체의 물량을 담당하고 있었다. 하지만 2020년 TSMC는 에이디테크놀로지가 삼성전자 파운드리와 비밀리에 협력하고 있을지도 모른다는 정보를 입수했다. TSMC는 바로 에이디테크놀로지와의 모든 관계를 청산했다. 이 조치는 자신의 고객사에게 자신들의 보안

정책이 신뢰할 만하다는 것을 각인시키기 위한 것이었고, TSMC와 거래하는 VCA 협력사에 보내는 경고이기도 했다.

또 TSMC는 VCA의 기술적 요구에 따라 더 비싼 소재를 사용하거나 공정의 구조적인 변화가 발생해도 이 비용을 고객에게 전가하지 않는 전략을 취하고 있다. 대표적으로 2020년 애플은 맥북의 M 시리즈 칩을 기존의 삼성에서 TSMC로 바꿔 양산을 맡겼다. 그런데 애플이 의뢰했던 M1 칩은 기존의 칩과 근본적으로 다른 설계를 가지고 있었다. GPU 비중이 매우 높았고, 프로세서 부품이 모든 메모리를 공유하는 새로운 통합구조였다.

애초 7나노로 계약했지만, TSMC는 미세공정이 필요하다는 판단에 따라 5나노를 적용했다. 당시 TSMC의 5나노 공정은 수율이 잘 나오지 않는 상황이었기에 생산단가의 상승을 감수할 수밖에 없었다. 하지만 TSMC는 손해를 감수하고 생산 공정을 애플의 M 시리즈에 맞춰 재구축했다. 애플 운영진의 입이 귀에 걸려 이후에도 지속해서 TSMC에 생산을 맡겼다.

대만의 전략적 안보 기업 TSMC

2022년 삼성이 갤럭시 S22의 성능 저하 문제로 곤욕을 치를 때, 삼성은 자신의 파운드리 공장에서 제작한 퀄컴의 반도체 설계에 문제가 있었다는 식의 반응을 보였다. 당연히 퀄컴은 반발했다. 수율조차 관리하지 못하는 삼성의 기술력에 문제가 있다고 반응했다.

현재 TSMC는 애플, 퀄컴, 인비디아 등의 글로벌 기업들을 고객으로 확보하고 있지만, 그보다 수십 배 많은 고객사는 작지만 강한 소위 '강소기업'들이다. TSMC는 이들의 성장으로 자신의 미래를 보장받는다고 생각한다. 그들은 500여 곳의 고객사를 위해 280개의 서로 다른 기술을 활용해 1만 761개의 다양한 제품을 제조한다. 고객사가 원하면 생산라인과 투입 기술은 언제든 고객 맞춤형으로 바꾸겠다는 마인드다.

TSMC는 신뢰와 안정성을 바탕으로 원윈 전략을 구사하고 있고, 삼성은 독자적 기술 확보로 경쟁 우위에 서겠다는 전략을 구축하고 있다. 물론 TSMC 약진의 원천은 이것이 다가 아니다. TSMC(Taiwan Semiconductor Manufacturing Co.,Ltd)는 이름 그대로 '대만 반도체 제조공사'로 공기업이다. 대만 정부가 총력으로 투자하는 회사다.

2021년 대만 정부가 TSMC의 파운드리 분야에 투자한 비용은 약 50조 원이다. R&D 비용에 대해선 막대한 세금 혜택을 주고, 과학기술 인재는 대만 정부가 영입해서 투입한다. 이에 비해 삼성은 45조 원을 메모리와 시스템, 파운드리, 전자가전 분야에 나눠서 투자했다. 연구 개발 투자비용에선 상대가 되지 않는 수준이다.

2021년 2월부터 시작된 가뭄은 6월까지 이어졌다. 56년 만의 기록적인 가뭄으로 공업용수를 공급받지 못한 TSMC는 공장 셧다운 직전까지 몰렸다. 인근 댐의 저수율은 5% 아래로 내려가고 있었다. 반도체 주문량이 폭증한 가운데 TSMC가 납기를 맞추지 못할 경우, 수탁을 의뢰한 기업들이 입을 손해는 천문학적인 수준이었다. 5월 최악의 가뭄 소식이 TSMC를 멈추게 할지도 모른다는 우려가 전해지자 TSMC의 주가는 하루가 다르게 떨어졌다.

대만 정부는 인근 농민들을 설득해 신주 저수지를 포함 인근 댐의 농업용수를 모두 TSMC에게 돌렸다. 하지만 TSMC는 웨이퍼 절삭과 기타 각종 화학 잔여물 제거 등에 하루 15만 6,000톤의 물을 사용했다. 대만 정부는 저수용량이 비교적 풍부한 타이난 북부 지역에서 20톤 급수차량을 동원해 TSMC 공장에 물을 댔다.

대만의 호국신산(護國神山)

2022년 11월, 대만에 대한 중국의 위협이 지속되자 미 태평양함대는 100여 기 이상의 전투기를 대만 인근에 전개했고 이에 대한 맞대응으로 중국 인민해방군은 총 300대가량의 전투기를 출격시켰다. 이렇게 대만의 안정성이 흔들리고 있을 때, 미국 정가에선 '중국의 대만 침공 시 TSMC의 핵심 연구 인력을 일본으로 대피시키고 장비가 중국의 손에 들어가지 못하도록 파괴해야 한다.'는 시나리오가 공유되었다. 대만과 미국 양국이 대만 반도체 시설을 초토화하는 전략(scorched-earth semiconductor strategy)을 세워야 한다는 것이다.

미국 전략가인 재러드 맥키니 미주리대 교수와 피터 해리스 콜로라도대 교수는 미국 육군 계간지에 기고한 논문에서 "중국이 침공할 경우 미국과 대만이 대만 반도체 시설을 폭파하겠다는 경고를 중국에 보내는 것"이라고 강조했다. 두 교수는 이 논문에서 "대만 지도자들이 반도체 시설을 적 수중에 들어가지 않도록 하겠다는 점을 분명히 밝히고, 미국과 동맹국은 대만 반도체 전문가들에게 피난처를 제공할 것을 보증해야 한다."고 지적했다. 또 "이런 전략을 시행할 경우 중국은 반도체를 수입하지 못해 첨단산업이 수년간 엄청난 피해를 볼 수밖에 없다."며 "미국 등 서방이 반도체 수출 금지 등 제재를 한다면 중국 경제는 붕괴할 것"이라고 강조했다.

소식이 전해지자, 대만 반도체에 투자 중인 기업들과 주식시장은 순간 얼어붙었다. 이에 대해 대만 당국은 '소수의 의견이며 헛소리'라고 시장을 진정시켰고, TSMC의 류 회장은 TSMC가 파괴될 경우 연구 인력만으로 다시 초정밀 공정의 경험이 축적된 TSMC를 재건하는 것은 불가능하다며 중국이 대만을 공격한다면 TSMC는 완전히 파괴될 텐데, 이 경우 TSMC 매출의 약 10%를 차지하고 있는 중국 경제도 심각한 타격을 입을 것이라며 중국의 도발을 견제했다.

대만은 2022년 6월, 151조 원을 투자해 대만 내에 최소 20개 이상의 팹을 신설하겠다고 밝혔다. 이 공장의 규모는 미국 애리조나 공장의 15배 이상으로, 업계에선 유례없는 투자 규모다. 미국 정부의 심기가 편할 리 없다. 미국 하이테크 기업에게 공급되는 반도체의 60%가 대만에 의존하고 있는 상황에서 대만의 신규 팹이 건설될 경우 물량에 대한 의존도는 훨씬 높아질 것이 분명하기 때문이다.

대만인은 TSMC를 '호국신산(護國神山)'이라고 부른다. '나라를 지키는 신령스러운 산'이라는 의미다. 호국신산은 원래 대만 섬 남북으로 뻗은 중앙산맥을 가리킨다. 중앙산맥은 해마다 동쪽에서 불어오는 태풍을 가로막아 피해가 전국으로 확산하지 않게 한다.

이 중앙산맥에는 공군 기지가 있다. 입구에 8톤 무게의 두꺼운 철문이 세워져 있는데, 중국군이 침공할 때 쏟아질 집중 폭격을 막는 용도다. 전투기 250대가 배치된 이 기지는 말 그대로 최후의 방어 수단이다. TSMC 공장이 있는 타이난 남부 지역은 중국, 대만, 미국 모두에게 산업의 미래 전장을 규정짓는 특별한 공급망이다.

고객 맞춤의 TSMC vs 초격차의 삼성

불과 5년 전만 해도 "기술의 삼성, 감성의 애플"이라는 말이 통용되었다. 단순하면서도 직관적 아름다움과 제품의 성능을 통합시키길 원했던 애플, 기술력과 실용성으로 시장을 잠식해 세계 누적 판매량을 초월해 버린 삼성을 두고 한 말이었다.

2015년 갤럭시 S6에 탑재된 삼성의 모바일 애플리케이션 프로세서(AP) 'Exynos7420'은 당시 아이폰 6에 탑재되었던 A8X프로세서의 성능보다 우월했다. 그리고 불과 1년 후 삼성의 Exynos8890은 애플의 A10 Fusion 칩에 2배 가까이 밀리는 성능을 보였다. 그리고 2022년 출시된 아이폰 13은 TSMC에서 개발한 새로운 반도체 패키징 기술(FoWLP)로 갤럭시 22의 성능 모두를 압살했다.

배터리는 삼성이 더 좋은 것을 사용하지만, 애플의 머리(AP)가 워낙 좋다 보니 전력 효율이 탁월했다. 같은 시간 갤럭시와 애플에서 같은 게임을 구동한 유저들은 갤럭시의 배터리는 금방 뜨거워지고 닳는 데 비해 애플은 쌩쌩했다는 실험 결과를 내놓곤 했다. 이로써 애플은 성능과 감성까지도 확보하게 되었다. 소비자들 사이에서 유일하게 경합하고 있다고 평가받는 분야는 내장된 카메라와 폴더블 폰 기술 정도다.

언제부터인가 "젊음의 애플, 아재의 삼성"이라는 말이 회자되기 시작했는데, 이는 스마트폰의 성능을 한계치까지 사용하는 젊은 세대와 큰 화면과 단순 기능만을 사용하는 기성세대의 소비 성향을 드러낸 말이다. SNS에서는 남자 친구를 고르는 기준으로 "갤럭시를 쓰는 남자와 애플을 사용하는 남자, 이 둘 중 한 명을 선택해야 한다면 갤럭시 남(男)을 골라라."라는 진지한(?) 조언이 돌았다.

'갤럭시 남'은 고지식하며 익숙한 것을 선호하고, 과거 제품에 대한 충성도가 높은데, 이런 성향의 남자일수록 여자 친구를 다른 여자와 비교하지 않고 충성할 것이라는 웃지 못할 충고였다. 삼성으로서는 뼈아픈 대목이 아닐 수 없다. 게다가 애플은 이미 구글 딥 마인드와 같은 인공지능과 구글 맵, 구글 스카이 등의 빅 데이터를 확보하고 있다.

이건희 회장의 '초격차 삼성'에 이어 이재용 삼성전자 회장이 "세상에 없던 기술"을 강조하는 이유가 여기에 있다. 정보통신 분야에서 기술의 진보가 눈부실 정도로 빠르지만, 기술 확산으로 인한 경쟁은 그보다 더 빠르다. 최근 삼성전자에서 2년에 한 번만 충전해도 핸드폰을 사용할 수 있는 '다진법 반도체' 개발에 성공해 상용화를 준비하고 있다. 약간 앞서는 기술 정도로는 4차 산업시대의 변화를 주도하지 못한다는 절박감에서 나온 결과일 것이다.

참고로 다진법 반도체란 0과 1만을 전하신호로 전달하며 과부하에 걸렸던 기존 반도체 신호의 길을 0, 1, 2, 3 등의 신호로 사용해 효율성을 극대화한 반도체를 뜻한다. 과거에 일렬로 늘어선 정보가 이제 4열로 진입할 수 있게 된다. 반도체가 처리해야 할 정보량을 줄여 1,000분의 1 수준의 소비전력을 사용하면서 과거보다 더 적은 반도체 소자를 사용해 절반 정도 크기의 반도체로 과거보다 뛰어난 효율을 낼 수 있는 반도체다.

삼성의 "인재 제일, 기술 제일" 기치는 선대의 이건희 회장에서부터 내려온 유훈(遺訓)의 수준으로 중요시되고 있다. 2022년 이재용 회장의 회장직 복귀 이후 삼성은 회계 부정과 불법 경영, 반인권적 경영 관행을 척결하겠다면서 5대 경영원칙을 밝혔는데, 그럼에도 회사의 핵심 가치와 경영철학에선 여전히 "인재와 최고의 기술"을 강조하고 있다.

기술이 없어서 설움받고 일본의 하청업자로 전락했던 지난 시절의 고난과 D램에서의 성공과 4나노 공정에서의 패배를 경험한 삼성으로서는 '기술을 통한 초격차'만이 살아남을 방법이라고 생각하는 것이 자연스러웠는지 모른다. 4차 산업 분야에서 "기술이 기업을 구원할 것"이라고 믿는 것은 현실적이고 전략적인 사고다. 실제로 시장은 그렇게 돌아가니까.

삼성은 파운드리 분야에서 TSMC를 넘어서겠다는 목표를 공언했다. 반도체 시장의 패권이 파운드리에 달려 있기 때문이다. 후발 주자로서 삼성의 시스템 메모리 공정 기술은 TSMC에 뒤처진다. 그래서 삼성은 TSMC보다 저렴한 생산비용을 제시하며 고객을 유치했다. 하지만 기술이 삼성 파운드리의 발목을 잡았다.

2021년, 4나노 공정에서 삼성이 30% 이하의 수율을 보일 때 TSMC는 안정적으로 80%의 제품을 뽑아내고 있었다. 삼성에 수탁을 의뢰했던 기업의 입장에서 수율이 안 나온다는 건 납기를 제때 맞추지 못하고, 그나마 검수를 통과한 제품의 안정성도 믿을 수 없다는 이야기가 된다. 퀄컴과 인비디아가 삼성에서 TSMC로 이탈한 계기다.

2021년에 출시된 삼성 갤럭시 22의 경우 삼성은 자체로 개발한 '엑시노스 2200'을 탑재하고자 했다. 문제는 다시 수율이었다. 수율은 반도체 생산의 핵심 경쟁력으로 투입된 소재 대비 불량 없는 완제품의 비율을 뜻한다. 수율이 나오지 않으면 후공정이 모두 지연되고, 웨이퍼 등의 소재들이 엄청나게 낭비된다.

1나노미터는 '10억 분의 1m'로, 머리카락 굵기의 10만분의 1 정도의 길이다. 4나노는 반도체에 그릴 수 있는 전기 회로의 선폭이 4나노미터(㎚)라는 뜻이다. 일반적으로 선폭이 줄어 회로의 간격이 미세해지면 반도체 성능이 높아지고 소비 전력이 줄어들고, 같은 웨이퍼(반도체 원판)에서 더 많은 반도체를 만들어 낼 수 있으므로 생산 효율도 높아진다.

하지만 선폭만 줄이는 게 다가 아니다. 반도체가 작아지면 전류 흐름을 제어하는 트랜지스터의 크기도 함께 작아져야 하는데, 트랜지스터의 크기를 줄일 경우 게이트가 전류를 제대로 제어하지 못해 전류가 누설되는 등의 문제가 발생한다. 5나노 공정까지는 기존의 핀펫 공정으로도 수율을 유지할 수 있었는데, 4나노 공정부터는 문제가 발생하기 시작한 것이다.

수율이 나오지 않는데 고객사의 제품과 자사의 제품을 동시에 생산하려다 보니 삼성의 생산 공정이 망가지기 시작했다. 결국 S22의 75%는 퀄컴이 설계한 '스냅드래곤'을 탑재하고 나머지 물량에만 자사의 엑시노스를 탑재했다. 하지만 문제는 여기서 그치지 않았다. 삼성이 발열을 억제하기 위해 게임 최적화 서비스(GOS)를 장착해 인위적으로 하드웨어의 성능을 떨어뜨린 사실이 발각된 것이다. 고객들은 삼성이 홍보한 성능이 기본적으로 허위며 꼼수를 썼다고 분통을 터뜨렸는데, 삼성은 퀄컴의 설계를 탓했고, 퀄컴은 삼성의 4나노 공정의 수준을 비난했다.

그리고 몇 달 뒤 2022년 5월, 퀄컴은 자사의 반도체 물량 100%를 TSMC에 맡기기로 했다. 4나노의 수율 문제는 갤럭시 S23에서도 나아지지 않았다. 결국 삼성은 자사의 엑시노스 대신 전량을 TSMC에서 생산한 퀄컴의 AP를 사용하기로 하면서도 "수율에는 문제가 없었다."고 밝혔다. 하지만 TSMC의 관계자는 "애초 삼성의 엑시노스2200은 퀄컴의 스냅드래곤에 상대가 되지 않았다."며 삼성을 깎아내렸다.

결국 이 사건은 삼성의 파운드리 기술과 기업 마인드에 대한 신뢰 문제로 번졌다. 삼성이 4나노 공정의 결함을 인정한 것은 6개월 지난 2022년 11월이었다. "문제를 빠르게 바로잡았고 이제는 수율에 문제가 없다. 이제 제대로 TSMC와 경쟁할 수 있다."는 내용이었다. 하지

4차 산업시대 통합가치와 그랜드 리셋

만 2023년 삼성의 갤럭시 S23엔 퀄컴의 스냅드래곤8 2세대 칩이 들어가고 이 칩은 삼성파운드리가 아닌 TSMC에서 생산한다. 삼성이 체면을 구겨가면서도 삼성반도체가 아닌 경쟁사에 양산을 맡긴 것이다. 다수의 전문가들은 만약 삼성의 수율과 품질에 문제가 없다면 이런 일은 일어나지 않았을 것이라 입을 모은다.

삼성의 경쟁사는 TSMC만은 아니다. 폭스바겐은 2022년 반도체 사업 진출을 공표했다. 바트홀드 헬렌탈 전략 반도체 담당은 임원들 앞에서 이렇게 밝혔다.

"현재 우리에게 큰 문제가 있다. 반도체가 부족하다. 2021년은 자동차 업계 전체가 그랬다. 폭스바겐뿐 아니라 다른 기업들도 필요한 반도체를 구하지 못했다. 반도체를 확보하지 못하면 자동차 제어장치는 물론 자동차를 완성할 수도 없다. 이것을 통제하지 못하면 우리는 우리가 생산하는 자동차에 대한 통제력을 포기하는 것이고 이는 우리 회사의 미래를 포기하는 것과 같다. 우리는 조직을 결성했다. 이 조직 사람들은 최전선에서 TSMC나 글로벌 파운드리와 논의를 한다."

반도체를 남에게 의존하다간 회사의 존립까지 위협당한다는 인식이다. 그런데 그들이 최우선 파트너로 설정한 기업은 삼성이 아닌 TSMC다. 일본의 소니 역시 TSMC와 합작해 구마모토현에 22나노미터 공정을 설치하기로 협의했다. 소재와 부품, 장비를 소니가 담당하고 시스템 반도체 나노 공정은 TSMC가 담당하는 방식이다. TSMC 곁에는 잠재적 우군이 많고, 삼성전자 앞에는 잠재적 적군만 있다는 말은 결코 과장이 아니다.

파운드리 업체 순위

파운드리(반도체 위탁생산) 업체 순위

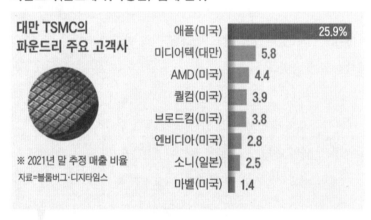

대만 TSMC의
파운드리 주요 고객사

※ 2021년 말 추정 매출 비율
자료=블룸버그·디지타임스

애플(미국)	25.9%
미디어텍(대만)	5.8
AMD(미국)	4.4
퀄컴(미국)	3.9
브로드컴(미국)	3.8
엔비디아(미국)	2.8
소니(일본)	2.5
마벨(미국)	1.4

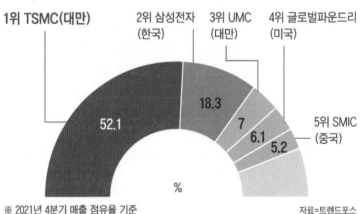

1위 TSMC(대만) — 52.1
2위 삼성전자(한국) — 18.3
3위 UMC(대만) — 7
4위 글로벌파운드리(미국) — 6.1
5위 SMIC(중국) — 5.2

%

※ 2021년 4분기 매출 점유율 기준

자료=트렌드포스

4차 산업시대 통합가치와 그랜드 리셋

세계 반도체와 산업경쟁력 조사(2021) (조사기관: 델파이, 산업통상자원부)

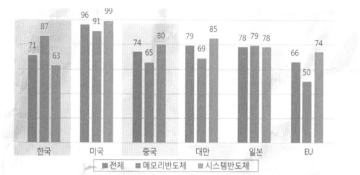

자료: 산업통상자원부·산업연구원(2021)의 「밸류체인 기반 산업경쟁력 진단시스템 구축사업-반도체산업편」의 산업연구원 전문가 델파이 조사 결과.

주: (100점) 세계 최고 수준, (90점) 세계 최고 수준의 97~99%, (80점) 94~96%, (70점) 91~93%, (60점) 86~90%, (50점) 81~85%, (40점) 76~80%, (30점) 71~75%, (20점) 66~70%, (10점) 65% 미만.

반도체 주도 국가라는 말은 옛말이 되었다. 메모리를 제외한 시스템 반도체 분야에선 한국이 중국과 일본보다 밀리는 것으로 조사되었다.

이후 삼성이 빠르게 TSMC를 따라잡기 위해 선택한 전략은 "세상에 없던 기술"이었다. 반도체는 공정에 따라 데이터의 처리 속도와 양, 트랜지스터의 크기와 생산성에서 크게 차이가 난다. 세계 반도체의 판도를 크게 바꾼 공정의 혁신으로는 우선 평면(2D) 구조에서 3차원 입체구조로 소자를 구성하는 벌크핀펫(FinFET) 기술을 들 수 있다. 핀펫 기술의 개발로 누설전류를 줄이고 성능과 전력 효율을 높이는 한편 반도체 크기도 줄일 수 있게 되었다. 이 기술을 가장 먼저 상용화시킨 기업이 인텔이었고, 인텔이 시장 점유율을 끌어올리는 계기가 되었음은 말할 것도 없다. 이 기술의 개발자는 이종호 현 과학기술정보통신부 장관이다. 인텔이 100억 원에 달하는 지식재산권을 내고 공정에 도입했다.

이후 극자외선 노광장비(EUV, Extreme Ultra Violet)의 개발을 들 수 있다. 네덜란드의 ASML이 2018년에 개발한 기술로 반도체 웨이퍼에 초정밀 회로를 새기는 장비다. 당시 기존의 심자외선이 193나노미터 파장이었다면, 극자외선은 13.5나노미터 수준을 기록했다. 광선의 두께에 따라 그릴 수 있는 회로의 정밀도가 결정되는데, 기존의 방식(ArF)은 여러 단계의 공정이 필요했던 반면, 극자외선 방식은 단번에 정밀한 회로를 그렸다.

현재 이 장비는 한 해에 50대 정도밖에 만들지 못하는데, 대당 가격은 5천억 원이다. 당시 인텔은 이 기술을 신뢰하지 않았고, 삼성전자

기존의 심적외선 방식과 EUV 방식의 차이

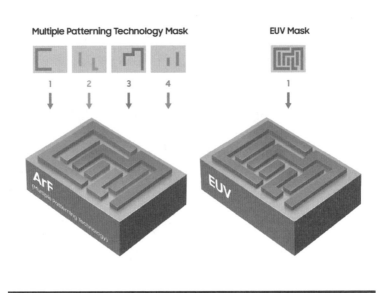

4차 산업시대 통합가치와 그랜드 리셋

는 주식까지 사면서 이 방식으로 세계 최초의 D램 양산에 성공했다. 인텔이 시장에서 밀리게 된 결정적 사건이었다.

2021년 삼성전자와 TSMC의 경합은 결국 패키징 기술이 갈랐다. TSMC는 반도체 여러 개를 묶어 성능과 안정성을 높이는 팬아웃 패키징(FoWLP) 기술을 개발해 통합칩(SoC)을 만들었는데, 수율을 삼성 대비 2배 가까이 끌어올렸다. 또한 고성능 반도체 수요가 늘면서 스마트폰, 데이터센터 서버 등에서 패키징된 통합칩이 대세가 된 지 오래고, 테슬라 등의 자율주행 분야에서도 패키징 통합칩을 요구한다. 애플과 엔비디아, 미디어텍, 퀄컴 등이 TSMC의 패키징 기술에 반해서 생산을 맡기고 있다.

그리고 현재 반도체 판도를 규정짓는 중대한 변화가 일어나고 있다. 바로 2022년 삼성이 개발한 GAA 방식과 기존의 핀펫 공정의 대결이다. 핀펫 공정은 5나노까지는 안정적이었지만, 4나노 이상의 공정에서는 문제를 보이기 시작했다. 핀펫은 전하를 통제하기 위해 상부와 좌우면 이렇게 3면에 게이트와 채널을 연결하는 방식이지만, GAA공정(GAAFET)은 채널을 모두 감싸 게이트의 채널 조정 능력을 극대화한 공정이다. 소비전력과 필요 공간은 줄어들고 성능은 향상된다. 삼성은 2025년 2나노 공정부터 이를 상용화해 TSMC를 잡겠다고 공언하고 있다.

GAA 공정이 파운드리 시장의 판도를 바꾸는 마법의 치트 키(cheat key)가 될지는 아직 장담할 수 없다. 만약 삼성이 수율을 안정적으로 뽑아낸다면 TSMC의 영토는 크게 탈취당할 것이다. 반대로 신기술이

삼성전자가 밝힌 트랜지스터 발전 개념도

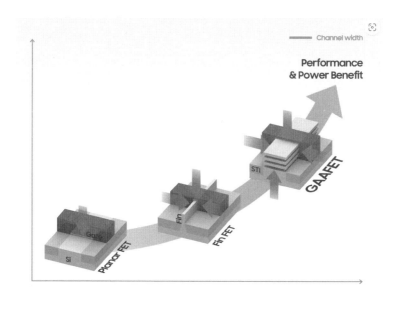

지만, 불안정성 문제로 실제 생산성에 기여하지 못할 경우엔 삼성 반도체에 대한 신뢰는 위협받을 것이다.

　삼성의 임직원들은 TSMC를 제2의 일본 반도체로 만들어 몰락시키겠다고 결의하고 있다고 한다. 1990년대 일본 반도체가 몰락했던 요인은 크게 3가지로 볼 수 있다. 외적인 요인으로는 미ㆍ일 반도체 협정(1986)으로 일제 반도체의 미국 수출이 제한되고, 반대로 미국 반도체의 수입은 시장 20% 수준 하한제로 의무화되었던 점. 일본 기업이 신제품 출시 속도 대신 안정성을 추구한 점. 끝으로는 삼성이 죽자 살자 싸웠던 덤핑경쟁을 버텨 내었던 것이다.

4차 산업시대 통합가치와 그랜드 리셋

1990년대 초반은 삼성전자와 일본 반도체업체들의 운명을 가른 변곡점으로 불린다. D램 시장이 불황기에 접어들자 도시바 등 일본 업체들은 투자를 줄였다. 삼성전자는 반대로 움직였다. 1993년 6월 기흥 5라인을 완공하자마자 바로 6, 7라인을 착공했다. 일본 경쟁사들은 "미친 짓"이라며 삼성을 비웃었다.

1년 뒤 웃은 곳은 삼성전자였다. 인터넷 확산으로 PC 열풍이 불면서 D램 시장이 호황기에 접어든 것이다. 삼성전자는 1993년 4분기 처음으로 D램 세계 1위에 올랐다. 1994년엔 64M D램을 세계 최고로 양산해 창사 이후 최대인 1조 6,800억 원 규모의 영업이익을 거뒀다.

이후 일본 반도체 기업은 D램 시장에서 삼성의 후위 주자로 자리매김했다. 속도도 대단히 더뎠는데, 삼성의 경우 완벽한 제품이 아닌 새로운 제품으로 시장을 재편하는 데 주력했던 반면, 일본은 신뢰할 수 있는 안정성 있는 제품에 주력했다. 하지만 반도체 시장은 1년 이상의 안정성이 유지될 수 없는 시장이었다. 같은 값의 64G 메모리 반도체가 출시되었는데, 안정성 높은 32G 제품을 사는 바보가 어디에 있겠는가. 일본 기업의 쇠락으로 핵심 인력의 한국 유출이 더욱 가속화되던 시기였다.

삼성전자에게 늘 운이 따랐던 것은 아니다. 여러 차례에 걸친 치킨 게임을 견뎌 살아남았던 것도 천운이라면 천운이다. 1984년 삼성이 64K D램 양산에 성공하자마자 일본 업체들은 저가 공세로 죽일 듯이 달려들었다. 이 덤핑 공세에 인텔이 나가떨어져 메모리 사업을 포기했다. 삼성 반도체 창고엔 재고가 쌓였다. 삼성은 다른 전자산업에서 벌어들인 돈을 반도체에 쏟아부어야 했다. 거기에 더해 생산 라인을 미리 증설했고 기술 개발에 투자했다. 미국 정부가 일본 반도체에 대한 무역보복에 나서자, 삼성전자는 기사회생했다. 가격 경쟁력을 확보하게 된 것이다. 일본 반도체 기업들은 투자 취소와 인력 감축을 결정했고, 삼성과 SK하이닉스는 설계와 수율을 잡아낼 수 있는 엔지니어를 스카우트할 수 있었다.

이런 치킨게임은 2007년에도 벌어졌다. 대만 업체들이 정부의 지원을 등에 업고 D램 가격을 10% 수준으로 공급하며 덤핑공세를 가한 것이다. 이 싸움에서 세계 2위 반도체 회사였던 독일 카몬다가 파산했고, 일본 엘피다가 나가떨어졌다. 이때 미국과 일본의 수준급 엔지니어들이 다시 한국행을 선택했다.

삼성은 왜 '수율 안정성'보다 '3나노 공정'에 집중할까

삼성이 불안한 수율에도 불구하고 3나노공정 제품을 세계 최초로 양산하는 데 성공했다. 2025년에는 2나노, 2027년에는 1.4나노공정을 양산할 것이라고 밝혔다. TSMC 역시 2022년 상반기에 3나노 공정을 실현하겠다고 밝힌 바 있지만, 기술적 문제에 부딪혀 2022년 연말까지 기존의 핀펫 방식으로 3나노공정 제품을 내놓겠다고 계획을 수정했다. 핀펫으로도 능히 3나노 공정의 수율을 잡을 수 있다는 TSMC의 구상에 업계의 반응은 둘로 갈렸다. 수율 문제에서 세계 최강의 기술력을 가진 TSMC의 자신감이라는 평가와 함께 TSMC가 3나노공정 실현을 1년 동안 해내지 못하고 있는 것은 분명 기술적 한계에 봉착했기 때문이라는 평가도 있다. 실제로 선단공정(기존 공정이 아닌 새로운 공정)에서 4나노공정까지는 핀펫 기술로 충분히 가능했지만, 3나노공정부터는 핀펫으로 어려울 것이라는 분석도 있다.

일각에선 삼성이 20000년대 엘피다(Elpida Memory)를 거꾸러뜨린 'DRAM 치킨게임'을 재현하려 한다는 분석도 내놓는다. 실제 삼성은 이미 일본의 반도체 기업과의 DRAM 전쟁에서 모두 승리했다.

엘피다는 1993년 일본 정부가 반도체 업체의 중복 투자를 막고 메모리 반도체 분야에서 80년대의 영광을 재현하기 위한 구조조정으로 탄생한 회사다. NEC와 히타치메모리를 시작으로 2003년 미쓰비시전기 DRAM 반도체 사업까지 흡수하면서 덩치를 키웠던 회사다. 2005년 당시 51MB DRAM의 기술력에서 삼성과는 비교도 되지 않는 기술력을 가지고 있었다. 엘피다의 수율이 98%에 육박한 반면 삼성은 80%를 유지하기 위해 안간힘을 썼다. 반도체 공정 기술에선 엘피다가 세계 최고이며 당분간 이 기술 격차는 좁혀지지 않을 것이라는 분석이 많았다.

그런데 당시 삼성은 엘피다의 '수율'을 잡는 전략 대신 다른 길을 선택했다. 웨이퍼 한 장에 집적할 수 있는 칩의 숫자를 늘리기 위해 칩의 크기를 최대한 줄이는 전략에 주목한 것이다. 삼성이 개발한 칩의 면적이 70㎟인 데 반해 엘피다의 칩은 91㎟였다. 지금 300㎟의 웨이퍼에 삼성은 1,000개 정도를 생산했고 엘피다는 714개 정도를 생산할 수 있었다. 엘피다가 98%의 수율로 714개를 뽑아낼 때, 삼성은 80% 의 수율로 830개를 생산할 수 있었다. 물론 삼성이 830개를 생산할 때 마다 170개의 불량품이 버려졌다.

그리고 삼성이 주목한 또 다른 분야는 미세 패터닝(칩에 미세한 회로 박막을 새기는 공정)의 속도였다. 엘피다의 98% 수율은 거저 얻어진 것 이 아니다. 삼성보다 비싼 장비를 들여와 공정을 구성했고, 불량품을 걸러 내거나 수율을 맞추기 위해 공정을 늘려야 했다. 삼성이 기존의 장비로 2배의 속도를 구현하자, 엘피다는 거꾸러지기 시작했다. 엘피 다가 3%의 영업이익률을 기록했을 때 삼성전자는 30%의 영업이익률 을 기록했다. 이때 벌어들인 돈으로 삼성은 8GB, 16GB 개발을 위해 과감한 기술 투자를 할 수 있었다.

공정의 생산성에서 밀린다고 판단한 엘피다는 대만과 중국의 파운 드리 회사에 생산을 맡기는 한편, 2011년 30나노미터 공정에 박차를 가했다. 당시 30나노미터는 기술적으로 전혀 다른 차원의 공정이었 다. 엘피다는 기존 공정에서 벌어들인 얼마 안 되는 돈을 새로운 공정 에 쏟아부었다. 이건 2000년대 삼성이 일본 반도체 기업들을 하나씩 거꾸러뜨린 방식이기도 했다. 하지만 동일본 대지진과 2008년 리먼브 라더스 사태, 그리고 생산 공장을 덮친 대만의 대홍수 등으로 결국 엘 피다는 2008년 법정관리에 들어갔다.

삼성이 반도체 선두 주자를 이겨 온 방식은 뒤처지는 속도와 생산 량 같은 상대 약점을 집요하게 물고 늘어져 녹다운 시키거나, 아예 한

세대를 건너뛴 새로운 제품으로 경쟁사의 제품을 아무짝에도 쓸모없는 것으로 만드는 것이었다. 삼성의 3나노 GAA공정이 안정화되지 않았기에 삼성의 호언장담은 '블러핑(눈속임)'에 불과하다는 의견이 있다. 이와 반대로 삼성의 대역전 드라마를 주목했던 전문가들은 TSMC가 3나노 공정에 성공하지 못할 경우 '한 방에 훅 간다'라고까지 표현하고 있다.

신뢰의 TSMC와 속도의 삼성, 과연 누가 승자가 될지 판가름 나는 시점은 얼마 남지 않았다. 물론 메모리 분야에서의 기술 격차는 워낙 커서 당분간 삼성과 SK하이닉스의 독주를 견제하긴 쉽지 않을 것이다. 혁신적 기술 한 건과 전략적 판단 실수 한 번으로 수없이 많은 글로벌 기업이 역사의 뒤안길로 사라져 갔다.

미국과 한국의
반도체 인재 육성 전략

한국이 가지고 있는 것은 사람밖에 없다. 성장 엔진의 토대라고 하는 인구는 적고, 자본주의 후발 주자로 나라가 보유하고 있는 소재와 종자 등의 원천 기술도 OECD 평균 매우 적은 편이다. 분단되어 있어 육로 교역을 통해 생산성을 높일 수 없어 사실상 일본과 동일한 섬나라 구조라고 봐도 무방하다.

물론 일본은 심각한 경제 침체를 겪고 있지만 탄탄한 내수시장과 소재과학 기술, 그리고 50년 전부터 투자해 온 아시아·아프리카 광물 자원 인프라를 가지고 있다. 사람들은 아시아 지역에서 가장 많은 인프라 투자를 한 국가로 중국을 예상하지만, 실제로는 134조 7,900만 달러로 단연 일본이 선두다. 이렇듯 한국은 인적 자원밖에 없기에 교육에 집중해 왔다.

한국을 롤 모델로 삼는 세계의 주요 국가들은 한국 경제발전의 요인을 '교육'과 '부패 척결'로 꼽는 데 주저함이 없다. 일부 경제학자들은 '권위주의적 개발 경제'가 가능했던 한국의 정치 상황에서 그 원인을 찾기도 한다. 현재 글로벌 기업으로 성장한 한국의 대기업 대부분이 70~80년대 관의 지원과 구조조정을 통한 혜택으로 성장한 재벌기업이라는 이유다. 철강·섬유·자동차·조선·화학·제약 등을 특정 기업에게 몰아주면서 강제 합병을 통해 시장 지배력을 확보했던 역사 말이다. 결국 우린 사람을 토대로 세계 경제의 변화에 따라 주력 산업을 개편해 고부가가치 산업에 집중해 왔다. 그리고 그 힘을 '교육'에서 찾는다.

1980년대 시골 부모님이 전답을 판 돈으로 미국에서 유학하며 얻은 화학·전자정보통신 관련 첨단기술을 국내 기업에 전수한 이들이 많다. KT와 SK케미칼, 삼성전자를 일으킨 1세대 엔지니어의 궤적을 찾아 올라가다 보면 어김없이 이들 80년대 유학파들을 만나게 된다. 이들은 미국의 대기업에서 수준 높은 기술을 익혀 국내로 돌아와 헌신했고, 또 일부는 대학 교육을 통해 다음 세대를 육성했다. 부모의 교육열과 자녀의 인내심이 없었다면 불가능한 역사다. 그래서 한국 경제는 글로벌 추세에 늘 10년 뒤처졌지만, 국내에서의 혁신으로 다시 시장을 개척하는 방식으로 성장해 올 수 있었다.

고등학교 수업 시간에 교사가 교정 저편에서 일하는 건설노동자를 가리키며 "공부 안 하면 너희도 저 꼴 난다!"고 윽박지르거나 여자고등학교 교실의 급훈이 "대학 가서 미팅할래? 공장 가서 미싱할래?",

4장 · 반도체 전쟁과 성장 전략

"삼십 분 더 공부하면 내 남편 직업이 바뀐다."였던 시절이 바로 얼마 전이다. 한국에서 교육은 결국 학벌을 획득하기 위한 수단이고, 학벌과 토익 점수는 보수를 결정짓는 가장 중요한 기준이었다.

4차 산업시대에는 사람의 기술력과 창의력이 곧 자본이고 경쟁력이다. 미국 실리콘밸리에서 스타트업을 준비하는 실력자 중에서 자본을 가지고 있는 사람은 거의 없다. 자본은 애초에 투자금으로 해결하는 것이고 회사의 수익에 따라 배분하면 그만이기 때문이다. 결국은 사람이다.

단선적 기능주의적 접근법과 단절해야

사람이 경쟁력이고 자본인 시대가 4차 산업혁명이라고 하니 정치권에선 4차 산업혁명 시대의 유망 업종을 열거하고 이에 해당하는 인재 육성이 국가의 백년지대계라고 생각한다.

취임 100주년을 맞은 윤석열 대통령은 "미래 산업의 핵심이자 국가 안보 자산인 반도체 산업의 기술 초격차를 유지하기1 위해 기업 · 인력 · 기술 · 소부장(소재 부품 장비) 전반을 망라하는 반도체 초강대국 달성 전략"이라며 "인재 공급 정책을 중시해 관련 대학과 대학원 정원을 확대하고 민간 협력을 강화해 반도체 핵심 전문 인재 15만 명을 육성할 것"이라고 천명했다.

미래 경제의 '쌀'인 반도체 경쟁력을 확보하고, 삼성전자와 SK하이닉스가 주도하고 있는 반도체 클러스터에 유능한 인재가 공급되어 대만의 파운드리 업체 TSMC를 추월해야 한다고 생각한 듯하다. 정원 확대를 통해 학사 2,000명, 석·박사 1,100명, 전문대 1,000명, 직업계 고등학교 1,600명으로 확대해 5만 5천 명을 양성하고, 양성 교육을 통해 10만 5천 명을 양성하겠다는 것이 기본 골자다.

정부의 반도체 15만 인력 양성 주장을 보면서 임진왜란 9년 전(1583)의 '10만 양병설'이 자연스럽게 떠오른다. 당시 율곡 이이 선생이 '왜'를 겨냥해 10만 양병설을 주장한 것은 아니다. 임진왜란은 50년 후에 일어났고, 당시 조선의 주적은 변방의 여진이었다.

200년간 전쟁이 없었던 조선에 여진의 일족인 니탕개가 침입했고, 조정이 난을 진압한 후 이이가 말했다. "예로부터 나라에서 한번 군대를 쓰면 전쟁이 그치질 않습니다. 나라가 백 년 평안하면 백성들은 전쟁을 알지 못합니다. 지금 비로소 군대를 썼으니, 이후로 전쟁이 그치지 않을 것입니다. 미리 팔도의 정예병 10만을 선발하여 뜻밖의 일에 대비할 것을 청합니다."

그런데 당시 조선의 총인구가 800만 명이었고, 당시 세율은 생산량의 10%~20% 정도였다. 10만의 장정을 상비군으로 운영하기 위해선 적어도 50만 호에 달하는 가계의 생존을 담보해야 했고, 10만의 병력을 먹이고 입히기 위해선 또 30만에 달하는 인구가 생산해야 했을 것이다. 가장 효과적인 징집 방법은 권문세족이 가지고 있던 노비를 징발하거나, 흥선대원군이 호포법을 통해 군포를 혁파했던 것 이상으로 양반에게 포를 받는 것이 아니라 실제 군역을 수행하도록 하는 것이었다.

율곡의 '10만 양병설'은 론(論)이 아니라 설(說)로 분류된다. 유몽인이 지은 《어우야담》이 그 출처이기 때문이다. 역사학자들은 10만이라는 숫자는 과장된 것일 것이고 당시 국력에서 현실 가능했던 수준은 3~4만 병력일 것이라는 추론도 내놓고 있다. 중요한 것은 10만 명을 양병하기 위해 필요했던 국가 시스템의 정비다. 사대부가 자신의 기득권을 내려놓든지, 생산력을 끌어올리기 위해 신분제를 혁파하든지 하는 혁신이 필요했을 것이다.

현재 해마다 4만 5천 명의 반도체 관련 인력이 대학에서 배출되고 있다. 이 중 취업자는 5천여 명 수준. 전공자는 취업자의 9배가 넘는 규모다. 한국의 대학 정원이 33만 명이다. 그나마 저출산으로 인해 폐교되는 학교가 줄을 잇고 있다. 현재 고려대, 카이스트, 연세대, 성균관대, 경북대 등의 반도체 관련 학과(장비·시스템)의 취업률은 80% 수준으로 높은 편이다. 하지만 전국적으로 실제 반도체 관련 기업 취업률은 60%가 채 되지 않는다.

취업이 되는 학과는 정해져 있다. 이른바 '계약학과'로 분류된 곳인데 정부와 산업체, 지자체가 반도체 인력 양성을 위해 각자 역할을 계약해서 일정 수준을 충족한 인력에 대해 산업체에서 채용하는 방식이다. 통상 기업이 교육 경비의 50% 이상을 감당한다. 대표적인 학과로는 성균관대 반도체시스템공학과, 연세대 시스템반도체공학과, 고려대 반도체공학과, 한양대 미래모빌리티학과, 한양대 에리카 스마트융합공학부(소재부품, 로봇, 스마트I CT, 건축 IT융합) 등을 꼽는다.

성균관대, 연세대의 경우 일정 학점을 넘으면 전액 장학금을 받을 수 있고 3학년부터 진행되는 인턴십(internship)을 거쳐 졸업 후에는 본인이 원한다면 삼성전자 파운드리에 바로 공채된다. 이에 반해 지방 국공립대의 경우 2021학년도에도 정원을 채우지 못했고, 3년 연속 최하위 모집률로 인해 반도체 관련 학과는 폐강 수준으로 가고 있다. 정부의 이번 조치로 수도권과 지방 간의 격차가 더욱 벌어져서 취업하지 못할 잉여 인력을 무작위로 양산하는 끔찍한 결과로 이어질 수 있다.

산업통상자원부의 〈2021년 산업기술인력 수급 실태 조사〉에 따르면 반도체 관련 부족 인원은 2021년 기준 1,621명인데, 이 중 절대다수인 90.3%는 중소기업이다. 인력 시장의 절대적 인원이 부족한 것이 아니라, 대기업에 걸맞은 처우를 해 주지 못해 좋은 인재를 모두 대기업에 빼앗기고 있는 것이다. 부족한 자원을 취업시킬 경우 회사의 투자비용이 감당할 수 없을 만큼 커지기 때문에 유능한 인재를 채용할 돈이 없다는 것이 요지다.

업체들은 당장 '청년내일채움공제 사업'을 지속해 줄 것을 요청하고 있다. 이 제도는 중소기업에서 근무할 시 정부와 기업이 출연해 2년 후에 1,200만 원이라는 목돈을 별도로 주는 제도다. 2022년 신정부가 들어선 이후 예산의 절반이 삭감되었고, 이후에는 제도가 폐지될 것으로 전망된다.

반도체 교육에서 중요한 문제는 역시 장비다. 인문학과 달리 반도체 기술 교육은 수천억 원대를 호가하는 소재와 장비 지원이 필수적이다. 이를 대학에서 확보한다는 것은 말이 되지 않는다. 결국 소수의 수도권 계약학과 인력만이 첨단장비를 실제로 만져 보고 그 결괏값을 분석하는 수업을 할 수 있을 것이다.

산업 현장에 필요한 컴퓨터 기술 인력을 양성한다는 목표로 전국에 개설된 마이스터고등학교의 실습실에 가면, 겉으로 포장된 커리큘럼과 실제 교육환경의 차이에 대해 절감할 것이다. 누가 가르치는가. 교수진의 역량 문제로 들어가면 문제는 더 심각하다. 15만을 양성하면 14만 이상은 현장에 투입되지 못하는 잉여인력으로 전락할 것이 분명하다.

'새로운 반도체 기술'을 연구하기 위해선 연구비가 있어야 하고, 이 연구비는 정부의 정책지원자금과 기업의 투자로 결정된다. 박사 후(後) 연구원들은 입을 모아 말한다.

"소재와 장비, 새로운 반도체 공정을 개발하는 과정은 그야말로 백사장에서 바늘 찾기다. 기술의 축적과 시행착오를 거칠 수밖에 없다. 아주 짧게 잡아야 5년, 길게는 20년을 넘게 연구해야 성과가 나오는 경우가 많다. 그런데 정부의 연구지원금은 2년 이내에 성과를 낼 수 있는 테마에 한정되어 있다. 2년 내에 연구 성과를 낼 수 있는 반도체 분야가 있는가?

일본의 소재 분야만 해도, 일본 주력 기업과 대학이 70년간 확보한 원천 데이터로 인한 것이다. 소재 개발에는 필연적으로 엄청난 시간이 물리적으로 필요하다. 그러다 보니 정부 연구지원금의 상당 부분은 단기 성과를 채울 수 있는 허울뿐인 연구 과제에 지원된다. 연구원들도 이것을 모르지 않기에 별 쓸모없는 단기 프로젝트로 비용을 따내는 것을 목표로 하는 것이다. 대부분의 연구원은 시간강사를 뛰다가 못 버티면 기업체에 문을 두드린다. 하지만 기업의 연구원 자리는 하늘의 별 따기다."

한국의 국내총생산(GDP) 대비 연구개발(R&D) 비중은 경제협력개발기구(OECD) 국가 중 2위로 이스라엘과 비견되곤 한다. 하지만 R&D 투자 금액 100만 달러당 특허 건수는 0.03건으로 OECD 국가 중 11위에 그쳤다. 여기에 중소기업의 R&D 투자 비중은 OECD 평균보다 높지만, 대기업의 R&D 지원 비중은 2%에 불과했다. 정부도 기업도 장기적인 안목에서 반도체 기술에 투자하는 것이 아니라 단기 성과에 집중하고 있다는 말이다. 이런 구조에서 15만의 반도체 관련 대졸자가 시장에 쏟아진들 무슨 소용이 있을까.

미국 역시 반도체 인력에 대한 고민을 심중히 하고 있다. 특히 전기 컴퓨터 공학 분야의 유능한 인재들이 대학 졸업과 동시에 고연봉을 보장받는 실리콘밸리 스타트업으로 빠져나가는 현상 때문에 반도체 인력 확보가 쉽지 않았다. 미국의 해법은 한국 정부와 전혀 달랐다. 이 문제 역시 협력과 집중, 개방의 방식으로 해결하기로 한 것이다.

미국은 정부와 의회, 대학과 기업의 공동 출연 조합이 모여 "경쟁이 아닌 협력으로, 우리가 가진 모든 자원을 모아서 모든 인력과 기업이 같이 혜택을 보자"는 데 합의했다. 미국반도체연구조합(SRC)은 개별 기업이 감당할 수 없는 금액의 첨단장비를 확보하고 연구 및 교육 인력을 확보하기 위해 정부와 의회, 대학을 묶는 중심 역할을 하고 있다.

삼성이 새로 짓는 텍사스 오스틴 부지에는 텍사스 UT오스틴 대학이 있다. 전기통신, 기계공학, 컴퓨터 사이언스, 인공지능, 컴퓨터 시스템 분야에서 미국 내 10위권에 드는 대학이다. 2022년 11월 준공한 TSMC의 애리조나 공장 인근에는 반도체 관련 교육으로 최선두에 있는 애리조나 주립대학교가 있다. 미국반도체연구조합은 대학과 자체 교육을 통해 양성된 인력을 기업에 배출하는 기능 외에도 대학원 학부 과정에서의 연구실과 기업 간의 공동 연구 프로젝트를 지원한다.

그런데 이런 식으로 지원해도 반도체 인력은 부족하다는 것을 미국은 알고 있다. 그들의 선택은 대학 정원을 늘려 15만을 양성하자는 따위의 방식이 아니었다. 해외의 유능한 연구진과 대학생들을 미국으로 오게 만들겠다는 것이다. 미국 정부와 의회의 막강한 지원으로 반도체 관련 인프라를 형성하면서 대학과 연구소를 세계의 실력자들로 채우겠다는 전략이다. 이는 현실적 여건을 감안했을 때 충분히 가능한 전략으로 보인다.

실리콘밸리에 글로벌 인재들이 모였듯, 미국에는 그만한 인력을 소화하고도 남을 만큼의 내수시장과 해외 진출 기회가 있다. 이렇게 미국의 접근 방식은 실용적이고 실현 가능한 것이었다. 장기적 전망과 인력 교육 시스템의 약점을 고려하지 않는 한국 정부의 일차원적인 접근과는 매우 달랐다.

4차 산업시대 통합가치와 그랜드 리셋

5장

그린 밸류 체인

Electricity, Greed,
Hydrogen, Nuclear fusion

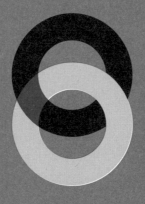

Grand Reset

돌이 없어서 석기시대가
끝난 것이 아니다

"The Stone Age didn't end because we ran out of stones." "석기시대가 끝난 이유는 돌을 모두 써 버려서(없어서)가 아니다."

1970년대 OPEC 창설을 주도하고 세계 석유 재벌들을 막후에서 움직였던 아흐메드 자키 야마니 사우디아라비아의 전 석유장관이 한 말이다. 그는 석유시대 역시 석유가 고갈되기 전에 종결될 것이라고 경고했다. 실제로 중동 산유국의 고민은 깊다. 2010년 미국에서 셰일가스를 뽑아내면서 인류가 적어도 앞으로 50년가량은 석유를 뽑아낼 수 있을 것이라는 전망이 있지만, 정작 산유국에게 중요한 문제는 석유와 천연가스 매장량이 아니다. EU와 한국, 호주, 중국, 일본을 중심으

4차 산업시대 통합가치와 그랜드 리셋

로 에너지 패러다임이 전환되고 있다는 것이다.

2020년 8월, 글로벌 석유 공룡 엑슨모빌은 98년 만에 다우존스 종목에서 퇴출당하는 수모를 겪어야만 했다. 팬데믹으로 인한 유가 하락으로 시가총액의 추락을 막을 수 없었다. 공교롭게도 엑손모빌의 퇴출이 결정되던 날, S&P500 지수(Standard & Poor's 500 index)는 사상 최고치를 경신했다. 그리고 온라인 상거래 지원 클라우드 업체인 세일즈포스닷컴, 항공우주 업체 하니웰, 코로나19 치료제를 개발 중인 생명공학 기업 암젠이 다우존스에 합류했다.

이후 러·우 전쟁으로 인한 유가 상승으로 엑손모빌은 기사회생했다. 하지만 세계는 러·우 전쟁 이후를 준비하고 있다. 석유와 천연가스에 지금과 같이 의존하다간 나라 경제가 언제 절단 날지 모르는 일이다. 화석연료의 종말은 분명 석유 자원이 고갈되기 이전 국가들의 능동적인 조치로 인해 발생할 가능성이 크다. '탄소제로'를 위한 에너지 정책은 이제 변수가 아니라 절대적 상수가 되었다.

흥미로운 점은 그린 에너지를 향한 집념은 비산유국보다 산유국이 더 강하다는 점이다. 가진 것이 석유밖에 없는 나라들은 청정에너지를 향한 변화의 물결이 자신들을 익사시키리라는 것을 잘 알고 있다.

2022년 11월, 빈살만 사우디아리비아 왕세자가 방한했다. 일명 '미스터 에브리띵(Mr. Everything)'. 세상 모든 일을 할 수 있는 남자라는 뜻의 별명이다. 그가 방한할 때 대형 전용기 5대가 들어왔다. 이 중 비행기 2대는 왕세자의 안위를 위한 위장 여객기라고 한다. 그의 위세를

한국-사우디 계약·양해각서 체결

총 26건, 총 300억 달러 규모

한국 기업 - 사우디 정부 6건

	분야		한국기업
1	네옴철도협력	MOU	현대로템
2	화학분야협력	MOU	롯데정밀화학
3	합성유 공장 설립	MOU	DL케미칼
4	제약분야협력	MOU	지엘라파
5	게임분야협력	MOU	시프트업
6	스마트시티솔루션	MOU	와이디엔에스

한국 기업 - 사우디 기관·기업 17건

	분야		한국기업
1	그린수소·암모니아 공장건설	MOU	한국전력, 한국남부발전, 한국석유공사, 포스코, 삼성물산
2	철강모듈러 1만가구 건설	MOU	삼성물산
3	그린수소 사업	협력계약	한국전력
4	[에너지] 가스·석유화학	MOU	대우건설
5	[에너지] 가스절연개폐장치	MOU	효성중공업
6	[에너지] 열병합	MOU	한국전력
7	[제조] 주조·단조 공장건설	합의서	두산에너빌리티
8	[제조] 산업용 피팅밸브	MOU	비엠티
9	[제조] 전기 컴프레서	합의서	터보윈
10	[바이오] 프로바이오틱스	합의서	비피도
11	[바이오] 백신·혈청기술	MOU	유바이오로직스
12	[농업] 스마트팜	MOU	코오롱글로벌
13	[서비스] 엔지니어링서비스	합의서	동명엔지니어링
14	[투자] 투자협력	MOU	한국벤처투자
15	[환경] 재활용플랜트	합의서	메센아이피씨
16	[환경] 환경기술	MOU	청수산업
17	[기타] 상용차 생산	MOU	자일자동차

한국 건설사 - 에쓰오일 3건

1	샤힌프로젝트EPC	기본계약 현대건설
2	울산에 스팀크래커, 올레핀 다운스트림 시설 구축	기본계약 현대엔지니어링
3		기본계약 롯데건설

자료: 산업통상자원부

연합뉴스

사우디와 한국의 MOU 추진 현황

알 수 있는 대목이다. 언론은 빈살만 왕세자가 한국에 '제2의 중동 붐'을 안겨 주었다고 흥분했다.

그가 추진하는 '네옴(NEOM) 프로젝트'는 약 5천억 달러 규모의 메가 프로젝트다. 한국 기업은 약 300억 달러(40조 원)의 물량을 수주하기 위해 분주해졌다. 그는 한국 기업과 26건의 양해각서를 체결하고 한국을 떠났다. 물론 그동안의 경험으로 미루어 보았을 때, 양해각서 모두가 사업화된다고 보긴 어렵다. 방산 무기와 군사적 지원, 원전 기술 지원 등의 물밑에서 이뤄지는 계약으로 본 계약이 영향을 받을 것이다. 네옴 프로젝트는 엄청난 돈이 투입되는 세기적 사업이라는 측면 외에도 그 특징으로 인해 많은 주목을 받았다. 네옴(NEOM)은 새로움(NEW)을 뜻하는 그리스어 'NEO'에 미래를 뜻하는 아랍어 무스타크발(Mustaqbal)의 'M'을 붙여 만든 합성어로서 '새로운 미래'라는 의미다. 이 프로젝트는 3개의 축으로 구성된다. 상업·주거 도시인 '더 라인(The line)'은 서울의 단 6%의 면적으로 서울 인구에 버금가는 900만 명을 수용하겠다는 두 개의 직선 고층 도시로 구성된다.

인류 문명의 진화, 특이점(singularity)의 도래

더 라인을 중심으로 사우디의 미래 산업을 주도하고 도시에 친환경 에너지를 공급하는 '옥사곤(Oxagon)'과 관광레저 도시인 '트로예나(Trojna)'가 건설된다. 이 구상이 세계인의 관심을 모은 가장 큰 이유는 무엇보다 이 3개 도시 모두 100% 재생 가능한 에너지를 이용한 탄소 제로 도시로 건설된다는 점 때문이다. 태양열과 풍력을 이용해 수소로 생산, 보관해서 전기를 사용하겠다는 구상이다.

주거도시 '더 라인'의 형태를 보여 주는 CG

그래서 더 라인에는 도로도 없고 차도 없다. 지하를 관통하는 초고속철도로 20분이면 3개 도시를 오갈 수 있다. 사우디아라비아는 유럽에서 아프리카, 중동, 아시아로 향하는 비행경로 중 가장 매력적인 입지다. 사우디의 메시지는 간단하다. 만약 당신이 부자라면, 옥사곤에 투자하고 더 라인의 호텔에서 회의하고 휴가는 트로예나에서 즐기라는 것이다.

3개 도시 구상 중 핵심이라고 할 수 있는 '더 라인 프로젝트'에 대해선 논란이 거세다. 많은 도시건축가는 더 라인이라는 도시는 실현 가능성은 차지하고서라도 실현되어선 안 되는 도시라고도 말한다. 더 라인은 서울 잠실의 롯데월드타워(높이 555m)와 같은 초고층 건물이 200m 구간에 서로 바라보며 170km 길이로 이어진다. 건물 대부분의 면적이 볕을 받지 못한다.

이 거대한 구조물이 곰팡이와 들쥐, 전염병의 온상이 될 것이라는 보건학자의 경고도 있고, 햇볕을 쬘 수 있는 상류층과 지하에서 사는 하류층으로 구분될 것이라는 우려도 있다. 170km 라인에 500m 높이

휴양도시 트로예나

4차 산업시대 통합가치와 그랜드 리셋

의 건물이 일직선으로 지어졌을 때, 횡풍(바람)의 압력을 견딜 수 있겠느냐는 우려도 만만치 않다. 여기에 더해 생태학자들은 이 도시가 사막생물들의 이동을 막고 바람의 방향을 바꿔 생태계 붕괴 현상이 이어질 것이라고도 경고하고 있다.

빈살만 왕세자는 SF 영화광으로 알려져 있다. 그래서 그가 자신의 오랜 로망인 4차원적 미래도시를 만들려고 한다는 비판도 있다. 하지만 빈살만 왕세자는 더 라인의 의미를 다음과 같이 밝혔다.

> "더 라인은 오늘날 도시 생활에서 인류가 직면한 도전을 해결하고 대안의 삶의 방식을 제시할 것입니다."

친환경 재생에너지만으로 전력을 상당 부분을 해결하는 탄소 제로 시범도시는 지금도 있다. 덴마크는 롤란드섬의 모든 가정에 수소 연료전지 모듈을 설치해 세계 최초의 수소연료 마을로 만들겠다고 공언했다. 일본 오키나와현의 기타큐슈시는 2011년에 수소 타운으로 선정되어 자동차와 난방 연료를 수소 파이프라인으로 공급하고 있으며, 영국의 리즈는 2030년까지 천연가스 배관을 통해 수소를 공급받아 기존의 천연가스를 100% 수소로 전환하겠다는 리즈 시티 게이트 프로젝트(Leeds City Gate Project)를 실험 중이다.

'더 라인' 구상은 여기에서 한 발 더 나아가 지금까지의 인류 도시가 지닌 문제점을 모두 해결하겠다는 것이다. 태양광과 풍력에 얻어지는 에너지를 수소로 저장해서 이산화탄소까지 재사용하며, 도시의 차량을 모두 없애서 에너지와 도심 체증, 과잉 생산 문제를 해결한다. 대지

친환경 4차 산업 도시 옥사곤

면적 대비 건물이 차지하는 면적을 극소화해서 과잉인구에 따른 인구 밀집 문제를 해결하고, 신선한 채소를 얻기 위해 막대한 물과 질소 비료를 사용하는 대신 해수와 태양광을 이용해 재배한다. 이를 위해 수직 건물에 인공지능을 활용한 수직 플렌티 농법을 적용해 재배면적까지 최소화하겠다는 구상이다.

빈살만 왕세자는 생산과 효율, 공유의 미래도시가 라인이라고 밝혔다. 한국은 이 프로젝트에서 고속철도와 그린 수소, 그린 암모니아, 재생에너지를 위한 석유화학 설비를 맡게 될 것으로 보인다.

세계 1등 석유회사의 세계 최대의 수소 투자

사우디아라비아는 아랍에미리트의 '두바이 프로젝트'에 큰 영감을

4차 산업시대 통합가치와 그랜드 리셋

받았다. 2010년에 발표된 '2020 두바이 프로젝트'와 무척 흡사하다. 이 프로젝트는 초대형 레저타운의 '두바이 랜드', 세계 최고층 빌딩인 '부르즈 두바이', 인공섬과 팜 아일랜드 3개로 구성된 '더 월드', 미국 맨해튼을 모델로 한 상업도시인 '비즈니스 베이' 이렇게 4개의 축으로 완성되었다. 사막과 석유밖에 없던 땅을 세계 금융과 교통, 관광의 허브로 탈바꿈시킨 이 세기의 도박은 왕가의 결단이 없었으면 불가능했을 것이다.

> *"my father rode a camel, i ride a mercedes but my great-grandson is going to have to ride a camel again."*
> *"나의 아버지는 낙타를 탔고, 나는 메르세데스 벤츠를 탔다. 그러나 내 증손자는 다시 낙타를 탈 것이다."*

두바이 프로젝트의 창시자 세이크 라시드가 한 말이다. 석유만으로 후손들이 먹고살 수 없다는 것을 아랍에미리트 국왕은 알고 있었다. 산유국이 이런 고민을 한다. 그렇다면 비산유국은 어떤 고민을 해야 할까? 석유 없는 미래, 그 세상을 움직이는 기술 경쟁이다. 이 전쟁이 미래를 결정할 것이다. 세계 최대의 수소에너지 투자 기업이 세계 최대 정유사(사우디아라비아 국영회사 아람코)라는 역설이 미래의 에너지 전환을 상징적으로 보여 주는 사례일 것이다.

그린 전쟁의 서막, 수소

특이점(singularity). 질적인 도약이 이루어져 기존의 계산법으로는 측정되지 않아 모든 것을 다시 시작하는 지점을 뜻한다. 수학에선 함숫값이 무한대가 되는 지점을 의미하며, 우주에선 밀도가 무한대가 되어 블랙홀의 질량체가 붕괴해서 우주가 새롭게 생성되는 지점이다. 인공지능의 지식과 지혜가 인류 총합의 그것을 뛰어넘는 지점이라는 의미로 사용하기도 한다.

미래학자 레이 커즈와일은 2045년에 그 특이점이 올 것이라고 예견했다. 이 특이점은 인류의 문명을 영원히 바꿔 놓을 것이다. 증기기관이 거리의 마차를 모두 없애고 전구가 고래기름을 없앤 것처럼 말이다. 앞으로 인류 문명사에서 찾아올 가장 극적인 특이점을 꼽으라고 한다면 필자는 주저 없이 '에너지 혁명'을 꼽을 것이다. 그리고 에너지

혁명은 다음의 3가지 지점에서 올 것이다. ① 인공태양(핵융합)의 상용화, ② 값싼 수소의 생성과 저장, ③재생에너지 그리드(공급망)의 혁신.

재생에너지가 미래 산업을 재편하고 있다. 당장은 차량용 이차전지(저장전지)를 전기 배터리로 할 것인지, 수소 배터리로 할 것인지의 문제처럼 보인다. 가령 현재 전기는 수소와는 비할 수 없을 만큼 높은 효율을 보이고 있으며, 에너지 변환도 더 쉽다. 높은 제작 단가와 배터리 효율성 문제로 내연기관 회사들이 망설일 때, 테슬라는 시장을 재편하는 데 성공했다. 이와 마찬가지로 현재는 전기 배터리가 대세지만, 수소의 효율성이 이를 추월하면 전기차 시장의 몰락은 불을 보듯 뻔하다.

미국, 중국, 독일과 일본, 호주, 한국, 사우디아라비아는 수소 에너지가 미래의 산업전장을 결정할 것으로 보고 있다. 당장은 그린 수소를 만드는 가격이 터무니없이 비싸고, 이송과 보관에도 막대한 자원이 들지만, 이는 증기기관과 전기 모터의 진보에 필요했던 시간과 비교하면 그야말로 눈 깜짝할 사이밖에 되지 않을 것이다. 따라서 어떤 기술이 시장을 재편하느냐에 따라 기업은 물론 해당 기술에 역량을 집중했던 나라의 운명에도 큰 영향을 미칠 것이다.

인류 문명을 둘러싼 전쟁의 서막, 수소 vs 전기

전기 공급 방식을 두고 전개되었던 1880년대 미국의 '전기 전쟁'을 돌아보자. 이 전쟁에선 에디슨의 직류(DC)와 테슬라의 교류(AC)가 맞붙었다. 당시 송전 기술력으로는 직류로는 최장 2.5㎞까지밖에 송전하지 못했다. 고전압을 견딜 수 있는 방식은 교류밖에 없었다. 만약 에디슨의 방식이 표준으로 채택되었더라면(그래도 오래가진 못했겠지만), 지금도 수 ㎞마다 소규모 발전소와 변압기가 즐비하게 깔려 있을 것이고 블록을 기준으로 각종 전력 회사가 난립해 매일 정전과 복구가 반복되는 도시에서 살고 있을지도 모른다.

1880년대의 이 기술 전쟁은 아직 발전소와 송전소와 같이 큰 자본이 투입되기 이전에 결정된 것이라 낡은 직류를 주장했던 기업이 입은 피해는 크지 않았다. 하지만 1990년대부터 치열하게 전개되었던 무선통신기의 데이터 송수신 방식을 둘러싼 기술 전쟁은 양상이 달랐다. 당시 미국의 이동 통신사들은 FDMA(주파수 분할 다중접속), TDMA(시분할 다중접속) 두 가지 방식을 검토하고 있었다.

당시에는 지금 통용되는 CDMA(코드 분할 다중 접속)는 고려의 대상이 아니었다. CDMA는 이론적으론 비할 바 없이 뛰어난 기술이지만, 언제 실현될지 모르는 그저 천상의 기술이었기 때문이다. 당장 이동통신 인프라를 깔아야 했기 때문에 다수의 기업은 종래의 FDMA 방식보다 약간 우월한 TDMA를 원했다.

미국통신산업협회(TIA)는 TDMA 방식을 미국 전파방식의 표준으로 결정했다. 이제 모든 이동통신사는 통신망을 TDMA로 깔고 휴대전화 회사 역시 TDMA 방식을 사용해야 했다.

하지만 1989년, 퀄컴이 TDMA보다 무려 20배나 뛰어난 성능을 보이는 CDMA 방식의 시연을 연달아 성공시켰다. 퀄컴과 양심적 엔지니어들은 퀄컴의 CDMA를 미래의 통신기술이라 주장했지만, TDMA에 이미 상당액을 투자했던 기업들은 퀄컴의 시연 조건이 일방적으로 CDMA에 유리한 조건이었다며, 중립적인 환경에서 각 기술을 비교하자고 제안해 왔다. 그도 그럴 것이, 당시 퀄컴은 캘리포니아에서 7명의 엔지니어가 모여 만든 작은 스타트 업 기업이었기 때문이다.

결국 1991년 댈러스에서 비교 시연이 진행되고 퀄컴의 CDMA 기술이 압도했다. 하지만 TIA는 1년이나 시간을 끌다 결국 마지못해 1993년 TDMA에 CDMA 기술 역시 기술 표준으로 인정했다. 이제 이동통신은 TDMA와 CDMA 양대 진영으로 갈라지게 되었다. 그리고 이동통신 기술에서 먼저 망 인프라 분야를 선점했던 TDMA 방식은 기술력의 한계에도 불구하고 덩치를 키워 갔다.

왜냐하면 이미 해당 방식에 돈을 투자한 핸드폰 제조사들은 여전히 TDMA만을 고집했기 때문이다. 당시 CDMA 기술을 적용하겠다는 핸드폰 제조사는 없었다. 휴대전화의 양대 거인 노키아와 모토로라 역시 대세를 따랐고, 무엇보다 당시 반도체 기술의 선두라는 일본이 국가통신표준으로 TDMA 방식을 결정했다.

하지만 한국은 미국에서 첨단 정보통신 기술을 연구했던 박사들을 모아 비교 시연이 진행되던 1991년부터 국책 과제로 CDMA를 연구했고, 결국 퀄컴의 제안을 받아들여 1995년 세계 최초로 CDMA 방식으로 상용 서비스를 제공했다. 이듬해인 1996년에도 CDMA 기술에 대한 회의론이 강했다.

당시 월스트리트저널 9월호는 "퀄컴의 CDMA 주장을 믿으면 이동통신 업계는 수십조 원의 손해를 볼 수 있다."고 주장했을 정도다. 그리고 2022년 현재, 세계는 CDMA 방식으로 통신하고 있으며 한국을 비롯한 일부 선진국에서 5G 기술이 적용되고 있다. 삼성과 LG를 필두로 한 한국의 이동통신 사업이 적어도 3년 이상을 앞질러 갈 수 있었던 원동력이 바로 이 통신표준의 채택 덕분이었다.

현재는 전기차가 대세다. 전기차는 당장 돈이 되는 사업이다. 하지만 언제까지 전기차가 대세를 유지할지는 누구도 장담할 수 없다. 테슬라도 이 점을 잘 알고 있다. 그래서 테슬라는 자신을 정의할 때 결코 '세계 최고의 전기차 회사'라고 말하지 않는다. 다만 자신을 "지구를 보존하고 인류를 영속시키는 기업"이라고 정의할 뿐이다.

일론 머스크는 테슬라의 사명에 전기를 뜻하는 'Electric'이나 자동차를 뜻하는 'Motors'가 들어가는 것을 극구 반대했다. 미래 가치가 그곳에 있지 않다는 것을 간파한 것이다. 테슬라는 가정용 배터리와 산업용 배터리, 보조배터리를 제작하고, 태양광 패널을 탑재한 외장용 지붕 패널을 만든다. 그리고 엄청난 돈을 들여 차량용 전기제어장치(ECU)와 인공지능(오토파일럿) 기술을 업그레이드하고 있다.

테슬라가 10년 후에도 전기 자동차를 팔고 있을지, 아니면 수소를 기반으로 한 전지를 팔지, 오토파일럿 기술과 ECU 시스템 기업으로 진화할지는 누구도 모른다. 심지어 일론 머스크는 테슬라는 '로봇 회사'라고 말한다. 제품이 아니라 인공지능을 활용한 최첨단 로봇 솔루션을 제공하는 회사라는 뜻이다.

2022년 미국에서 열린 'AI 데이'에 테슬라는 '옵티머스'라는 인공지능 휴머노이드(humanoid: 인간을 닮은 로봇)를 선보였는데, 이 로봇은 클라우드에서 필요한 소프트웨어를 다운받으면 만능이 될 수 있는 설계 특성을 가지고 있다. 소프트웨어에 따라 바둑 천재가 되기도 하고, 호스피스 서비스를 할 수 있다. 무엇보다 관절의 움직임이 인간을 거의 따라잡은 최초의 로봇이기도 하다.

로봇과 에너지 산업과는 무슨 연관이 있을까? 산업용 로봇의 경우, 안정적으로 전력을 공급받으며 제자리에서 용접하거나 부품을 조립한다. 하지만 휴머노이드의 경우, 무수히 많은 액추에이터를 움직이는 전력을 자체 배터리에서 공급받아야 한다. 그리고 인공지능이 장착될 경우, 일반 가전제품과는 비교할 수도 없을 만큼 많은 전기를 먹는다. 클라우드로 데이터를 송수신할 경우엔 말할 것도 없다.

결국 로봇의 허벅지나 가슴, 배 부위에 아주 밀도 높은 고성능 배터리가 장착되어야 하고, 전력 효율을 높이는 것이 관건이다. 그래서 빅테크(big tech) 기업들이 이 테슬라의 도전에 주목하고 있다.

이렇게 현재 대체 에너지를 자동차의 영역으로만 국한해서 바라보면 미래 에너지 전쟁의 본질을 알아차리기 힘들다. 자동차는 극히 일부일 뿐이다. 핵심은 수소나 전기를 둘러싼 '그린 밸류 체인'과 에너지의 '생산−저장−보급−소비'에 이르는 '그리드'의 혁신 문제다. 앞서 전기기술과 이동통신 표준에서 살펴본 것처럼 세계 각국, 기업들은 총력을 다해 미래 에너지 기술에 천문학적 자금을 투자하고 있다. 이 중무엇이 더 혁신적인 밸류 체인을 만들지에 따라 나라의 에너지 경쟁력이 결정될 것이다.

그리드의 재편

2003년 8월 14일. 시작은 미미했다. 미국 동부 지역의 작은 동네의 전기가 나갔다. 전기가 들어오지 않자 주민들은 송전업체에 전화로 알렸다. 그런데 송전업체가 컴퓨터 프로그램으로 확인했을 때는 단순한 단전 사고로 보였다. 그래서 어느 지점의 전선이 끊어졌다고 판단한 업체는 다음 날 수리기사를 파견했지만, 이미 때는 늦었다.

블랙아웃 현상은 물 먹은 화선지에 떨어진 먹물처럼 뉴욕과 뉴저지 등 미국 동부 전역으로 확산되기 시작했다. 그리고 미시간, 오하이오 등 중서부 지역을 집어삼키고 캐나다 온타리오주로 번졌다. 한국과 비교도 안 될 만큼 큰 면적의 미국 7개 주와 캐나다 1개 주가 암흑 세상으로 들어선 것이다.

10곳 이상의 공항이 폐쇄되었고 10개의 핵발전소가 멈췄다. 지하철이 멈추고 교통신호가 꺼졌으며 엠파이어스테이트 빌딩의 엘리베이터가 멈췄다. 지하철과 버스가 멈추자, 귀가하지 못한 시민들은 거리에서 노숙해야 했다. 휴대전화는 불론 에어컨도 사용할 수 없어 노약자들은 30도가 넘는 폭염을 암흑 속에서 견뎌야 했다. 5천만 명이 피해를 보고 60억 달러의 손실을 안긴 동부 대정전은 3일이 지나서야 끝이 났다.

미국과 캐나다는 사태가 걷잡을 수 없이 커지자 서로의 책임이 아닐 것이라고 떠밀었다. 양국 공동조사단이 밝혀낸 결과는 허탈했다. 처음의 정전은 나무가 쓰러지면서 전선을 끊으며 벌어진 '소소한' 사건에 불과했다. 전기는 특성상 한쪽이 끊기면 남은 전선에 과부하가 걸리게 된다. 이런 연쇄 작용을 방지하기 위해 자동으로 전원을 차단하는 프로그램이 작동되고 있었지만, 해당 프로그램에는 작은 버그(오류)가 있었다.

프로그램은 초기 단전을 잡아내지 못했고, 정전은 주변으로 삽시간에 번졌으며 특정 망에 집중되었다. 오하이오의 한 발전소가 늘어난 전력 수요를 감당하지 못해 정전되자 인근 주변 발전소로 전기 수요가 몰렸고, 이렇게 연쇄적으로 발전소가 가동을 멈추었다. 발전기를 다시 돌리기 위해선 전력이 필요하다. 그런데 주변 전력이 모두 블랙아웃된다면 전력을 구할 길이 없다. 3일간의 지옥이 펼쳐진 원인이었다.

1965년에도 미국은 대정전의 공포에 떨어야 했다. 뉴욕주를 포함해 7개 주(그림)의 전기 공급이 중단됐으며, 캐나다 동부까지도 전기가 끊겨 암흑에 휩싸였다. 온타리오에 있는 전력 시스템이 2초간 과부하로 정지하면서 세인트로렌스, 뉴욕 서부, 뉴잉글랜드, 뉴햄프셔 등의 5개 전력 시스템이 작동을 멈췄다. 이 사고로 3,000만 명의 주민들이 13시간 동안이나 암흑을 겪었다. 송전이 중단되면 우선 수돗물을 공급하는 펌프가 멈추고, 이후 5시간이 경과하면 병원과 혈액원 등의 비상전력이 멈춘다. 10시간가량 경과하면 통신망이 꺼지고, 가스시설과 금융망이 붕괴한다.

2021년 1월 9일, 독일에선 햇빛과 바람이 없는 시간이 이어졌다. 태양열과 풍력에 전적으로 전력을 의존하고 있던 해안가 수십만 가구가 일반 전력을 공급하기 위해 전력 전환 버튼을 누르기 시작했을 때, 도시가 블랙아웃된 것이다. 다음 달 미국 텍사스에서도 대규모 정전 사태가 벌어졌다. 한파에 전력 사용량이 급증했는데, 태양광과 풍력

동부 대정전 당시의 위성사진

4차 산업시대 통합가치와 그랜드 리셋

발전기에선 평시보다 못한 전력만을 생산해서 블랙아웃된 것이다.

앞서 설명한 대정전 사태와 태양과 바람을 이용한 친환경 에너지의 '변덕'을 살펴보면, 현재 인류가 당면한 문제를 직관적으로 알 수 있다. 석유와 천연가스를 이용하는 발전 방식은 환경오염으로 인해 현재 임계점에 도달했다. 태양광 패널과 풍력 발전소 역시 친환경은 아니다. 태양광 패널과 풍력 발전기에 필요한 중금속의 채광을 위해 필연적으로 오염이 발생되며, 그중 납ㆍ셀레늄ㆍ카드뮴의 채굴로 인해 산천이 파괴되는 나라들은 대부분 저개발 국가다.

효율의 문제는 더욱 심각하다. 태양광 패널에 먼지가 5mg/㎠만 쌓여도 효율은 50% 감소한다. 패널을 청소하기 위해 인류는 매년 440억 리터를 사용하고 있다. 이는 200만 명이 먹을 수 있는 식수 분량이다. 또한 섭씨 25도부터 기온이 1도 상승할 때마다 에너지 효율이 0.35% 하락하는데, 40도 정도가 되면 효율보다 낭비가 심해진다.

또한 태양광 패널은 기존의 발전소에 비해 300배가 넘는 토지가 필요하고, 특히 동아시아와 같은 논에 물을 가둬서 벼를 재배하는 면적을 현재와 같이 대체할 경우 환경에 더욱 악영향을 준다. 폐기 문제는 더욱 심각하다. 재활용이 불가능한 산업용 폐기물이라 토양을 오염시키는 주범이기도 하다.

전력을 관리하는 정부는 무엇보다 풍력과 태양광의 변덕스러운 생산량에 골머리를 앓고 있다. 필요할 때 필요한 만큼 전력을 만들어 주면 좋겠지만, 구름이 잔뜩 끼고 바람 없는 낮엔 아무런 일을 못 한다.

또 밤이 되어 바람이 거세지면 생산하는 전력 대다수는 그냥 버려야 한다. 문제는 생산되는 전력을 보관하고 이송할 방법이 없다는 것이다.

우리나라에서 가장 많은 태양광 패널과 해풍 발전소가 깔린 전라남도의 경우, 문제는 더욱 심각하다. 생산된 전기를 공급하기 위해선 송배전 설비를 다시 구축해야 하는데, 해당 비용을 들여 인프라를 구축하는 것보다 인근 발전소의 전기를 사용하는 것이 더 이익이기 때문이다. 전선을 깔기 위해 땅을 파고 케이블 또는 송전탑을 세우는 과정에서의 오염의 폐해는 크다. 게다가 전남의 인구는 줄어들고 생산된 전력을 수요가 쫓아가질 못하다 보니 발전단가는 더욱 떨어진다.

이차전지를 활용하면 문제가 해결될 것 같지만, 이 경우 배보다 배꼽이 더 크다. 전기저장 배터리엔 코발트산리튬, 니켈산리튬, 스피넬형 리튬망간산화물, 탄소흑연 등이 들어간다. 무엇보다 비용이 만만치 않다. 현재 테슬라 차량에 들어가는 전기차 배터리가 2,600만 원이고, 중국산 차량용 배터리가 800만 원 수준이다.

결국 재생에너지의 핵심은 생산이 아닌, 저장과 이송의 문제다. 이 문제를 '그리드(GREED) 이슈'라고 한다. 그리드는 격자무늬의 전선, 즉 배전 송전망 시스템을 의미한다.

에너지 밸류 체인의 미래

현재 인류가 직면하고 있는 에너지의 문제는 크게 5가지다. 매장량의 한정, 수요 예측 실패로 인한 대형 정전, 에너지 생산과 공급, 폐기 과정에서 필연적으로 발생하는 환경오염, 그리고 냉전 블록의 재구축으로 인한 공급 안정성과 극심한 가격 변동 문제다.

에너지 밸류 체인을 재구축해야 한다는 고민은 주로 '수소'로 수렴되고 있다. '수소'에 세계가 주목하는 이유는 바로 '그리드' 문제를 해결할 수 있는 가장 유력한 방법이라고 여겨지기 때문이다. 바닷물과 풍력, 태양광으로 수소를 만들어 사용할 수 있다면, 지금까지 버려 왔던 초과 생산전력은 수소로 저장할 수 있고, 이 수소는 수소발전기나 수소전지를 통해 전력으로 전환될 수 있기 때문이다.

이 문제를 가장 선도적으로 연구하고 있는 나라는 독일을 위시한 EU 국가들이다. 전기란 원래 저장할수록 효율이 떨어지고 거리가 멀수록 전압이 낭비된다. 수소 역시 저장과 운송, 보관 단계마다 효율이 떨어진다. 에너지의 변환 과정을 줄이는 데에 그 답이 있다. 그들이 고민하는 방안은 해안의 풍력과 태양광으로 얻은 전력으로 수소를 만들고, 이렇게 만들어진 수소를 기존의 천연가스 파이프 관을 이용해서 공장과 가정으로 전달하는 방식이다.

특히 독일은 전력의 30%를 풍력발전에 의존하고 있다. 현재는 그리드 문제로 인해 초과 생산분은 모두 버리고 있고 바람이 없는 날엔 천연가스에 의존한다. 독일은 자국 내 소비 전력의 70% 이상을 태양광과 풍력을 이용한 수소에너지로 충당하겠다는 야심 찬 계획을 세웠다. 북부에서 풍력을 활용해 수소를 만들어 파이프라인을 통해 남부의 공업지대로 보내겠다는 구상인데, 2021년에만 80억 유로(10조 원)가 이 분야에 투자되었다.

문제는 수소를 생성해 저장·운반해서 소비자가 원하는 전력 형태로 공급하는 데에는 무척이나 많은 돈이 든다는 점이다. 현재로선 발전소나 전기충전소에서 공급하는 전력과 감히 비교하기 힘들 정도의 낮은 생산성(효율)을 보인다.

일반적으로 수소(H)는 물과 대기 중에 매우 흔하게 있어 추출도 쉬울 것으로 착각할 수 있지만, 실제 에너지로 사용할 수 있는 순수수소는 특별한 공정을 통해서만 얻을 수 있다. 수소를 얻는 방법에 따라 해당 수소에너지의 환경 여부를 판단한다. 크게 그레이수소, 블루수소,

4차 산업시대 통합가치와 그랜드 리셋

그린 수소로 분류한다.

그레이수소

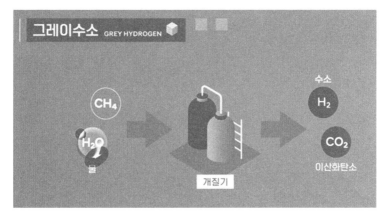

$$CH_4 + 2H_2O \rightarrow CO_2 + 4H_2$$

생산비용이 가장 저렴한 수소로 천연가스로부터 얻는다. 천연가스를 고온·고압의 수증기에 반응시켜 불꽃에 함유된 수소를 추출하는 방식이다. 주로 석유화학이나 제철 공정에서 이 방법을 활용한다. 현재 수소 생산량의 대부분인 96%가 이 방법으로 얻어진다. 문제는 이 과정에서 발생하는 이산화탄소다. 천연가스의 추출 과정에서도 이산화탄소를 발생시키지만, 수소를 만드는 과정에서도 많은 이산화탄소를 발생시키는 것이다.

블루수소

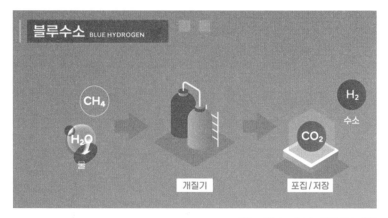

$CH_4 + 2H_2O \rightarrow CO_2$는 포집, H_2는 배출

블루수소는 그레이수소를 생산하는 과정에서 나오는 이산화탄소를 포집·저장하는 방법으로 이산화탄소 배출을 줄여서 얻은 수소다.

그린수소

$2H_2O \rightarrow 2H_2 + O_2$

태양열이나 풍력과 같은 신재생에너지를 사용해 얻은 전기로 물을 분해해서 수소와 산소를 얻는 방법이다. 이 수전해 방법은 수소와 산소만 생산하기에 이산화탄소를 발생시키지 않는다.

수소의 과제, 인프라

EU와 같이 천연가스 파이프라인이 잘 구축된 나라에선 이 파이프라인을 이용해 수소를 기업과 도시에 보낼 수 있다. 하지만 한국의 경우 수소의 생성과 이송, 보관과 소비의 과정마다 수소 재처리 공정을 해야 한다. 에너지 변환 과정이 많아지고, 이에 따라 비용이 상승한다. 사실상 규모의 경제가 불가능한 에너지라는 것이다.

우선 수소를 한국에 가져오려면 수소를 액화시킨 형태로 가져오거나 천연가스를 활용해 생성한 수소를 다시 액화시켜야 한다. 수소(H)는 원자번호 1번이다. 철강도 수소를 가둘 수 없다. 특수 제작한 용기에 일정한 압력비로 담아야 한다. 그런데 이 액화 공정에서 전력이 사용된다. 단 1㎏의 수소를 얻기 위해 30㎾의 전력을 사용해야 하는데, 이는 1,000톤짜리 유조선을 들여오기 위해 300톤을 연료로 사용하는 것과 같은 비율이다.

문제는 전력 낭비가 한 번에 그치지 않는다는 점이다. 수소의 기화를 어느 정도 막고 안전을 위해선 계속 콤프레션 기기를 이용해 전기로 압축을 지속해 줘야 한다. 그래도 수소의 기화는 막기 어렵다. 일례로 일본 정부는 호주의 그린수소를 국내로 수송한 적이 있었는데, 그 과정에서 액화수소의 50%가 기화되어 버렸다. 수소가스의 증발비율은 LNG보다 10배가량 높고, 천연가스 액화 비용 대비 4배 이상의 비용이 든다.

한국에서 수소를 생산하고 이송·보관·충전하는 데까지의 공정은 더 큰 비효율성을 안고 있다. 수소를 보관하기 위한 수소탱크가 비쌀 뿐더러, 700bar 수준의 압축 수소를 다시 충전소에서 보관하기 위해선 900bar 수준으로 압축을 유지해야 하는데, 이 과정에서 사용되는 탄소의 양이 만만치 않다. 수소를 생성하는 것이 아니라 단지 보관하기 위해 극도로 전력효율이 낮은 대형 냉장고가 돌아가야 하는 것이다.

아래는 태양광에서 얻어진 에너지로 수소와 전기차를 구동하기까지의 에너지 손실률을 나타낸 도표다. 물론 이마저도 에너지 생산에

초기 태양광에서 얻어진 에너지를 100이라고 했을 때

수소 차량

100		75		65		40		38
태양광 →		수소분해 →		압축/액화/운송 →		수소충전소 보관 →		충전 후 구동
○	−25%	○	−10%	○	−25%	○	−2%	○

전기 차량

100		95		85		80
태양광 →		그리드 →		배터리 충전 →		구동(80)
○	−5%	○	−10%	○	−5%	○

4차 산업시대 통합가치와 그랜드 리셋

필요한 설비비용, 배터리 비용과 운송비용, 충전소 설치비용 등을 모두 제외한 순수 에너지 손실만을 표현한 것이다.

그런데 위의 도표에서 간과하기 쉬운 점은 바로 '생산시간'이라는 개념이다. 흐린 날과 일몰 이후엔 태양광 에너지를 생산할 수 없다. 그리고 수소 에너지로의 전환은 기업과 가정에서 사용하고 남은 에너지를 사용할 때에만 의미가 있다. 현재의 기술력으로 수소 에너지의 효율은 38%에 지나지 않는다.

여기에 설비비용은 더욱 비싸다. 차량용으로 상용화된 수소용 배터리와 용기의 가격도 웬만한 소형 승용차 가격이다. 현대 NEXO에 들어가는 수소탱크 하나의 가격이 300만 원이다. 차량 하부에 3개가 장착되니 900만 원. 이에 더해 2개의 수소배터리가 4,700만 원이다. 결국 수소라는 에너지를 차량용으로 보관 · 전환하는 데에만 5,600만 원을 쓰는 셈이다.

수소 분해에 사용되는 촉매제가 값비싼 백금이라는 점도 문제다. 현재 대체 촉매제 개발을 서두르고 있지만 아직까진 백금만큼의 효율을 보이진 못하고 있다. 여기에 수소의 생성과 이동, 충전을 위한 보관 유지비용을 더하면 현재로서 수소는 배보다 배꼽이 더 큰 이상한 연료일 수밖에 없다.

수소차량은 전기차에 비해 충전 시간이 짧고, 1회 충전으로 600㎞ 주행이 가능하며, 주행 중 배출되는 것은 오직 물이라는 장점을 가지고 있다. 그럼에도 불구하고 현재 수소차량이 보편화되지 않는 이유는 수소 충전소를 비롯한 생산과 보관, 운송 인프라가 구축되지 않았기 때문인데, 인프라가 부족한 이유는 너무나 많은 재원이 필요하기 때문이다. 정부가 천문학적인 예산을 들여 보조금을 지급해야만 보편화될 수 있다.

기존 인프라 활용이 탄소제로라는 e-fuel 전략

그래서 EU를 비롯한 미국, 독일, 중국 등은 기존의 인프라를 활용하는 방안을 모색하고 있다. 수소 인프라에 드는 비용이 만만치 않고, 무엇보다 이 과정에서 새롭게 발생하는 탄소배출량이 너무나 많다는 점이다. 그래서 청정수소를 뽑아내는 데에만 집중할 것이 아니라 수소에 질소와 이산화탄소를 첨가한 합성연료를 이용해 이미 구축되어 있는 내연기관 인프라를 그대로 활용하자는 주장이다.

이를 '일렉트로 퓨얼(electro fuel)'이라 하며, 줄여서 '이퓨얼'이라고 부른다. 이퓨얼은 물을 전기분해해서 얻은 수소에 이산화탄소, 질소 등을 합성하여 만드는 합성연료다. 이산화탄소를 합성할 경우 e-메탄올, e-가솔린, e-디젤 등이 생성되고, 질소를 합성할 경우 e-암모니아가 생성된다. 태양광·풍력 등에서 얻은 전기로 수전해하여 수소를 얻은 후 대기 중의 이산화탄소와 질소를 포집해 사용하면 기존의 인프라를 그대로 활용할 수 있다는 장점이 있다. 적어도 수소 인프라를 구축하기 위한 기술 혁신이 오기 전까지는 이 연료로 탄소중립을 유지하면서 시간을 벌자는 전략이다.

중국은 연간 6만 배럴을 생산할 수 있는 e-fuel 공장을 건설하고 있

4차 산업시대 통합가치와 그랜드 리셋

고, 폭스바겐은 2015년에 액화석유 공장을 칠레 푼타아레나스에 건설했다. 풍력발전을 이용해 물을 분해하고 여기서 얻은 수소에 이산화탄소를 첨가해 e-fuel을 만들고 있다. 페라리도 합류했다. 페라리는 연간 5억 5천만 리터 생산을 목표로 공장을 건설하고 있고, 호주와 미국, 독일 역시 국가의 전략적 에너지원으로 눈독을 들이고 있다. e-fuel 전략에 찬성하는 이들은 이 합성연료야말로 가장 현실적인 친환경 정책이라고 주장하고 있다.

지난 세기 반복된 선전으로 인해 은연중에 내연기관이 환경오염의 주범이라는 인식이 확산되었다. 그런데 생각해 보면, 내연기관에는 죄가 없다. 문제는 연료의 점화 과정에서 배출되는 탄소가 문제라는 것인데, e-fuel은 제조의 특성상 대기 중의 이산화탄소를 포집해 투여해서 생산된다. 결국 e-fuel이 뱉어 내는 이산화탄소의 총량보다 더 많은 이산화탄소의 포집이 자연스럽게 이루어진다. 이야말로 선순환되는 탄소제로 공정이 아니냐는 주장이다. e-fuel을 사용할 경우 기존에 생산되었던 차량은 물론 주유소와 충전소, 석유 기반 공장 설비를 그대로 사용할 수 있다는 강점이 있다. 이 과정에서의 탄소 절감 효과도 크다.

가장 치명적인 단점은 수소만큼은 아니지만 이 에너지도 비싸다는 것이다. 필자가 보기에 'e-fuel 전략'은 완벽한 수소 시대로 가기 위한 징검다리 정도의 역할이 아닐까 생각한다. 이렇듯 청정에는 많은 돈이 든다. 수소도 비싸고 합성연료 또한 비싸다.

2021년 11월, 미국 바이든 행정부는 청정수소 산업을 위해 95억 달러를 투자하는 법안(초당적 인프라 법안, Bipartisan Infrastructure Law)을 통과시켰다. 그린수소 생성 프로그램에 10억 달러, 운송과 보관을 위한 수소 허브에 80억 달러, 수소 생산과 재활용 기술에 5억 달러를 투자한다. 청정수소의 생산비용을 10년 이내에 1kg당 1달러 수준으로 낮추기 위해 2,800만 달러를 투자하고 있다.

독일은 수소 선도국가답게 2020년에 이미 '국가 수소 전략'을 세워 이를 실행하는 국가수소이사회(National Hydrogen Council)를 창설했다. 수소에 대한 접근 역시 디테일하다. 에너지 자원으로서의 수소 생산, 그리고 저장매체로서의 보관과 운송, 직접 생산해서 즉시 이용하는 산업 에너지로서의 수소, 제철과 암모니아 제조 등의 화학 공정에서 사용하는 수소, 이렇게 4개의 분야를 테마로 하고 있다. 수소 생산 비용을 1kg당 4달러 수준까지 낮출 경우 수송에너지의 50%, 기업용 에너지의 70%를 사용하겠다는 포부를 담고 있다. 무엇보다 이러한 기술 개발과 인프라를 통해 독일 자동차 산업의 경쟁력을 강화하겠다는 야심을 숨기지 않고 있다.

한국의 상황은 약간 기묘하다. 한국의 기업들은 수소배터리와 에너지 전환과 관련한 정상급 기술을 가지고 있지만, 국내 인프라는 매우 열악한 상황이다. 정부보다 앞서 기업이 수소 생태계를 구축하겠다고 공언하고 있다. 수소 생태계 구축을 위해 각 기업이 밝힌 투자금액은 SK이노베이션 18조 원, 현대차 12조 원, 포스코 11조 원, 롯데케미칼, 효성, 한화, 두산, 코오롱 등 2050년까지 모두 합쳐 48조 원 정도다.

기업끼리 상생하는 기업 간 수소 밸류 체인에 대한 구상도 현실화되고 있다. 포스코는 수소환원 제철소를 통해 철강 생산 과정에서 철 강과 물만 남겨 이를 현대차에 납품해 탄소비용을 절감하고 있고, 롯 데케미칼이 생산한 부생수소를 SK케미칼이 이용하고 다시 제2부생수 소를 생산해 판매하는 방식이다. 특히 SK이노베이션은 인천석유화학 단지에 수소의 생산·저장·유통·활용을 할 수 있는 밸류체인을 구 축하겠고 발표했다.

그런데 왜 세계 각국과 기업들은 앞다투어 효율이 떨어지는 비싼 수소 밸류체인에 집중하고 있는 것일까? 그들은 왜 수소를 국가 전략 으로 다루고 있는 것일까? 다음 장에서 확인해 보자.

4차 산업혁명의 시원, 녹색혁명

       4차 산업혁명이 이미 도래했다고 주장하는 학자들이 있는 반면, 아직 산업혁명이 요구하는 생산성의 비약적 향상이 도래하지 않았다고 주장하는 학자들도 많다. 지금까지의 산업혁명은 주로 생산수단의 혁명으로 생산력의 비약적 증가가 동반되었기 때문이다. 증기기관과 수력 활용 기계의 도입(1784)으로 인한 1차 산업혁명, 전기장치와 원동기, 컨베이어 벨트의 발명(1865~1900)으로 인한 2차 산업혁명(석유 혁명이라고도 한다), 인터넷을 이용한 첫 메시지의 발송(1969)으로 인한 3차 정보화 혁명 모두 생산력과 생산관계를 크게 변화시켰다.

    경제학자들은 아직까지 우리는 3차 산업혁명 시대에 살고 있다고 주장한다. 이런 주장은 지난 100년간의 각종 경제 지표로도 뒷받침되고 있다. 디지털의 등장만으로는 4차 산업혁명이 도래하진 않는다는 말이다. 그렇다면 진정한 4차 산업혁명의 시점은 언제일까? 필자는 인류 지능의 총합을 범용 AI가 뛰어넘는 지점(특이점)이라는 조건에 더해 에너지 혁명이 동반되어야 가능할 것이라고 본다.

에너지 혁명으로 값싸고 지속 가능한 에너지 생산이 가능해지고, AI와 로봇이 제조업 시스템을 재구축할 때 인류의 생산성은 비약적으로 향상될 것이다. 대부분의 과학기술자는 미래를 바꿀 에너지 혁명을 크게 3개로 지목한다. 바로 수소와 핵융합발전, 그리고 소형원자로다. 그리고 이 기술은 산유국 중심으로 편성되었던 에너지 밸류 체인을 재편할 것이 분명하다. 주요 선진국들이 이 산업에서 주도권을 쥐기 위해 천문학적인 예산을 투자하는 이유가 바로 여기에 있다.

전기에너지의 경우 인류는 수천 년 전부터 그 존재를 알았다. 하지만 지금과 같은 형태로 사용할 수 있게 된 연원은 1831년에 말굽자석에서 디스크를 회전시켜 전력을 발생시키는 실험에 성공한 것이 최초다. 거의 200년간의 연구에 따른 기술 축적의 결과다. 물의 전기분해를 통해 수소를 얻은 시점은 언제일까? 전력 생산 실험보다 앞선 1800년이었다. 그리고 수소 연료전기는 1969년 우주왕복선을 위한 연구에서 탄생했다.

하지만 인류는 수소 발견 이후에도 수소보다는 화석연료와 우라늄을 통해 전력을 얻길 원했다. 그것이 더 경제적이었기 때문이다. 모든 투자와 연구, 상용화된 기술이 여기에 집중된 이유가 있다. 현재 화석연료에서 생산되는 전기가 싼 이유는 200년 이상 인류가 전기 에너지 인프라에 투자해 규모의 경제를 달성했기 때문이기도 하다.

가령 서울 시민 1천만 명이 사용할 인프라를 건설하는 경우와 시골 오지 5가구에 전력을 공급하기 위해 철탑과 전력을 설치할 경우의 전기요금을 계산하면 답이 나온다. 그래서 각국 정부와 과학자들은 현재 수소에너지가 비싼 이유를 수소 그 자체의 문제로 보지 않는다. 수소 에너지가 비싼 이유는 기술 개발에 필요한 적극적인 투자와 규모의 경제를 달성할 수 있는 수요를 확보하지 못했기 때문이라고 인식하는 것이다.

수소 관련 연구진들은 국가와 기업, 주주들의 투자가 지속된다면 전기차량의 상용화 수준을 따라잡을 수 있을 것으로 낙관한다. 현재 EU에서 분석한 1㎏당 수소의 생산 비용은 그레이수소의 경우 1.5유로, 블루수소는 2유로, 그린수소의 경우 5.5 유로다. 과학기술 투자와 인프라 구축으로 이 금액을 화석연료 수준으로 낮출 것을 목표로 하고 있다.

하지만 과학기술의 발전이 꼭 인류의 의지대로만 실현되는 것은 아니다. 현재 가장 보편적으로 사용하고 있는 배터리는 1836년 이후 개량은 있었을지언정 재료와 작동 원리에는 변함이 없다. 근 200년 된 기술이다. 자동차의 타이어나 비행기와 차량 내연기관의 원리도 마찬가지다. 근본적인 혁신은 전구에서 LED로의 전환과 같은 것이다.

'그린'이 규제가 되는 시점, 2030년의 RE100

2022년 5월, 주한미국상공회의소는 한국 정부에 한 통의 공문을 보냈다. 내용은 현재 한국 정부의 재생에너지 확대 계획은 불충분하다는 것이다. 현재 정부는 2030년 기준 신재생에너지 비중을 21.5%로 설정했는데, 이는 이전 정부의 온실가스 감축계획인 31.4%에 비해 9%가량 줄어든 계획이다. 이에 주한미국상공회의소는 2030년까지 재생에너지 사용 비중을 30%~35%로 확대하는 계획으로 재설정할 것을 촉구했다.

같은 해 3월, 영국의 연구기관 엠머(EMBBER) 역시 《국제 전력 리뷰 2022》를 통해 2021년 기준, 세계 풍력·태양광 발전 비중은 10.3%지만 한국은 겨우 4.7%라며 정부의 정책적 전환을 촉구했다. 덴마크의 재생에너지 전력 비중은 50%, 독일과 이탈리아는 40%를 상회하고 있고 중국, 몽골, 베트남, 헝가리 등의 나라 역시 세계 평균 수준인 10% 수준에 합류했다. 주목할 점은 중국과 인도네시아의 경우 재생에너지 비중은 평균 수준이지만, 생산된 재생에너지 전력량은 미국을 뛰어넘었다는 점이다.

2020년 기준 중국은 29만 5426KTOE(Kilo Tan Of Energy: 석유 환산 킬로그램 단위)를 생산했고, 인도네시아 20만 7723KTOE, 미국은 17만 4468만KTOE를 생산했다. 한국은 단순 생산량으로 보면 세계 46위로 6만 KTOE 수준이다. 이에 반해 독일은 2030년 재생에너지의 비중을 기존의 70%에서 80%까지 확대하겠다고 발표했다. 러·우 전쟁의 여파로 인해 흔들리는 에너지 주권을 재생에너지로 시급히 교정하겠다는 의지다. 재생에너지 비중을 결정적으로 확대하겠다는 정책은 이미 OECD를 비롯한 주요국들의 확고한 추세다.

2013년부터 건설된 전력설비 시장은 태양광과 풍력이 최대 비중을 차지하는데, 2021년 건설된 세계 신규 발전소 용량 364GW 중 태양광, 풍력이 75%(272GW)이다. 수력, 지열, 바이오에너지까지 하면 86%가 재생에너지다. 나머지 중 대부분은 가스발전소이며 원전은 1%가 안 된다. 세계 시장이 완전히 변하고 있다. 이에 비해 한국은 갈 길이 멀다. 탄소 배출을 감시하는 글로벌 단체들이 "한국은 플라스틱 쓰레기 재활용과 분리수거에서는 세계 최고 수준이지만, 재생에너지 부분에선 세계 최하위"라고 입을 모으는 이유가 여기에 있다.

특히 산업용 전력에서 재생에너지의 비중을 늘리는 것은 국제적 추세인데, 문제는 이것이 단순히 지구온난화를 늦추기 위한 선의의 약속만은 아니라는 점이다. 기업용 전기를 2050년까지 100% 재생에너지로만 사용하겠다는 다국적 기업들의 협약인 'RE100'[14]은 이제 무역 장벽으로 작동하고 있다.

RE100 협약을 했던 기업들은 대부분 한국 기업과 경쟁하는 기업들이다. 애플, 인텔, 구글, 이케아, 지엠(GM), 베엠베(BMW), 이케아를 비롯해 367곳이며 삼성전자에 이어 SK, 현대차도 RE100에 동참했다. 이 중 글로벌 기업 가운데 61개 사는 이미 95%에 달하는 에너지 전환을 이뤄 냈고, 100% 이행 기업도 나오고 있다.

흥미로운 현상은 이러한 글로벌 기업들이 2050이 아닌 2030년까지

· · ·

14 연간 100GWh 이상 사용하는 전력 다소비 기업들이 2014년 영국 기후그룹(The Climate Group)과 탄소 공개 프로젝트(Carbon Disclosure Project)가 제시한 탄소 절감 프로젝트. RE100에 따라 2050년까지 100% 재생에너지 비중을 확대하겠다는 기업은 2022년 현재 376곳이다.

4차 산업시대 통합가치와 그랜드 리셋

로 이행 속도를 앞당기자고 제안하고 있다는 점이다. RE100에 가입하면 2030년까지 60%, 2040년 90%를 실행해야 하는데, 계획을 제출하고 매년 이행 실적과 관련한 증명서를 제출해야 한다. 이를 이행하지 못하면 가입 자격이 박탈된다. 국내 유수의 기업들은 RE100에 가입해 그 지위를 유지하고자 한다. 미국과 유럽에 진출한 삼성의 해외 반도체 공장에서는 이미 100%를 달성하고 있다.

EU는 지나치게 많은 전기를 소모하는 고해상도 TV 수입을 제한하거나 탄소연료로 제작된 상품의 통관을 거부하거나 높은 관세를 부과하겠다고 나서고 있다. EU는 2023년부터 탄소국경제도를 적용해 EU 기업과 거래하는 모든 기업들에게 의무적으로 탄소 발생 수치를 신고하게 하고, 이 수치에 따라 관세를 부과하는 법안을 의결한다.

탄소국경조정(CBAM, Carbon Border Adjustment Mechanism) 조치가 실행되어 한국과 EU 탄소가격의 격차를 최대치로 가정할 경우 철강에서 9.7%, 알루미늄에서 7.1%의 관세 부과 효과가 나타난다. 수출 감소 효과는 철강에서 20.6%, 알루미늄에서 21.9% 발생할 것이다. 우리나라 기업의 EU 수출 품목 중 시멘트 140만 달러, 비료 480만 달러, 철강 43억 달러, 알루미늄 5억 달러에 해당하는 물량이 이 관세 적용을 받게 될 것이다.

탄소중립 의무화는 단순히 무역장벽으로만 작동하지 않는다. 주요 선진국들의 투자가 재생에너지로 집중되면서 석탄·석유·천연가스와 같은 화석연료의 생산단가가 상승하고, 또 화석연료 생산 기업에 각종 조세 압력이 가중되면서 지속적인 상승세를 유지할 것이다.

그렇다고 해서 재생에너지와 관련한 규모의 경제가 쉽게 달성되기란 어렵다. 왜냐면 과거엔 효율이 낮은 태양과 패널도 사용이 가능했지만, 주요 선진국들은 이 재생에너지를 생산하는 재료에 대해서도 높은 수준의 효율을 기록하면서도 저탄소 재료로 사용할 것을 의무화하고 있기 때문이다. 또한 천연가스 가격의 상승은 농업용 질소비료의 원료인 암모니아 생산가를 높여 주요 곡물의 가격 역시 높이고 있다.

재생에너지 생산비가 상승하면서 늦게 투자하고 뛰어든 나라는 고통을 감내하면서 재생에너지 정책을 추진할 수밖에 없다. 재생에너지 투자와 수요 급증, 과학기술 향상으로 인한 경제적 효과를 '그린플레이션'이라고도 한다. 즉, 그린 산업에 대한 집중이 인플레이션을 증가시킨다는 것이다.

결국 친환경 재생에너지 산업은 ① 주요 선진국과 글로벌 기업들의 중진국 저지를 위한 강력한 무역장벽으로 작동할 것이고, ② 화석연료 기반의 그리드와 밸류 체인을 모두 재구축하게 강제할 것이며, ③ 4차 산업혁명 시대 가장 가치 높은 투자 종목이 될 것이며, ④ 중진국이나 우리나라와 같은 후위 주자에겐 지속적인 지출을 강요하는 고통의 여정이 될 것이다.

결론적으로 한국과 같은 그린에너지 후위국에게 재생에너지 산업이란 늦게 뛰어들면 뛰어들수록, 늦게 도착하면 할수록 막대한 손실을 감수해야 하는, 점점 뜨거워지고 있는 자갈길이다. 고통스럽더라도 지금 건너는 것이 5년 후, 10년 후보다는 훨씬 현명한 선택이 될 것이다.

늦은 혁신을
강한 혁신으로

앞서 살펴본 것처럼 한국의 재생에너지 사용 비중은 현저하게 낮은 수준이다. 그렇다면 미국과 EU 주요국들은 어떻게 재생에너지를 확대해 온 것일까?

우선 미국과 유럽의 재생에너지는 한국에 비해 무척 가격이 저렴하다. 지난 30년간 지속적으로 재생에너지 산업에 투자를 해 왔고, 그 결과 인프라가 비교적 탄탄하게 갖추어져 규모의 경제를 달성하게 된 것이다. 또한 천연가스 기반 설비가 한국과는 비교할 수 없을 만큼 잘 갖추어져 있다. 한국인이 사용하는 도시가스와는 달리 EU 대부분의 나라들은 파이프라인을 통해 가스를 공급받는다. 한국처럼 천연가스를 액화시켜 배에 실어 와 다시 발전소와 중계기지로 이송하는 비용이 들지 않는다.

이는 탄소연료에도 똑같이 적용된다. 또한 적은 기업과 가구에서 태양광 발전기와 풍력발전소 전력을 끌어들이는 것은 비효율적이지만, 마을 전체, 공단 전체에 이런 설비를 구축하면 비용을 절감할 수 있다. 여기에 재생에너지 사용에 따른 세금 공제 혜택을 더하면 결국 화석연료보다 싼 값에 재생에너지를 소비할 수 있다. 그래서 재생에너지 비중이 50%까지 육박하게 된 것이다.

전력망의 교체 시점도 큰 영향을 미쳤다. 한국과 달리 유럽과 미국은 1800년대부터 전기 송전망이 깔리기 시작했고, 이마저도 민간 발전소와 전력, 송전회사가 감당했다. 한국의 가정은 전력을 한국전력에서만 공급받지만, 미국과 유럽은 난립한 민간 전력회사를 선택할 수 있다. 매년 가격을 비교해서 더 좋은 업체를 선택하여 전기요금을 지불하는 것이다. 이런 송전 구조는 전력의 질을 크게 악화시켰고, 전국적인 전력망 재구축 사업을 불가능하게 만들었다.

현재 한국의 표준전압은 220V이지만, 미국은 120V를 사용한다. 220V의 전기 손실량이 110V보다 적고, 에너지 효율도 높은 데다 정전 사고도 훨씬 적다. 한국은 1973년부터 이 전력 교체 산업을 시작해서 2005년에 마무리했다. 세계 최고 품질의 전기를 사용하고, 최고 수준의 전자기기를 생산하게 된 것도 이와 무관치 않다. 그리고 이 그리드는 원자력과 화석연료를 이용한 발전소에서 도시에 잘 공급하기 위한 설비로 맞추어졌다.

이 시기, 미국과 유럽은 다른 에너지 전략을 선택했다. 그들의 전력망을 교체해야 할 시점인 1980년대에 재생에너지로 눈을 돌리기 시작

4차 산업시대 통합가치와 그랜드 리셋

했고, 우린 산업화를 위해 화석연료 기반의 에너지 정책을 가속했다.

제조업의 퇴조도 영향을 미쳤다. 한국은 전력을 많이 소비하는 반도체와 자동차, 선박, 석유화학 산업을 국가 주력산업으로 육성시켰지만, 그들은 더 높은 부가가치를 생산하는 하이테크 기업으로 발전한 것이다. 소프트웨어를 설계하고 반도체 칩과 인공지능을 연구하는 구글과 반도체 칩을 생산하는 삼성전자 중 누구의 전력 사용량이 많을까. 당연히 반도체다.

그래서 일부 전문가들은 재생에너지와 관련한 국제협약에 OECD 주요 선진국과 기업이 동참하고 있는 것을 곱게만 보지 않는다. 과거 엄청난 자원을 채굴해 탄소를 배출하며 성장한 그들이 이제 기술력과 자본력, 그리고 산업 재구축을 통해 전력 소모량이 적은 생태계를 만든 이후에 재생에너지를 이용해 무역장벽을 강화하려 한다는 것이다. 흔히 말하는 '사다리 걷어차기' 아니냐는 것이다.

하지만 이런 볼멘소리가 통할 리 없다. 당장 기후재난은 전례 없는 수준으로 각국을 덮치고 있고, 이젠 탄소 배출과 지구온난화가 관련 없다는 유사 과학계의 헛소리에 누구도 귀를 기울이지 않고 있기 때문이다.

교토삼굴(狡兔三窟)의 지혜를 구할 때

한국 역시 거대한 혁신에 따른 고통을 감수해야 한다. 한국은 제조업 강국이다. 제조업이 강하다는 것은 금융위기와 인플레이션으로 인한 충격에 대한 흡수력이 있다는 뜻이다. 하지만 아무리 제조업이 강해도 제조업을 움직이는 원료의 거의 전량을 수입에 의존하는 조건에선 이 제조업 특유의 강점이 오히려 심각한 약점으로 작동한다. 한국은 유가 상승으로 가장 큰 타격을 입는 나라가 되었다. 기름값이 오르면 원자재 가격이 모두 오르고 곧바로 기업의 경쟁력 약화, 무역수지 적자로 이어진다.

이처럼 재생에너지는 나라의 에너지 안보, 무역수지 관리와도 밀접히 연관되어 있다. 일례로 2022년 5월, 한국의 경우 러·우 전쟁으로 천연가스와 원유가격이 급격히 오르자 정부와 기업이 나서서 필사적으로 사재기를 한 적이 있다. 그리고 상반기 무역수지 적자의 상당 부분은 이 연료비용이었다.

이렇듯 재생에너지를 통한 에너지 자립도는 나라 경제에 직접적인 영향을 미친다. 지금은 판타지에 불과하지만 2023년 에너지 자립도가 50% 수준만 되어도 한국이 받는 경제 타격은 훨씬 덜할 것이 분명하다. 힘들게 번 돈을 단번에 유가와 환율 방어에 소비해야 하는 가장 큰 이유가 바로 에너지 자립도 문제 때문이다.

교토삼굴(狡免三窟), 영리한 토끼는 출구를 3개 판다는 말이다. 교토삼굴은 에너지 전략에도 그대로 적용되고 있다. 에너지 투자 선진국들은 수소에만 집중하지 않는다. 과학기술의 발전이 결국 수소의 경제성을 달성하지 못할 때를 대비해 대체 에너지 개발과 기존 기술의 혁신에도 집중하고 있다. 그들은 원자력과 수력, 태양광, 천연가스,

4차 산업시대 통합가치와 그랜드 리셋

그레이 수소를 모두 사용한다.

흥미로운 점은 미국과 프랑스의 경우 원전의 전력도 녹색으로 분류하며, 원전과 관련한 기술 투자기업에 대해선 공제 혜택까지 주고 있다는 점이다. UN 상임이사국이자 EU의 핵심 멤버인 프랑스와 미국의 원전 의존도는 세계에서도 매우 높은 수준이다. 그들은 현재 소요 전력의 75%를 원전에 의존하고 있다. 애초 2025년까지 원전 발전 비중을 50%까지 줄이겠다고 공언했지만, 러·우 전쟁으로 에너지 안보가 위협받자 원전의 폐기 시점을 2035년으로 늦췄다. 한국의 원전 밀집도는 세계 5위이며 의존도는 13위다.

중요한 것은 그들의 방향성이다. 원전을 사용하지만, 점차 재생 에너지의 비중을 높이려 하고, 실제로 그 성과도 나타나고 있다는 점이다. 러·우 전쟁이 프랑스에만 위협이 되었을 리 없다. 미국과 북유럽의 산유국을 제외하면 모두 심각한 압박을 받고 있다. 전력 요금을 50% 인상하고, 샤워 시간과 난방 온도까지 정부가 직접 나서 줄여 줄 것을 호소하고 있다.

그런데 이 에너지 위기에 대한 대응은 과거 에너지로의 회기가 아니었다. 프랑스를 제외하면 EU 대부분의 나라는 기존 계획보다

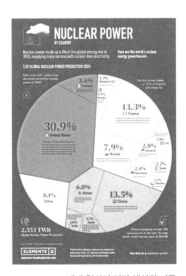

세계 원전의 전력 생산량 비중

더 앞당겨 재생에너지 비중을 높이려 하고 있다. 중요한 건 그들이 탄소 절감을 위해 선택한 전략이 바로 '에너지 믹스'라는 것이다. 풍력과 태양광, 원자력, 천연가스, 그레이 수소를 모두 사용하며 연착륙을 준비하고 있다.

2022년 가장 더운 여름을 지낸 영국은 탄소중립 실현의 해법으로 '혁신형 소형 모듈 원자로' 개발을 공표했다. 원자력은 제어되지 못할 경우 인류에게 매우 위험한 에너지다. 그러나 동시에 원자력은 폐기물 처리 과정을 제외하면 현존하는 에너지 공급원 중 가장 효율적이고 청정하다. 원자력 에너지의 원료인 우라늄 1kg이 만들 수 있는 에너지는 석유 200만 리터, 석탄 3,000톤에 달하며 풍력 에너지와 더불어 가장 적은 탄소를 배출한다.

지속성 면에서도 원자력은 초기 건설비용을 제외한 발전 비용이 모든 에너지원 중 가장 낮다. 그래서 IPCC, IEA, UNECE, OECD 등 세계적인 기구들도 장기적인 탄소중립을 위해서는 원자력 에너지가 필요하다는 데 동의하고 있다. 2022년 2월, 환경적으로 지속 가능한 경제 활동의 범위를 정한 EU의 '그린 텍소노미(Green Taxonomy)'에 천연가스와 원전이 포함된 것도 이런 사정이 있기 때문이다.

한국의 경우 재생에너지와 원전에 대한 논의가 지나치게 정치화되었다는 점을 부인하기 어렵다. 제주에서 생산된 해상 풍력발전 전력이 상당수는 버려지고, 전라도 들판에 깔린 태양광은 수요가 없어서 또 버려진다. 제주도에는 대규모 산업단지가 없고, 전남 산업단지가 몰려 있는 광양이나 여수로 보내기엔 송전설비에 들어가는 돈이 너무 많다. 제주의 재생에너지 최대 수용 용량은 572㎿인데, 2021년 기준 현재 태양광은 464㎿, 풍력은 295㎿가 설치됐다. 이미 최대 수용 용량보다 30%나 많다.

전기의 단점 중 하나는 수요량과 공급량이 일치해야 한다는 점이다. 더 많이 생산되어 전압이 높아져도 송전시설이 망가지고 그 반대의 경우도 마찬가지다. 결국 초과 전력이 발생하지 않도록 전력망을 끊거나 설비 가동을 멈춰야 한다. 2022년에만 제주는 60회에 달하는 셧다운 조치를 취해야만 했다.

원전은 한국 사회에서 진영 투쟁의 소재로만 활용되었지, 진지한 토론이나 사회적 숙의를 끌어내지 못하고 있다. 원래 요란한 이슈의 내막은 초라한 법이다. 사용연한이 지난 원전을 계속 사용할 것인지, 고쳐서 사용할 것인지를 두고 '탈원전과 친원전' 진영으로 갈라 싸운 것이다. 실사구시가 빠진 정책은 반드시 후과가 따르게 마련이다.

어떤 정부가 들어서도 결국 부딪히는 문제는 현실적인 2030 전략이 무엇이냐 하는 것이다. 에너지 자립도를 올리고 재생에너지 사용 비중을 혁신적으로 높일 수 방법은 무엇인지, 만약 원전을 더 짓겠다면 안전성과 주민 동의를 어떻게 확보할 것인지, 방사물 폐기물 시설하나를 짓는 데 10년간 지역 소요가 일어나는 한국에서 방패장과 원전, 원전 폐기연료 시설을 어떻게 해야 확보할 수 있는지를 토론해야 한다.

특히 재생에너지 인프라 구축에는 생각보다 많은 돈이 든다. 태양광 패널과 풍력발전기 설치가 문제가 아니다. 송전선로의 확보와 수요와 공급 격차에 따른 손실률이 결국은 모두 돈이다. 현재 편중되고 있는 재생에너지 공급망을 어떻게 재편할 것인지 등과 같은 이슈가 이제는 국민의 밥상 위에 올라와야 할 때다.

과학은 인류를
구원할 것인가

2019년 호주 전역을 태워 버린 6개월간의 산불과 아프리카와 중국, 파키스탄의 대홍수, 2020년 미국을 강타했던 쌍둥이 허리케인과 한국 홍수 모두 2019년에 벌어진 바다의 온도 상승으로 인한 것이었다. 바다는 대기의 온도상승분의 90% 이상을 흡수하며 탄소를 저장한다. 수증기와 바람은 국경을 가리지 않는다. 탄소를 누가 더 배출했건 뜨거워진 바다는 수천 톤의 물 폭탄을 쏟아붓고, 그 반대쪽엔 온 대륙을 태우는 불지옥을 선사하는 것이다.

전문가들은 현재 극단적인 수준으로 탄소배출을 줄여도 바닷물의 온도를 낮출 순 없을 것이라고 보고 있다. 그들은 다만 아슬아슬하게 버티고 있는 남극의 빙하가 단번에 녹아 전 대륙의 해수면을 3m 이상 올리는 재앙만은 비껴갈 수 있기를 기도한다고 말한다.

4차 산업시대 통합가치와 그랜드 리셋

한국은 사계절이 뚜렷해 기후위기를 여름과 가을의 태풍 정도로만 인식하는 경향이 있다. 겨울엔 세계 그 어느 곳보다 춥고, 여름엔 더웠으니까. 하지만 북극해 주변의 나라와 히말라야 주변국, 아프리카 킬리만자로, 폭염으로 많은 사상자를 낸 유럽과 미국의 경우 체감이 우리와 다르다. 만년설이 녹고, 북극해를 덮었던 설원이 진창과 모기, 박테리아 구덩이로 변모한 모습을 목도한 주민들은 충격에 휩싸였다.

현재 지구는 히로시마에 투하된 원폭 같은 규모의 폭발이 1초에 4~5개, 하루로 치면 43만 2,000개의 핵폭탄 위력에 버금가는 규모로 열에너지를 매년 흡수하고 있는 상황이며, 심지어 이는 매년 증가하고 있는 추세이다. 이러한 지구의 온도 상승으로 기후가 점점 더워지는 현상이 바로 '지구온난화'이며 그 주범이 바로 인간이 배출하는 '온실가스'다.

2021년 기준 전 세계의 온실가스 배출량은 약 400억 톤에 이른다. 녹아내리고 있는 남극의 빙하지대를 아슬아슬하게 붙잡고 있는 '스웨이트 빙하'마저 붕괴될 경우, 기후재난은 현실이 될 것이다. 기후 연구자들이 "이러다간 모두 죽는다. 제발 내 말을 들어라!"고 시위하며 울부짖는 이유가 여기에 있다. 2030년, 2050년이 아니라 당장 현실성 있는 대책을 UN에서 논의해야 한다는 것이다.

낙관론자들은 과학기술의 발전이 인류를 구원할지도 모른다고 말한다. 탄소 포집기술의 발전으로 화석연료의 탄소 배출을 줄이는 것. 기존의 태양광 에너지의 효율을 높이는 것에 더해 핵융합발전에 큰 기대를 걸고 있다. 네덜란드 스타트업 기업인 라이트이어(Lightyear)는 세계 최초의 태양광 자동차 상용화를 앞두고 있다.

'라이트이어 0'는 차량 지붕에 장착된 패널을 통해 하루에 70㎞를 주행할 수 있고 일반 가정용 콘센트로 충전이 가능하다. 라이트이어의 전략은 충전소와 추가 배터리의 장착이 필요 없는 전기차다. 미래에는 더 많은 전기차가 생산될 것이고 더 많은 충전소와 고성능 배터리를 요구하게 될 텐데, 결국 이는 탄소배출로 이어질 수밖에 없다는 논리.

기존의 내연기관을 계속 활용해야 한다는 주장도 나오고 있다. 이 전략은 전통적인 내연차 강국이 즐비한 EU와 독일, 중국, 미국 등의 자동차회사들이 준비하고 있다. 석탄에서 추출한 석탄 합성 석유(CTL, Coal To Liquid)를 사용하자는 것인데, 이미 에너지 시장에선 꽤 중요한 이슈가 되고 있다.

사실 CTL의 역사는 꽤 오래되었다. 2차 세계대전을 일으키기 전에 독일은 지난 1차 대전의 실패 원인을 곱씹었는데, 자신들의 패인을 연합군의 봉쇄로 인한 석유 부족과 보급 실패라고 규정했다. 그래서 1923년 프란츠피셔가 개발한 석탄액화연료에서 그 답을 찾았다. 1944년 독일은 6천 5백만 톤의 액화석유를 생산해 사용했고, 전후에 이 기술로 생산을 담당했던 남아프리카공화국이 계속 생산했다. 물론 처음엔 글로벌 석유회사의 견제 등으로 인해 이 연료는 비교적 높은 세금의 굴레에 갇혀 있어야 했지만 이후 확산되어 수송 연료 수요량의 30%를 차지할 정도로 성장했고, 무엇보다 액화 과정에서 배출되는 온

실가스를 최소화하는 데에도 성공했다.

사실 석탄과 석유의 주성분은 동일하다. 다만 석유의 수소 비율이 13%인 데 반해 석탄은 5% 이하다. 그래서 수소를 첨가하면 석유와 유사한 효율을 낸다. 그리고 고압을 이용해 추출하는 과정에서 중유와 섞어 촉매제를 사용하면 휘발유 수준의 성능을 발휘한다. 천연가스에서도 추출할 수 있다.

현재 주로 선박용으로 사용하고 있는 질 낮은 중유, 즉 벙커C유에 비해 훨씬 청정한 에너지다. 국제 해사기구에선 이런 이유로 벙커C유 대신 CTL 사용을 의무화하는 방향으로 선회하고 있다. 그린수소에는 미치지 않지만, 그래도 재래의 연료보다 탄소를 절감할 방안이라는 점, 이미 재고로 비축하고 있는 석탄을 더욱 친환경적으로 바꿔서 사용할 수 있다는 점에서 이점이 있다.

꺼지지 않는 영원의 불꽃, 핵융합발전

"우린 이미 값싸고 깨끗한, 영원히 타오르는 핵융합발전소를 가지고 있다."

바로 태양을 두고 하는 말이다. 인류에게 남은 마지막 선물. 기후변화를 멈추고 부국과 빈국의 격차를 줄이고, 가난한 자도 에너지를 마음껏 사용할 수 있는, 그래서 인류의 생산성을 역대 최고 수준으로 끌어올릴 수 있는 마법의 사건이 펼쳐진다면 그건 아마도 '핵융합발전의 상용화'일 것이다. 거대한 인공태양의 구현이야말로 인류의 문명을 영원히 바꿀 기적의 혁신 아닐까?

핵융합발전은 태양에서 일어나는 핵융합 반응을 지상에서 일으켜 전기에너지를 얻는 기술이다. 핵융합이 에너지를 발생시키는 원리는 핵분열과 정반대다. 태양처럼 1억 도가 넘는 온도와 높은 압력에서는 수소 원자핵이 서로 융합해 무거운 헬륨 원자핵으로 바뀐다. 이때 줄어드는 질량만큼 엄청난 에너지가 방출되며, 이를 이용해 전기를 생산하는 발전이다. 원자력 발전의 핵분열 기술과 달리 방사능 노출 위험이 적고 핵분열보다 안전하다. 그 원료 또한 바닷물의 중수소와 리튬에서 얻는 삼중수소다.

이 기술이 상용화된다면, 300만t의 석탄을 이용해 만드는 에너지를 100kg의 중수소와 3t의 리튬만으로 생산할 수 있다. 핵융합 연료 1g으로 석유 8t에 해당하는 에너지 생산이 가능한데, 욕조 2분의 1 분량의 바닷물에서 추출할 수 있는 중수소와 노트북 배터리 하나에 들어가는 리튬 양만으로 한 사람이 30년간 사용할 수 있는 전기를 생산할 수 있다.

미국, 독일, 영국, 한국, 프랑스, 호주, 일본, 중국 등이 이 분야에 대한 연구를 선도하고 있고 2025년엔 '국제핵융합실험로(ITER) 프로젝트'가 시작된다. 이 프로젝트는 사상 최대의 국제 공동 연구개발 사업으로 우리나라를 비롯하여 미국, 러시아, 중국, 인도, 일본 그리고 유럽연합 등 7개국이 참여했다. 민간 기업들의 경쟁도 치열하다. 한국과 미국은 이 분야에서 독보적인 기술력을 자랑하고 있다.

2022년 10월 한국핵융합에너지연구원은 인공 핵융합발전기를 이용해 1억 도 초고온 이온을 이용한 플라즈마 안정 상태를 30초 동안 유지하는 데 성공했고, 미국도 2달 후 세계 최초로 레이저를 이용한 핵융합 방식으로 투입 에너지에 비해 더 많은 에너지를 생산하는 데 성공했다. 범용화의 가능성이 비로소 열린 것이다. 과학기술에서 놀라운 발명은 한 우물만 판다고 나오지 않는다. 100개의 연구 중 하나의 연구에서 답을 얻어 전진하는 것이 과학기술의 특성이다.

한국 연구원들의 논문은 네이처에 실렸고, 세계 핵융합 과학자들의 흥분이 이어졌다. 30초 성공이 별것 아닌 것처럼 보이지만, 30초가 300초가 되고, 300초가 30분이 되는 순간 24시간 가동도 현실화될 수 있기 때문이다. 연구진은 이 성과를 두고 "핵융합 연구는 산이 아닌 사막을 걷는 일과 같은데, 이번 연구는 사막의 방향을 알 수 있는 나침반을 얻은 것"이라고 밝혔다. 다시 말해 지금까지는 광활한 사막을 아무리 열심히 걸어도 나침반이 없어 언제 죽을지 모르는 연구였다면, 이제 지도를 손에 쥐었다는 말이다. 지도가 있다는 것은 결국 시간의 차이만 있을 뿐 결국 도착하게 될 것이라는 말이다.

한국만이 앞서가고 있는 것은 아니다. 구글은 인공지능 딥 마인드를 활용해 플라즈마 1억 도 유지 프로그램을 개발하고 있고, 영국 옥스퍼드의 핵융합 연구 기업인 '퍼스트 라이트 퓨전'은 딱총새우가 순간적인 충격으로 공기버블(압력)을 발생시키는 것에서 영감을 얻어 작은 동전 크기의 발사체를 발사해 연료 펠릿과 충돌시켜 압력과 온도를 방출시키는 기술을 개발했다. 거대한 초전도 자석이 필요 없고 초고온 플라스마를 어렵게 유지할 필요도 없다. 다만 30초에 한 번씩 지속적으로 연료 팰릿과 충돌시켜 에너지를 얻어야 한다.

　만약 1억 도의 플라즈마를 지속하는 기술을 개발하는 기업이 탄생한다면, 이 기업은 인류 역사상 가장 높은 가치를 가진 기업들의 시가총액을 모두 보잘것없이 만들 것이다. 새로운 에너지를 개발하고, 재생에너지를 확대하는 과정에서 세계는 근본적인 패러다임의 변화를 맞을 것이다. 무엇보다 과거 화석연료를 기반으로 했던 지정학적 패권과 군사적 충돌, 동맹전략 등은 종식될 것이다. 지하와 해저에 묻혀 있는 천연가스와 석유, 석탄을 확보하기 위해 식민 전쟁을 일으키고 군사력을 이용해 타국의 유전을 자국 기업에게 넘기는 것과 같은 행태는 사라질 것이다.

　태양과 바람, 중수소는 세계 어느 곳에서든 존재한다. 거대한 발전소에서 기업과 가정으로 전력을 보내기 위해 깔았던 낡은 그리드는 지역 분산형으로 바뀔 것이다. 이웃들은 전기를 공유하고 정부와 지자체는 남는 전기를 나누기 위한 인프라를 확대할 것이다. 유럽과 같은 인접국이 밀집한 대륙에선 기상 상황에 따라 국가별로 재생에너지 전력을 공유하는 움직임도 활발해지고 있다.

　재생에너지는 본질적으로 공유와 분산, 확대했을 때 그 가치가 있다. 구름이 잔뜩 낀 나라에 화창한 나라의 태양광 전력이 공급되고, 다음 주엔 바람 좋은 나라의 전력이 비 내리는 나라에 전력을 나눠 주는 방식인데, 이것은 지역사회에 그대로 적용할 수 있다. 대부분의 선진국은 이러한 변화를 위해 인프라를 2030년까지는 재편하고 2050년엔 탄소제로를 실현하려 하고 있다.

2030년까지는 7년이 남았다. 인류 역사에서 짧은 기간의 집중에 따른 혁신이 나라의 미래를 영원히 바꾸는 계기가 되었던 전례는 많이 있다. 인터넷, IT 혁명과 반도체, 플랫폼 경제가 태동했던 1980년대가 바로 그런 시점이었다. 당시 실리콘밸리에서 태동했던 기업들이 지금 글로벌 하이테크 산업을 주도하고 있다.

그린에너지 밸류 체인을 두고 경합하는 지금이 바로 1980년대의 실리콘밸리와 같다. 한국이 집중하고 혁신해야 하는 이유다. 이는 단순히 먹고사는 문제가 아니다. 인류의 영속과 후대의 안전, 지구생태계와의 공생을 위한 가치 있는 일이기도 하다. 이제 그린 에너지와 관련한 과학기술 혁신은 인류 전체를 위한 과업이 되었다.

6장

교육, 정치, 문화 모두 바꿔야

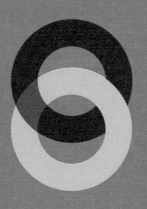

Grand Reset

한국의 교육 경쟁력과 혁신

한국의 교육 낭비, 매해 인적 자원 낭비로 이어져

사람이 유일한 자원인 대한민국의 고질적인 문제는 역시 교육이다. 3조 7천억 원이 넘는 연간 사교육비용은 차지하고서라도 내용으로 들어가면 문제는 더욱 심각하다. 한국의 교육 경쟁력은 일본, 싱가포르, 아일랜드 등 비슷한 규모의 국가들에 비교해 상대적으로 떨어질 뿐만 아니라 국가 경쟁력보다도 떨어지는 것으로 나오고 있다.

2014년 스위스 국제경영개발연구원(IMD)의 〈국가 경쟁력 보고서〉를 보면, 한국의 교육 부문 경쟁력 순위는 조사 대상 55개 국가 가운데 2004년 38위(종합순위 31위), 2008년 35위(31위), 2014년 31위(26위)이다. 비슷한 규모의 다른 국가들과 비교해서 상대적으로 떨어질 뿐만 아니라 2004년 이후 교육 경쟁력은 우리나라 국가 경쟁력보다 늘 하위에 머물고 있다. 특히 "대학과 기업 간의 지식 이전, 과학연구에 대한 법률 지원" 분야는 최하위 수준에 머물렀다. 유일한 강점은 고등학생 수학 실력이었다. 수학 실력은 이후의 국제기구의 조사에서도 마찬가지였다.

IMF가 밝힌 한국의 국가 경쟁력은 2018년 25위에서 2021년 23위로 성장했지만, 교육 경쟁력은 거꾸로 27위에서 30위로 떨어졌다. 그나마 GDP 대비 R&D 투자 비율을 주요 지표 중 하나로 넣었기에 이 순위가 나온 것이다. 이 중 대학교육 경쟁력은 64개국 중 47위로 나타났다.

글로벌 대학평가기관인 영국 QS(QS World University Rankings)는 학계 평가, 교수 1인당 논문의 피인용 횟수, 외국인 교수 비율과 학생 비율, 고용주 평판 등을 기준으로 대학을 평가한다. QS에 따르면 2021년 글로벌 300위 내에 드는 한국 대학의 수는 OECD 최하위로 9개에 불과했다(미국 59개 대학, 영국 34개, 독일 15개, 중국 14개, 일본 11개, 프랑스 9개).

네이처와 사이언스 논문을 게재한 대학 순위에선 더 극명한 차이를 보였다(미국 98개 대학, 독일 29개, 영국 27개, 중국 18개, 프랑스 12개, 일본 12개, 한국 5개). 기업이 바라본 졸업생에 대한 평가나 졸업생이 바라본 교수에 대한 평가 역시 최하위권을 기록하였으며, 외국인 교수 비율은 비교할 수 없는 수준의 꼴등이었다. 한국의 과학기술을 견인했던 동력이 '유학파'에서 나왔다는 전문가들의 지적에 수긍이 갈 수밖에 없는 대목이다.

국가 경쟁력의 원천은 자원 또는 대학과 기업에서 나오는 혁신 기술이다. 한국의 교육 문제를 말하자면 한도 끝도 없다. 핵심만 간추리자면 필자의 견해는 이렇다. 우선 한국은 단 한 번도 국민들의 총의를 모아 '백년지대계'를 기획한 적이 없다.

취약한 국가 경쟁력을 강화하기 위해 핀란드가 교육 관련 전문가를 모두 모아 기획하고 이를 국민에게 설명하고 승인받는 과정을 거쳐 초당적·초정파적 국가교육의 기틀을 잡는 데에 성공했다면, 한국은 대통령의 철학과 방향에 따라 5년마다 갈대처럼 흔들린다. 학부모는 자녀의 미래를 결정짓는 입시 정책이 바뀌는 것을 끔찍이 싫어한다. 그래서 시간이 지날수록 근본적인 개혁을 하지 못하는 영역이 입시제도다.

한국 교육 문제의 본질은 무엇일까? 간단하게 원인을 진단하자면 입시제도다. 그런데 조금 더 깊은 곳을 바라보자. 교육 문제의 본질은 세계 최고의 청소년 자살률이다. 좋은 대학을 가지 못하면 삼류 인생을 살게 된다는 오래된 겁박과 불나방처럼 한곳으로만 달려드는 학부모의 열망, 기괴하게 만들어진 입시제도, 거기에 더해 대학 졸업장이 없으면 언감생심 입사 지원을 할 생각조차 하지 못하게 만드는 기업 풍토까지 더해져 청소년을 한쪽으로만 내몰고 있다.

매해 고등학교 졸업자 중 71%가 대학을 간다. 비정상적인 수치다. 세상에는 대학 교육이 반드시 필요한 분야가 있지만 그렇지 않은 분야가 더 많은 법이다. 어느 나라나 엘리트가 사회의 중요한 요직에 앉아

4차 산업시대 통합가치와 그랜드 리셋

능력을 발휘하곤 한다. 하지만 거의 모든 국민이 자식의 좋은 대학 입학을 열망하고, 전 사회가 대학 졸업자만을 위해 편제된 사회는 이 지구상 어디에도 없다.

사농공상(士農工商)이라는 성리학적 가치관이 아직도 힘을 발휘하는 것일까? 이렇듯 한국의 교육 문제는 단순히 입시만을 주목해선 그 답을 찾기 어렵다. 하지만 입시제도는 엉킨 실타래를 푸는 첫 단추가 될 수도 있다.

수능 자질이 아닌 수능 기술자를 뽑는 대학

입시제도의 가장 큰 문제는 주요 명문대를 기준으로 출제된다는 점이다. 즉, 작은 점수 차로 대학과 과가 바뀌는 주요 명문대의 특성을 출제 경향에 그대로 반영한다. 1등에서 100등까지 수험생을 줄 세우기 위해 변별력 확보를 그 목표로 한다.

출제 경향이 이렇게 되면 고등학교 역시 여기에 복무할 수밖에 없다. 수학적 사고방식이나 가능성보다는 문제 풀이에 능한 학생만을 양성하게 된다. 이로 인해 실질적인 수리 능력과 수학적 관념 대신 선행학습과 빠르게 풀이하는 방법만을 가르치는 사교육 시장에 학부모가 의존할 수밖에 없는 구조적 모순을 고착시켰다.

여기에 '논술'이라는 이름으로 수학과 논리를 섞어 놓은 문제는 해외 전문가들도 혀를 내두를 정도의 난이도를 자랑한다. 공교육에 배정된 시간 동안 이를 소화할 수 없는 것이 당연하다. 고등학교 2학년부터 교실은 대학에 갈 학생, 그리고 선행학습을 한 아이 중심으로 운영된다. 문제는 이런 능력이 실제 수학(修學) 능력과 일치하지 않으며, 기업과 국가 경쟁력 강화에도 전혀 도움이 되지 않는다는 점이다.

이렇게 양성된 학생들이 대학에 가선 제대로 공부할까? 실제 서울의 명문대에서 늘 선두권에 서며 열심히 공부한다는 말을 듣던 학생이, 미국 주요 대학에 가서 거의 공황 상태에서 1년을 헤맸다는 회고를 많이 한다. 한국에선 적당히 과제를 제출해도 학점 적당히 주고, 또 학점 후하게 주는 교수들 수업은 늘 만석이다. 학생을 제대로 교육시키겠다고 세계적 수준의 학습량과 과제를 요구하는 교수들의 수업은 이듬해 폐강되기 일쑤다. 학생들이 수강 신청을 하지 않기 때문이다.

미국 주요 대학에선 이런 방법이 통하지 않는다. 매주 수십 권을 책을 읽고 매주 리포터를 제출하며 토론해야 한다. 토론할 때 자기주장이 없거나, 책을 소화하지 못해 이론적 근거가 빈약한 주장을 하는 학생은 참혹한 성적을 받게 된다. 교수가 토론 과정에서 학생들의 발언을 체크하며 점수를 매기기 때문이다. 한국에선 학생들에게 고등학교 시절이 지옥이고 대학이 그나마 느슨한 자유를 만끽할 수 있는 여유의 공간이라면, 미국은 정반대다. 대학은 당연히 그래야 한다는 역사적 전통이 있다.

아이비리그나 명문 주립대학 연구팀의 연구 결과가 세계적 학술지에 실리고, 기업이 해당 기술을 위해 투자하는 것은 미국에선 어색한 일이 아니다. 중국의 유학파들이 고국으로 돌아와 자국의 대학 교육을 이러한 시스템으로 변화시키는 데 거의 30년이 걸렸다. 더는 연구하지 않고 논문을 쓰지 않는 교수를 실제 학자로 인정하지 않는 분위기가 형성되었다.

한국은 어떠한가. 10년 전에 서울대, 고려대, 연세대 등의 주요 대학에선 세기적 석학을 교수로 영입하는 붐이 불었었다. 연봉 등의 조건도 괜찮았기에 꿈을 품고 한국에 온 외국인 교수들은 2년도 버티지 못하고 다시 본국으로 돌아갔다. 그들이 밝힌 이유는 대부분 2가지였다. 우선 한국의 대학에선 교수들이 연구 대신 '정치'에 열중하며 학문적 토론이나 협력 연구를 진행할 수 없는 분위기라는 것. 그리고 한국 학생들은 교과 필수 서적조차 제대로 읽지 않을 정도로 공부를 안 한다는 점이었다. 한마디로 질려서 돌아간 것이다. 그래서 자신도 한국의 대학에 있다간 도태되겠다는 불안감에 다시 짐을 꾸려 본국의 교수 자리를 알아보게 되었다는 이야기다.

이화여대에서 진화생물학을 가르치고 있는 최재천 교수는 서울대학교를 나와 펜실베이니아주립대학교과 하버드대학교에서 생물학 석·박사를 이수한 학자다. 그가 한 매체의 인터뷰를 통해 한국 대학의 현실에 대해 토로한 내용이 흥미롭다.

자신의 수업은 팀별 협력을 통해 과제를 수행해야 하고, 야외로 나가 탐사하고 책을 읽고 리포트를 꼬박꼬박 제출해야 하는 등 학생들에겐 만만치 않은 수업으로 소문이 났다고 한다. 그 결과 자신의 수업은 신청자 부족으로 폐강되었고 앞으로도 그 결과를 자신할 수 없을 것 같다고 말한다. 신학기를 앞두고 학점을 쉽게 딸 수 있는 학과를 듣기 위해 학생들은 수백 대 일의 경쟁을 하지만, 학문의 본령에 오르기 위

6장 · 교육, 정치, 문화 모두 바꿔야

한 공부의 과정엔 학생들이 관심이 없기 때문이라고.

대학이 취업의 관문으로 전락한 현실을 보면서 자신은 주요 대기업들의 선발 기준에 의문을 품게 되었다고 한다. 왜 신입 사원을 토익 점수와 학점으로 뽑을까. 그저 좋은 학점을 얻기 위해 쉬운 방편을 마련하고 대학 시절 내내 토익 공부만 했던 졸업생이 정말 경쟁력이 있을까에 대해 대기업의 인사 담당자들은 고려하지 않는 것 같다고 말이다.

취업을 위한 수월성 교육의 함정

한국의 교육 경쟁력이 떨어지니 한국의 '전국경제인연합회'에선 정권이 바뀔 때마다 청와대에 주문을 넣는다. 핵심은 대학에서 배출된 인력이 기업이 요구하는 인재가 아니라는 것이다. 그렇다면 기업이 요구하는 인재상은 어떠한 모습일까? 현장에서 재교육할 필요 없이 입사 즉시 현장에 투입할 수 있는 유능한 경제 일꾼으로 키워 달라는 소리다.

예전에 이명박 대통령 시절에도 '돈 되지 않는 학과'를 대폭 축소 또는 통폐합하고 4차 산업혁명을 준비할 융복합 학과를 개설하라는 정부의 지침이 있었다. 다시 말해 산업으로 연결되지 않는 인문 · 사회과학 · 자연과학 관련 학문을 줄이거나 산업과 관련 있는 이공대로 통폐합하라는 압력이었다. 생물학과는 생물이 아닌 바이오 제약과 융합하고, 넓은 분야를 파야 하는 생명공학과보다는 줄기세포 생물학과로 재편하면 지원금을 내려 주겠다는 것이었다.

이후 박근혜 대통령 시절인 2016년에는 '프라임 사업'이 있었다. 대학에서 인문사회 계열과 예체능 계열을 줄여서 이공계를 늘리면 3년간 최대 450억 원을 지원하겠다는 정부의 지침이었다. 그 결과는 어땠을까. 대학들은 이 사업에 선정되기 위해 통폐합과 폐과를 단행했다.

경희대학교에선 생활과학대와 호텔관광대를 합치자는 방안이 나왔고, 이화여대는 사학과, 한국어문학과, 중어언어문화학과를 제외한 모든 문과대 학과를 폐지하겠다고 밝혔다. 세종대학교는 기존의 산업디자인학과와 만화 애니메이션학과를 폐지하고 소프트웨어 융합대학(공대)에 창의 소프트웨어학부 디자인이노베이션 전공과 만화애니메이션 테크놀로지 전공 등으로 개편했다. 순수한 문과는 세상에 존재해선 안 될 학문으로 취급받았다.

그 결과 인문사회 계열 정원 2,500명, 자연과학 계열 정원 1,150명, 예체능 계열 정원 779명이 줄고, 공학 계열 정원이 4,429명 늘어 총 5,351명 규모의 대이동이 이뤄졌다. 3년 후에 이 프라임 사업을 받아들인 비수도권 대학들은 해당 학과들을 대부분 폐교해야 했다. 대학 지원금이 끊기고 미달이 속출하자 해당 학과를 유지할 수 있는 동력도 사라진 것이다.

'15만 반도체 일꾼 양성론'과 다른 접근이긴 하지만 모두 같은 목적성을 노골적으로 보이고 있다. 산업 경쟁력 강화에 대학의 기여도를 높이기 위한 전략이었을 것이다. 전경련의 주장은 대학의 기능과 역할을 산업인력 육성에 초점을 맞추자는 것이다.

이는 절반은 맞고 절반은 틀린 말이다. 당장 4차 산업혁명 주력 산업인 인공지능, 드론, 빅 데이터, 로봇, 정보통신과 같은 산학연계를 통해서만이 발전할 수 있는 학문은 그렇게 되는 것이 좋을 것이다. 하지만 소재와 바이오의 경우, 기초과학의 발전 없이는 성취가 불가능한 영역이다.

2019년 12월에 코로나19 감염이 시작되었고, 2020년 12월에 화이자 백신 접종이 승인되었다. 1년이라는 시간 안에 3상까지 마친 백신이 개발되었기에 사람들은 백신 개발이 무척 빠르다고 착각한다. 하지만 바이오 관련 화학자들은 2020년의 백신 접종은 인류가 만든 기적 중의 하나라고 평한다. 백신 개발엔 최소 3년이 소요되는 것이 보통이기 때문이다.

교육 혁명,
사회적 합의부터 모아야

2019년 종군위안부 배상 합의 문제로 일본은 한국에 반도체 관련 핵심 소재를 금수조치했다. 물론 일부 소재의 경우 국산화를 재촉하는 기회로 작용했지만, 90% 정도의 소재는 아직 국산화가 어려운 실정이다. 그도 그럴 것이 반도체 소재와 장비의 경우 30년 이상의 연구 결과 얻어 낸 축적물이기 때문이다. 2022년 현재 일본의 과학 분야 노벨상 수상자는 물리학상 11명, 화학상 8명, 생리의학상 5명으로 총 24명이다. 세계 5위의 비과학 분야까지 합치면 30명이다.

일본 노벨상의 산실로도 불리는 '이화학(理化學)연구소'만 하더라도 1917년에 설립돼 100년을 훌쩍 넘는 역사를 자랑한다. 1960년대에 미국에 유학생을 대거 파견했고, 1970년대부터는 기초과학 분야에 집중하기 시작했다. 1990년대 초에는 '과학기술기본법'을 제정하고 5년에 한 번씩 '과학기술 기본계획'을 책정해 과학 육성을 집중 지원해 왔다. 2001년에는 과학기술기본계획을 수립했는데 그 계획은 앞으로 "50년간 투자해 30명의 노벨과학상을 수상할 정도"로 기초과학 분야를 단단히 다지겠다는 것이었다.

2002년 노벨화학상을 수상했던 일본의 다나카 고이치는 시마즈 제작소(연구소) 출신으로, 200번이 넘는 실패와 시행착오 끝에 그야말로 우연한 기회에 '레이저를 이용한 거대분자 이온화(이탈 측정법)'를 발견해 수상했다. 2014년 노벨물리학상을 수상한 나카무라 슈지는 작은 지방중소기업인 니치아화학공업(日亜化学工業) 개발과에 입사해 10여 년간 홀로 분투하다 500번이 넘는 시행착오 끝에 청색 LED 개발에 성공했다. 세계 유수 연구기관과 대기업에선 27년이나 연구에 실패해 20세기 안에는 불가능하다고 했던 기술이었다.

2022년 네이처에서 발표한 《한 · 중 · 일 연구성과 지표》에 따르면 2015년부터 2021년까지 중국은 급격한 우상향 그래프를 그리며 일본과 한국을 멀리 따돌려 성과지표 18,863p를 기록한 반면, 일본은 2,703p, 한국은 1,451p 수준에서 변함없이 맴돌고 있다. 중국과는 무려 10배 이상의 차이를 보일 뿐 아니라, 일본과도 격차를 좁히지 못하고 있다.

과학의 세계에서 '세상에 없던 것'은 단기간의 노력으로 나오지 않는다. 대부분은 백만분의 1의 확률로 '발견'되고 후속 연구를 통해 '혁신'된다. 성공한 기술 뒤엔 실패한 90%의 땀이 분명히 존재하는 것이다. 돈도 중요하지만 결국은 시간이다. 시행착오를 수천수만 번 해도 연구를 지속할 수 있도록 기다려 줄 수 있는 기업문화와 장기간 지원하되 간섭하지 않는 정부 정책이 있었기에 가능했다.

그런데 5년마다 정권이 바뀌는 데다 바뀐 정부는 이전 정부의 정책과 방향을 죄다 '청산'하려고만 하는 한국에서 이런 장기적이고 근원적인 교육의 혁신이 가능할까? 더 중요한 문제는 문민정부 등장 이후 30년이 지나는 동안 교육의 본질적인 내용에 대해선 교육개혁이 단한 차례도 이뤄지지 않았다는 점에 있다.

교육의 목적과 방법, 이를 실현하기 위한 수단에 대한 합의가 단 한번도 없었다. 매번 바뀌는 것은 입시제도에서 정시와 수시의 비율 등에 대한 것이다. 국가가 교육 혁신의 주도권을 상실하면 결국 시장이 교육을 끌고 간다. 시장은 언뜻 효율적으로 보이나 사람의 옥석을 가려보지 못하고, 무엇보다 시장 안에는 청소년의 꿈과 행복과 같은 단어 따위가 개입할 여지가 없다.

적어도 교육만큼은 여야나 보수 진보와 관련 없이 거국적으로 전문가들을 모아 국민적 합의를 모을 수 있는 50년 계획을 내놓아야 한다. 권위주의 정치를 하는 중국이 10년마다 한 번씩 정권이 바뀌어도 중앙위와 정부 부처와 성장(城長)에 고급기술관료(테크노라트)를 등용하고 있는 현실을 봐야 한다.

30년 전에 '도광양회(韜光養晦: 실력을 감추고 참고 기다림)'를 표명했던 그들은 15년 전엔 '대국굴기(大国崛起: 큰 나라가 떨쳐 일어남)'의 뜻을 세웠고, 10년 전인 2012년엔 시진핑 총서기는 '중국몽(中國夢: 위대한 중화민족의 부흥)'을 공표했다. 그리고 2022년 당 대회에선 과학기술 패권 경쟁에서 미국에게 절대 밀리지 않겠다는 의사를 분명히 했다. 군(軍) 인사를 제외한 중앙위원회 인사의 과반 이상을 과학기술 관료로 채운 것이다.

이는 2012년에 공표했던 '중국제조 2025'를 차질 없이 실현하겠다는 뜻으로도 해석할 수 있다. 이 계획은 앞에서도 설명했지만, 2035년엔 제조 강국 일본과 독일을 추월하고 2049년까지는 미국을 꺾어 세계 제조 최강국의 자리에 올라서겠다는 선언이다. 세계 패권을 놓고 경쟁하는 미국과 중국, 두 나라 모두 국가 경쟁력 혁신의 첫걸음을 과학기술 교육으로 잡고 있다는 점을 주목해야 한다.

중등 교육이 입시 교육으로 전락할 때

그런데 중국공산당의 이런 야심 찬 계획의 발목을 잡을 수 있는 불안 요소가 있으니 다름 아닌 중등 교육 문제다. 중국의 명문대는 이미 세계적 수준의 교육 경쟁력을 확보하고 있다. 칭화대학, 베이징대학, 푸단대학, 상해교통대학, 저장대학, 남경대학 등에 입학하기를 희망하는 도심지 학생들의 교육 역량은 한국을 추월한 지 오래다.

하지만 농촌 지역의 중등 교육은 사정이 다르다. 중국판 호적제로 불리는 '후커우(戶口)제도'로 인해 농촌 지역의 학생들이 도심지 명문 고등학교에 다니는 것이 불가능하다. 개혁개방 이후 상당수의 농부는 돈벌이를 위해 도시에 가서 농민공이 되었는데, 그들의 임금으로는 자식을 정상적으로 교육시킬 수 없다. 현재 중국의 제조업 노동자들

4차 산업시대 통합가치와 그랜드 리셋

의 실질임금은 매해 지속해서 하락하고 있다. 투입되는 인력에 비해 중국을 벗어나는 기업들이 더 많기 때문이다.

이래저래 농민공의 자녀들은 학교를 포기하고 플랫폼 시장으로 편입된다. 중학교·고등학교 교육의 질이 너무 떨어져 농촌 지역에서의 공부가 미래에 도움이 되지 않는다는 현실적인 판단도 있다. 그래서일까, 중국 농촌 지역의 중등 교육 이탈률은 40%를 넘어섰다. 중국 당국의 코로나 봉쇄 정책으로 이런 경향성은 더욱 증가할 것으로 보인다. 학교에 가는 것보다 당장 생활비를 버는 것이 더 중요한 일이 된 것이다.

중국이 노동집약형 저임금 저숙련 기술 기반의 경제로 유지된다면 큰 문제가 아니겠지만, 중국제조 2025와 같은 계획을 달성하려면 높은 수준의 대학 교육을 지탱할 수 있는 중등 교육 강화가 필수다. 중국의 사례에서 우리는 도농 간의 양극화가 교육에 미치는 영향을 확인할 수 있다.

물론 한국의 사정은 전혀 다르다. 일반적으로 개발도상국이 중진국으로 성장하는 데는 큰 어려움이 없다. 하지만 중진국에서 선진국으로 진입하는 것은 차원이 다르다. 고부가가치 산업으로의 재편 과정에서 필연적으로 우수한 과학기술 인재가 필요하다. 무엇보다 기술 설비에 대한 투자가 과잉투자가 아닌 성장으로 이어질 수 있는 기술 경쟁력을 확보해야 한다. 임금 상승에 따른 경쟁력 약화를 기술 경쟁력으로 만회할 수 있어야 한다.

많은 중진국이 구조조정을 단행하고 새로운 산업에 투자하지만 모두가 성공하는 것은 아니다. 한국이 소위 말하는 중진국의 덫에서 벗어나 1인당 국민소득 3만 5천 달러의 선진국으로 진입하게 된 원동력이 80년대의 '3저호황(저달러·저금리·저유가)'과 교육에 있었다는 사실은 자타가 공인하는 바다.

한국은 1984년 중등 교육 의무화를 실시했다. 2021년 기준 중학교 취학률 98.2%, 고등학교 취학률은 91.4%로 OECD 국가 평균보다 높고, 고등 교육 이수율은 OECD 국가 중 정상이다. 대학교 진학률은 71.5%로 말할 것도 없다. 공교육에 대한 투자금액 역시 GDP 대비 OECD 평균을 기록하고 있다.

하지만 이것은 어디까지나 과거의 이야기일 뿐이다. 2022년 과학기술정책연구원에 따르면, 한국의 이공계 대학원 규모는 2025년부터 본격 하락해 석·박사 과정 규모는 2050년을 전후로 현재의 절반 수준이 되고, 졸업자 수 역시 2030년을 전후로 2만 명 미만으로 하락할 것이라고 한다. 인구 감소에 따른 취학 인구 감소와 국내 이공계 일자리 부족 문제로 인해 수준급의 영재들이 해외로 유출되고 있는 현상은 현재진행형이다.

학교는 인재 벌목장인가

문제는 세상의 변화를 중등 공교육이 따라가지 못하고 있다는 데 있다. 그리고 앞서 언급했던 대학입시제도는 중등 공교육을 기괴하게 만들고 있을 뿐이다. 고등학교의 교과 과정은 너무나 방대한 분야를 짧은 시간 내에 학생들에게 '주입'시키지 않고서는 한정된 시간 내에 학습시키기란 불가능하게 구성되어 있다.

결국 고등학교 2학년부터 학생들은 학원 등에서 선행학습을 하지 않으면 단원을 전혀 이해할 수 없는 지경이 되며, 학교는 2가지 선택을 한다. 선행학습을 통해 따라올 수 있는 학생만을 대상으로 진도를 올리든가, 대학 입시와 상관없이 역사적 근원과 원리적 이해를 돕는 것 말이다. 학교에서 배운 적이 없는 내용이 출제되는 것도 비상식적이지만, 출제위원들은 '변별성'을 위해 어쩔 수 없다는 태도를 보인다.

이렇게 짧은 시간에 어렵고 많은 문제를 풀어야 하는 입시제도는 필연적으로 암기와 주입식 교육 방식을 강제하게 된다. 암기와 주입식이 모두 나쁜 것은 아니다. 하지만 암기와 주입은 원리적 이해와 지식의 연쇄적인 축적 과정과 동반되었을 때 비로소 큰 힘을 발휘한다.

가령 행성의 운동법칙을 규명한 케플러의 법칙은 총 3가지다. 제1법칙은 행성이 태양을 초점으로 타원 궤도로 공전한다는 것이고, 제2법칙은 행성의 속도와 동경이 그리는 넓이의 곱이 항상 일정하다는 것이다. 마지막 제3 법칙은 행성 공전주기의 제곱은 공전궤도 긴 반지름의 세제곱에 비례한다는 것이다. 케플러의 법칙은 간명한 수학공식으로 정립되었기에 외우기 쉽다.

태양 중심의 우주론을 강화했다는 이 법칙을 토대로 수학논술과 물리 과목에서 출제된 모의고사 문제들이 많다. 케플러 법칙을 단순히 외울 수도 있지만, 단순히 외워서는 약간이라도 변형된 문제에 대응하기란 불가능하다. 간단하게라도 케플러가 답을 얻기 위해 시도했던 생각의 흐름을 따라가서 계산해 보지 않으면 입증하기란 불가능하다. 그리고 케플러가 풀어낸 그 고단한 연산을 따라가지 않고서는 만유인력의 법칙을 증명하기란 더더욱 불가능하다. 이 과정을 따라간 학생과 그저 암기한 학생이 접하게 되는 이론물리학의 세계는 분명 다를 것이다.

2004년 한 연구진은 고등학생들이 이미 배운 화씨($^\circ$F)와 섭씨($^\circ$C)에 대해 간단한 문제를 냈다. 물론 화씨와 섭씨의 변환공식을 암기해서 적용하면 어렵지 않다.

$$^\circ F = ^\circ C \times 9/5 + 32$$
$$^\circ C = (^\circ F - 32) \times 5/9$$

연구진이 교실에 찾아간 날은 모의고사가 한참이나 지난 어느 날이었다. 공식을 암기하고 있는 학생들은 거의 없었다. 사실 연구진은 궁금했던 것은 공식의 암기 여부가 아니었다. 기본적인 개념을 알려 주면 학생들이 논리적 연산을 통해 해당 공식을 도출할 수 있는지가 궁금했던 것이다. 즉 과학에서의 '증명'을 위한 고단함과 즐거움을 알려 주고자 한 것. 연구진은 어느점과 끓는점을 기준으로 섭씨는 100분위한 것이고 화씨가 180등분했으며 각 어느점은 0°C, 32°F라고 칠판에 썼다.

하지만 이를 증명해 낸 학생은 단 한 명도 없었다. 강남 8학군 고등학교에서의 일이다. 학생들이 총기가 없어서도 아니고, 선생님의 잘

4차 산업시대 통합가치와 그랜드 리셋

못도 아니다. 다만 섭씨를 고안한 셀리우스와 화씨의 파렌하이트를 설명할 시간도, 화씨와 섭씨의 상호 변환 과정을 공식 없이 계산할 이유도 없었기 때문이다. 과학적 사고는 증명을 위해 직접 계산하지 않고서는 생기지 않는다. 물리 시간에 이를 1시간 동안 풀어 가면서 설명할 수 있는 교수가 있을까?

한 복잡계 과학자는 프랑스의 중등 과정 한 교실에서 '수열(數列: 수를 규칙적으로 또는 불규칙으로 늘어놓고 순번을 붙임)'을 이해시키기 위해 3회에 걸쳐 게임 수업을 하는 것을 보고 왔다고 한다. 사실 수열도 함수의 규칙과 연산만 잘하면 푸는 건 어려운 일이 아니다. 하지만 교사는 수열이 실제 어떻게 활용되는지 그 원리에 대한 것을 체득하도록 하고자 했던 것이다. 과거 산업이 단순했을 경우 노동자에게도 단순한 연산 능력만이 필요했다. 하지만 이제는 수학적 추리 능력이 필요한 시대다.

'한국교육과정평가원'이 지난해 12월 펴낸《OECD 국제 학업성취도 평가 연구: PISA 2018 상위국 성취 특성 및 교육맥락변인과의 관계 분석보고서》를 보면, 연구진은 수학 영역 결과를 성취도가 높은 핀란드, 일본, 싱가포르, 에스토니아와 비교해 분석한 결과 "한국 학생은 실생활 맥락에서 문제를 이해하여 수학적으로 해석하는 데 어려움을 느끼고 있었다."고 지적했다.

한국의 수학 교육은 일제강점기 당시의 총독부 교육 정책에 의한 것으로 높은 과학적 사고 능력이 아닌 명령에 따라 '계산'만을 잘하도록 설계된 구성에서 크게 벗어나지 못하고 있다. 영어 문법의 경우, 이 문제는 더욱 심각하다. 일제강점기 시절의 커리큘럼이 지금까지도 그 명맥을 잇고 있다.

물론 반복 연산이 불필요한 것은 아니다. 국어 영역에서도 읽기와 쓰기를 반복할수록 원숙해지듯, 수학 역시 반복된 풀이 연습으로 인해 '수리 근육'이 형성될 수 있다. 반복은 결코 나쁜 교육이 아니다. 다만 이미 알고 있는 영역을 반복하게 해서 기본 점수(평균점)를 확보하도록 교육하는가, 아니면 교육의 본질인, 모르는 영역을 원리적으로 가르칠 것인가에 대한 교육철학과 입시 경향에 달려 있다.

원래 수능은 수학능력시험, 즉 대학에서 배울 수 있는 능력과 잠재력을 확인하기 위해 진행하는 시험이다. 그런데 이 수능이 능력과 잠재력을 가진 학생을 선발하기 위해서 존재한다고 믿는 사람은 거의 없다. 수능은 서울대와 명문사학 지망 수험생을 줄 세우기 위한 변별력 시험으로 전락했다는 비판을 받고 있다. 즉, 수학할 수 있는 능력이 아닌 완성된 학생을 선발하는 문턱이라는 것이다. 우수해선 원하는 학과에 들어갈 수 없고 완벽해야지만 합격할 수 있다. 결국 한두 개의 문제가 당락을 가른다. 다음은 논란이 되었던 2019년도 수능 문항이다.

오해 마시라. 물리 영역이 아닌 국어 영역 31번 문항이었다. 이 문제가 논란이 되었던 이유는 단순히 어렵다는 이유만은 아니었다. 물론 국어 과목은 국어로 구성된 문장에 대한 문해력 측정도 중요한 소양이다. 하지만 이 문제는 누가 보아도 이공계를 지원하는 수능생에게 절대적으로 유리한 문항이다. 과학과 수학에서 점수 차를 벌이기 위해 투자하는 이과 계열 상위권 수험생에게 '국어'라는 영역을 빌려

4차 산업시대 통합가치와 그랜드 리셋

31. <보기>를 참고할 때, [A]에 대한 이해로 적절하지 <u>않은</u> 것은? [3점]

<보 기>

구는 무한히 작은 부피 요소들로 이루어져 있다. 그 부피 요소들이 빈틈없이 한 겹으로 배열되어 구 껍질을 이루고, 그런 구 껍질들이 구의 중심 O 주위에 반지름을 달리 하며 양파처럼 겹겹이 싸여 구를 이룬다. 이때 부피 요소는 그것의 부피와 밀도를 곱한 값을 질량으로 갖는 질점으로 볼 수 있다.

(1) 같은 밀도의 부피 요소들이 하나의 구 껍질을 구성하면, 이 부피 요소들이 구 외부의 질점 P를 당기는 만유인력들의 총합은, 그 구 껍질과 동일한 질량을 갖는 질점이 그 구 껍질의 중심 O에서 P를 당기는 만유인력과 같다.

(2) (1)에서의 구 껍질들이 구를 구성할 때, 그 동심의 구 껍질들이 P를 당기는 만유인력들의 총합은, 그 구와 동일한 질량을 갖는 질점이 그 구의 중심 O에서 P를 당기는 만유인력과 같다.

(1), (2)에 의하면, 밀도가 균질하거나 구 대칭인 구를 구성하는 부피 요소들이 P를 당기는 만유인력들의 총합은, 그 구와 동일한 질량을 갖는 질점이 그 구의 중심 O에서 P를 당기는 만유인력과 같다.

2019년 수능 국어영역 31번 문항

점수를 준 것이나 마찬가지라는 비판이 있었다. 이 문항의 오답률은 무려 81.7%였고, 한국교육과정평가원장은 국민에게 사과해야만 했다.

세상을 지탱하는 것은 과학기술만이 아니다. 문학과 예술, 철학이 있기에 인류의 영혼이 잠들지 않고 깨어날 수 있다. 훌륭한 작가를 꿈꾸며 국문학과에 지원했던 수능생들에겐 꽤나 잔인한 문제였을 것이다. 이런 문항 몇 개가 가져오는 결과가 무엇일까? 수능 다음 날부터 입시학원은 문전성시를 이룬다. 특정 대학 특정 학과가 미래를 규정할 수도 있기 때문이고, 대부분 그 차이는 수능 문제 몇 개에서 갈라지기 때문이다.

산업화 시대의 교육과 4차 산업혁명의 교육은 달라야 한다

1970년대 후반까지 한국은 누가 봐도 '중진국의 덫'에 걸려 있던 나라였다. 이 중진국의 함정이라는 개념은 세계은행이 2006년 《아시아경제발전보고서》에서 처음 제기한 경제학 개념으로, 개발도상국이 중간소득국가(Middle income country) 단계에서 성장력을 상실하여 고소득국가(High income country)에 이르지 못하고 중진국에 머무르거나 저소득 국가로 후퇴하는 현상을 말한다. 개발도상국의 경우 학교를 건립하고 고속도로를 건립해 저임금 노동자를 동원하면 쉽게 경제성장률을 올릴 수 있다. 이를 '후진성의 이점(advantage of backwardness)'이라고 한다.

박정희 정권은 강압적으로 진행한 통폐합과 구조조정을 했고, 이를 통해 독일과 같은 제조업 강국으로 올라서길 원했다. 하지만 중화학공업에 대한 과잉투자는 1980년 초반까지 한국을 깊은 수렁으로 몰아넣었다. 한국의 경로를 똑같이 밟길 원했던 개발도상국들은 저임금 시장을 공략했고, 선진국의 기술 장벽은 높았다. 한국이 그나마 지탱할 수 있었던 힘은 농촌에서 끝없이 유입되었던 저임금 노동자와 힘을 통한 토지에 대한 강제수용 정책이었다.

1986년부터 이어진 3저 호황 정국에 일본 엔화의 고공행진으로 인해 반도체를 비롯한 첨단 기술을 도입할 수 있었다. 그리고 이 호황이 끝나던 시점에 중국이 WTO에 가입하면서 일본의 소재와 중국의 원자재 가공, 한국의 상품화라는 수출 공급 라인이 구축되었다. 혹자는 이런 한국의 성장을 '운'이라고 하지만, 이 운 역시 국가가 활용할 역량이 없었다면 불가능했을 것이기에 '운 역시 실력'이라고 말할 수 있다.

당시 한국 경제를 견인했던 자원들은 학교 교육을 통해 강도 높은 규율성과 규범을 익혔고, 특히 제조업의 경우 군대식 조직문화를 공장에 그대로 가져갔다. 32개월에 달하는 의무 복무가 국가의 생산성을 하락시킬 수 있었지만 산업현장에선 이를 강한 규율을 통한 노동 통제로 활용했다. 수재나 경제력이 있던 집안의 자제들은 서방으로 유학 갔고, 그들은 10년 후 고국으로 돌아와 강단과 현장에서 첨단산업의 마중물 역할을 했다.

2000년대까지 한국은 패스트 팔로어(fast follower), 즉 빠른 추격자 전략을 통해 성장했다. 타국이 선점한 첨단과학기술을 빨리 배워 선진국에 비해 저렴한 노동력과 중국의 원자재의 힘으로 추격할 수 있었다. 하지만 지금 한국은 1인당 GDP 35,000달러의 선두 주자다. 메모리 반도체와 조선, 이차 전지의 경우 이미 중국과의 기술 격차가 많이 따라잡혔고, 새로운 기술로 격차의 벽을 세우지 않으면 언제라도 추월당할 수 있는 위치에 있다. 일본의 잃어버린 30년의 시작이 절묘하게도 현재의 한국 상황과 닮았다.

1970~80년대의 교육이 훌륭한 산업역군을 생산해 내는 것이었다

면, 4차 산업시대가 요구하는 교육은 그때와 다르다. 모두가 입을 모아 4차 산업혁명 시대는 사람이 자본이고, 그 사람은 창의력과 응용력을 갖춘 인재라고 말한다. 그런데 그 창의력과 응용력은 어떻게 생길까? 학생들에게 집중할 수 있는 여건을 주고 긴장을 이완한 상태에서 생각할 수 있는 시간을 주며 돕는 것이다.

과거엔 CNC 기술이 최첨단 공정이었다면 지금은 코딩과 디스플레이, 전자통신, 로봇, 항공역학, 우주공학, 반도체가 첨단 기술이다. 한국 교육제도가 어느 한 고리를 혁신한다고 해결되는 일은 아닐 것이다. 그럼에도 가장 핵심적인 실타래가 있다면, 필자는 교원 역량의 재고라고 본다.

2000년대 초반 한국은 '핀란드 교육'에 흠뻑 빠진 적이 있었다. OECD의 국제학업성취도평가(PISA, Program for International Student Assessment)는 3년에 한 번씩 치러지는 평가시험인데 읽기와 수학, 과학적 능력을 측정해서 그 순위를 공개하고 있다. 그런데 늘 결과는 동일했다. 핀란드가 부동의 1위를 차지하는 것이다.

그런데 핀란드의 중등 교육 시간은 하루 4시간에 불과하고, 사교육이라는 개념은 아예 없다. 학교생활에 대한 만족감은 세계에서 가장 높은 수준이며, 교사에 대한 처우는 높고 사회적 평가와 존경심도 대단하다. 한국 역시 PISA에서 수위권을 달성하고 있었지만, 한국 사회가 투자한 역량에 비해서 핀란드는 훨씬 높은 효율로 성취를 얻어 내고 있었다.

핵심은 교육 철학이었다. 교사와 학부모, 교육 당국이 합의한 교육

원칙은 "뒤처진다고 학생을 포기하지 않는다."는 것이었다. 그래서 교사들은 정규 수업 시간이 끝나면 원하는 학생들에게 수준에 맞춰 1:1 과외를 하듯 다시 지도한다. 이 지도 과정을 거쳐 학기가 끝날 때는 OECD 평균 이상의 수준으로 학급 전체를 끌어올리게 된다.

우리나라 같으면 상상도 할 수 없는 일이다. 25명의 아이를 하나의 군집으로 보고 특정 수준을 강독해서 하향평준화시켜 전체를 따라오게 하든가 일정한 속도를 유지해서 학생 다수를 포기하게 만들든가 하는 둘 중 하나의 선택만이 남았을 것이다.

핀란드 학생들은 정규 수업 시간이 아니고 자율 선택임에도 불구하고 학생 중 3분의 1이 선생님과 1:1 방과 후 학습을 한다. 수업 속도를 따라갈 수 있게 된 학생은 이제 수업이 즐겁다. 그리고 정규 시간에도 학생들의 수준과 사고방식의 특성을 모두 알고 있는 선생님은 학생과 눈을 맞추며 맞춤형 해석을 보충한다.

핀란드 교육 혁명의 본질을 외형만 확인하고 돌아온 한국의 일부 교육자들은 "놀면서 공부하니 성과가 올랐다."거나 "협동하는 교육의 성과를 확인했다."며 수업 형태의 변화를 주장했다. 본질은 교원의 의지와 자질 문제다. 그리고 정부와 사회는 적어도 교육에 대한 영역에서는 투자를 미루지 않아야 한다.

핀란드의 사회적 합의는 단순히 제도에 있지 않았다. 교육철학을 합의했고 교사라는 직분을 놓고 노동자성을 운운하지 않아도 될 만큼 존중하고 대우하는 분위기가 정착되어 있었다. 교원의 수준도 높았다. 석사 이상의 교원만이 교단에 설 수 있고, 일정한 교수 능력을 확보하지 못하면 교원 자격을 지속할 수 없다. 이런 사회적 합의와 제도의 구축은 오랜 시간 교육 전문가들과 정부, 학부모 단체들이 모인 '위원회'에서 이루어진 것이다.

시간이 다소 걸리더라도 핀란드의 교육 혁명과 같이 유아에서 고등교육, 평생 교육의 전 과정을 정치권과 학계, 시민사회가 모여 재구축해야 한다. 그리고 그렇게 형성된 교육의 철학과 방향, 교원 양성의 기준과 교육 방식 등은 정권이 교체되어도 일관성 있게 추진되어야 한다. 한국은 인재들에게 천문학적인 사교육비를 지출하며 결과적으로 재능과 기회, 시간 모두를 허비하게 만들고 있다. 교육 자원 외에는 가진 것이 없는 나라가 인적 자원 경쟁에서 뒤처지면 20년 이상의 도태를 각오해야 할지도 모른다.

배제와 분리에서
통합과 생산의 정치문화로

2017년 영국의 교육전문잡지인 《더타임즈하이어에듀케이션(THE)》은 '2017 월드 다카데믹 서밋'을 앞두고 흥미로운 설문조사를 했다. 노벨수상자 50명에게 "인류가 멸망한다면 그 원인은 무엇일까?"를 물었다. 인류 최고의 능력자에게 인류 최대의 위협을 물은 것이다.

1위에서 3위까지의 전망은 쉽게 공감할 것이다. 그런데 공동 4위에 오른 테마가 흥미롭다. 인류 위기가 무지한 지도자와 진실을 왜곡하는 가짜 뉴스로 인해 올 수도 있다고 본 것이다. 굳이 미국 트럼프 전 대통령 지지자나 백인주의자를 떠올릴 필요가 없다. 한국에서 유통되는 가짜 뉴스의 범람만 보아도 이 현상이 사회와 세대의 극단적 증오심을 어떤 방식으로 부채질하는지 확인할 수 있다. 그리고 우린 2022

년 영국 트러스 당시 총리의 '감세 정책'이 영국 경제를 추락시키는 것을 보았다.

이는 비단 남 일이 아니다. 강원도지사의 강원랜드 지급 보증 파기로 인한 연쇄 작용을 보자. 채권시장이 흔들려 기업의 자금줄이 마르고 부동산 자산 가치는 더욱 붕괴시켰다. 자금줄이 막힌 기업들은 투자와 고용을 중단하기 시작했다. 일주일이 넘게 관망하던 정부 당국이 뒤늦게 50조 원을 쏟아부어도 시장을 불안을 잠재우지 못했다.

러시아의 푸틴은 일주일 안에 우크라이나의 키이우를 점령하고 크

노벨 수상자 50명이 답한 "인류 멸망의 원인"

순위	요인	이유
1	인구 증가와 환경 악화	빙하기 이후 가장 극적인 지구 환경의 급변
2	핵전쟁	북한 핵 위협으로 인한 핵전쟁
3	팬데믹	14세기 흑사병과 같은 인구 소멸
	인간성 상실	인종차별, 여성과 장애인 비해, 약자에 대한 폭력 등 인간 내면의 추악함
4	무지한 지도자	세계적 영향력을 가진 지도자의 무지와 맹신
	진실 왜곡	가짜 뉴스와 군중 선동으로 인한 정치 갈등
	테러리즘	테러 단체에게 핵무기, 생화학 무기가 쥐어진다면
5	불평등	극단적 양극화로 무력 분쟁과 사회 존립 위기
	AI	통제할 수 없는 잠재적 위협으로 판도라 상자
6	마약	인터넷으로 쉽게 살 수 있는 마약 유통
	페이스북	20억 명의 방대한 개인 데이터를 독점, 해킹 시 엄청난 피해

4차 산업시대 통합가치와 그랜드 리셋

림반도 남부 회랑을 모두 편입하겠다고 공언했지만, 10만 명에 달하는 사상자와 투입된 군인 중 3분의 1을 잃었다. 이제 누구도 러시아를 세계 3위의 군사대국이라고 믿지 않는다. 푸틴이 당긴 방아쇠는 유럽 전역에서 군비 지출을 늘리는 결과를 가져왔다.

의제 설정 능력을 잃어버린 정치

4차 산업혁명 시대에 정치의 역할은 과거와 비교할 수 없을 만큼 중요하다. 1990년대 이후 장벽 없는 교역과 이동의 자유로 '세계화'되었던 시절, 정치의 역할은 주로 기업을 지원하기 위해 타국과 협정을 맺거나 부의 분배를 통해 사회적 모순을 완화하는 데 있었다.

국제 관계에서도 기업이 개척자라면 정부는 후방의 원호자라는 인식이 강했다. 그래서 일부 정치학자들은 정치권력의 정의를 '자원 분배에 대한 결정권'이라고 말하기도 했다. 하지만 필자는 4차 산업혁명 시대 정치와 정치지도자의 역할은 사회적 의제를 옳게 설정하고 사회적 통합을 끌어내 국가 역량을 집중하는 데 있다고 본다.

오랫동안 우리 사회는 미디어와 사법기관에 의제 설정 권한을 양도해 왔다. 미디어는 자기 기업의 생존을 위해 높은 조회 수를 뽑아낼 수 있는 기사를 원한다. 이에 따라 자극적이며 소모적인, 때에 따라서는 특정 집단에 대한 증오심을 확산한다. 시민 다수에게 사회 전체가 반드시 해결해야 할 과제를 던지거나 숨겨진 진실과 실체를 규명해 더 나은 대안을 모색하는 기사 대신 진영 내 독자들의 환심을 사기 위한 전투적 의제를 가공하는 것이다.

그리고 사법기관은 언론에게 정보(피의사실)를 제공하며 여의도의 환심을 사기 위해 야권을 향한 전방위적 수사로 의제를 가공한다. "프레임이 프레임을 덮는다."는 말이 있다. 힘을 가진 정치권력이 자신에게 불리한 의제는 다른 의제로 덮거나 방향을 전환하는 것을 말한다. 정치권력이 통합을 통해 사회적 역량을 끌어올리기보다 진영을 강화하기 위해 대결과 적대적 의제만을 설정할 때 그 사회는 불행해진다.

2022년 정권 교체를 기준점으로 놓고 대선 정국부터 지금까지 가장 많이 회자되었던 이슈와 흐름을 쫓아가다 보면 정치권이 얼마나 많은 에너지를 낭비하며 대결을 격화시키는 데 골몰하는지를 확인할 수 있을 것이다.

물론 필자는 정치권의 악한 속성이나 한국 정치인의 무용함에 대해 말하고자 하는 것은 아니다. 우리 사회에서 무난하게 잘 통하는 말들이 있다. 무난하게 잘 통한다는 말은 누가 들어도 맞는 말이지만, 아무런 영양가가 없는 말이라는 뜻도 된다. "요즘 개그 프로그램이 재미없는 이유는 정치가 더 웃기기 때문이다.", "정치인들이 민생은 돌보지 않고 맨날 싸움질만 한다."는 등의 말이 그것이다.

그러나 이러한 냉소는 정치 혐오를 부추기고, 정치 혐오는 결국 정치에 관여하지 않는 시민을 양성한다. 정치권의 쟁론이 나쁜 것이 아니다. 문제를 지적하고 모순점을 파헤치며 치열하게 싸우는 것이야말로 다당제 공화정과 민주주의의 생명력을 유지하는 힘이다. 문제는 무엇을 두고 싸우느냐는 것이며 싸움의 목적이 무엇이냐 하는 것이다. 싸움의 목적이 단지 진영의 강화를 위한 것일 때, 정치는 사회를 퇴행시킨다.

현재 여의도 국회에서 여·야 간의 메시지는 어떤 경로로 설정될까? 불행히도 정치 고관여(高關與)층을 대상으로 높은 조회 수를 올리고 있는 유튜브 채널로부터 설정된다. 국회의원들은 전날 유튜브 논객들의 걸러지지 않은 수위 높은 메시지와 검증되지 않은 가짜 뉴스를 여의도에 그대로 옮긴다. 원래 피드백과 정치평론의 영역에 있었던 뉴미디어는 이제 한국 정치를 좌우할 정도로 그 영향력을 키워 가고 있다. 대부분 98%의 진실에 2%가량의 가짜(왜곡 또는 악의적 정보 편집과 가짜 뉴스 등)를 섞어 결과적으로는 2%의 가짜 정보나 의혹에 신빙성을 싣는 방식이다. 뉴미디어는 그 특성상 정치적으로 신념화된 구독자를 토대로 하며 자신의 정파성을 노골적으로 밝히며 옹호한다. 공중파 채널에서의 기계적인 중립이나 객관 보도, 뉴스 검증의 과정을 거치지 않을 뿐 아니라 방송심의위의 제재 또한 없다.

유튜브와 같은 미디어 매체는 지속적인 시청 시간을 확보하기 위해 시청자의 정치적 성향과 소비 성향, 관심 분야를 깨알같이 분류해 알고리즘으로 연관 채널을 제공한다. 처음에는 자신이 선택한 정보였지만, 이후에는 해당 정보를 옹호하는 유사 성향의 채널이 알고리즘에 의해 지속적으로 강조되어 노출되고 있는 것이다.

쏠림의 쏠림, 대결의 대결, 청산의 청산문화

필자는 앞서 4차 산업혁명을 특징짓는 초연결 현상이 극단적인 쏠림

6장 · 교육, 정치, 문화 모두 바꿔야

현상으로 이어질 것으로 전망했다. 이 쏠림 현상은 부의 쏠림과 같은 양극화를 뛰어넘어 문화적 현상으로 고착되고 있다. 트렌드도 쏠리고 취미와 문화적 키워드도 쏠린다. 검색어가 쏠리고 정보 역시 특정 방향으로 쏠린다. 이 현상을 가장 극명하게 보여 주는 곳이 뉴미디어다.

뉴미디어는 이른바 자신이 믿고 싶은 정보만을 선별적으로 취득해서 자신의 신념을 더욱 강화시킨다. 과거 사회적으로 용인되기 어려운 극단적 주장은 친구들과의 술자리에서나 용인되었다. 하지만 뉴미디어는 과거 사회적으로 고립되었던 주장을 가진 이들을 규합하며, 이들에게 동맹군으로서의 귀속감을 선사한다. 이들은 자신들이 하나의 정치세력이 되었다는 사실에 자부심을 느끼며 정치 미디어에 후원금을 아끼지 않는다.

2016년과 2021년은 미국의 민주주의가 가장 심각하게 위협받은 해였다. 2016년 트럼프와 힐러리 양 대선 후보 진영에서 유포된 가짜 뉴스의 영향력은 과거와 사뭇 달랐다. 일부 유권자들은 완벽하게 날조된 가짜 뉴스와 동영상을 선거가 끝날 때까지 믿었고, 이는 미국의 남북전쟁 이래 가장 심각한 갈등으로 표출되었다.

그 불씨는 4년이 지난 2021년 미국 국회의사당 난입 사건으로 폭발했다. 냉전시대 미국은 슈퍼 파워를 이용해 미국식 민주주의를 이식하고 자유주의 정치이념을 바이블로 홍보했다. 토론과 절차, 언론과 표현의 자유에 따른 진리 추구, 절차적 정당성과 다수결에 따른 입법과 정권 교체 등이 미국식 민주주의의 자랑이었다. 국회의사당 난입 사건으로 사상자가 발생하고 테러에 준하는 증오 범죄가 이어지자,

미국 정치 원로들은 입을 모아 "미국이 민주주의 삼류국가로 추락했다."고 탄식했다.

트럼프 지지자들은 2021년의 선거가 명백한 부정선거라고 확신하고 있었다. 팬데믹 와중에 치러진 미국 대선에선 사전투표와 감염자를 위한 간이 투표소가 늘었다. 트럼프 캠프에선 개표 막판에 바이든 표가 급증한 것을 의심하며 선거 부정을 주장하고 나선 것이다. 선거 후 조사에 따르면, 미국인 중 26%가 선거 부정을 확신하고 있었으며 공화당원 중 60%가 선거 부정을 의심하고 있었다.

주목할 점은 이러한 주장의 원천이 엘리트 교육을 받은 공화당 의원들이었다는 것이다. 그들을 움직이는 이념적 중심은 무엇이었을까? '아메리카 퍼스트'였다. 선거 부정을 외치는 이들의 캠페인은 2년이 지난 2022년에도 지속되고 있으며, 미국 사회의 통합은 당분간 불가능할 것이라고 절망하는 정치학자들도 늘고 있다.

2022년 미국 연준은 금리 인상의 목적이 미국 내 인플레이션을 잡는 것이라는 말을 한다. 그리고 여기에 덧붙여 "사람들이 착각하고 있는 것은 미국 연준이 세계 경제위원회라고 생각하는 것이다. 연준은 미국을 위한 조직이다."라고 여러 번 밝혔다. 미국은 "왜 세계 경제를 희생시키면서까지 저런 거친 금리 정책을 고수할까?"라는 진지한 질문에 미국의 정치학자들은 간단한 답을 내놓는다.

미국에서 인플레이션은 공화당 지지자들 사이에선 '바이든플레이션'이라고 불리는데, 적어도 미국 인구의 45%는 유가 상승 등의 인플레이션이 바이든 대통령으로 인한 것이라고 믿고 있다는 것이다. 물론 이는 사실이 아니다. 팬데믹과 러·우 전쟁에 의한 것이다. 하지만 미국인 중 상당수는 이 전쟁에 대해 충분히 막을 수 있었던 전쟁이라고 생각한다. 트럼프였다면 러시아와의 대화를 통해 전쟁을 막거나, 러시아의 전쟁 의욕을 사전에 분쇄했을 것으로 믿는 것이다.

"MADE IN AMERICA"

바이든 대통령이 중간 선거를 통해 내세운 핵심 슬로건이다. '인플레이션 감축법', '반도체 경쟁 법안'을 통해 미국산 자동차에게만 보조금을 지급하고 미국 내 반도체 공장에만 투자 및 공제 혜택을 주겠다고 하는 바이든 행정부의 속내를 읽을 수 있는 대목이다.

트럼프 전 대통령의 "AMERICA FIRST"와 바이든 대통령의 "MADE IN AMERICA"는 과연 차이가 있을까? 진영 간의 적대적 대결이 고착되면 정치는 자신의 생존을 위해 진영을 강화하려 한다. 미국은 '미국 우선주의'를 선택했고, 일본은 '전쟁 가능 국가'를 추구한다. 2022년 한국이 선택한 전략은 미국 중심의 아시아 태평양 전략에 동참하는 것이다.

《가짜 뉴스의 시대》[15]의 저자 케일린 오코너는 가짜 뉴스의 작동기제를 사회학적으로 검증했다. 게임 이론가 수리행동과학연구소 연구원인 그는 수학적 모형을 통해 사회적 관계망 속에서 사람들이 어떻게

• • •

15 케일린 오코너. 박경선 역. 가짜 뉴스의 시대(반니, 2019).

4차 산업시대 통합가치와 그랜드 리셋

거짓을 신념화하고, 신념화된 거짓이 어떤 방식으로 집단화되는지를 밝혔다. 인간의 이성은 생각보다 취약하며 가짜 뉴스에 쉽게 오염된 다는 것도. 그가 주목한 것은 가짜 뉴스의 유포자와 추종자들의 인적 네트워크였다. 결국 무엇을 믿느냐의 문제는 그가 누구와 사귀고 있느냐의 문제로 귀결되었다.

사람들은 자신의 철학을 뒷받침할 집단을 갈구하고 있었고, 해당 집단에선 비이성적 주장을 옹호했다. 자신의 가치와 신념을 결국 인적 네트워크가 강화하고 있었던 것이다. 그는 현대 사회가 객관적인 사실보다 감정에 의해 휘둘리는 '탈진실(post-truth)' 국면을 맞고 있다고 지적했는데, 대표적인 가짜 뉴스로는 백신에 숨겨진 나노 칩, 기후위기는 가짜라는 주장, 5G 전파를 통한 세뇌, 지구평면설 등이 있다.

2022년엔 이와 관련한 다소 긴 제목의 책이 출간되었다. 《지구가 평평하다고 믿는 사람과 즐겁고 생산적인 대화를 나누는 법》[16]이라는 책이다. 한국과 달리 미국에선 여전히 지구가 평면이라는 신념을 가진 이들이 많다. 실제로 2018년 미국 유명 과학 잡지 《사이언티픽 아메리칸》이 조사한 결과, 미국인의 약 2%(650만 명)가 '지구평면설을' 믿는다고 응답했다.

이들이 교육을 받지 못한 사람이라고 생각하면 착각이다. 이들 중에는 대학원생과 기업가, 경찰, 법의학자, 작가들이 있고 상당한 수준

• • •

16 리 맥킨타이어. 노윤기 역. 지구가 평평하다고 믿는 사람과 즐겁고 생산적인 대화를 나누는 법(위즈덤하우스, 2022).

의 지식을 서로 공유한다. 내셔널지오그래픽에 따르면 2019년 '미국 인구의 89%'만이 지구가 둥글다는 것을 믿고 있다고 답변했다고 한다. '확고하게 믿는다'는 응답자는 84%, '대체로 믿는다'는 5%였다. 특히 20대는 66%의 응답자만이 지구가 둥글다고 믿는다고 밝혔다. 미국인 열 명 중 한 명, 20대는 세 명 중 한 명은 지구가 둥글다는 것을 믿지 않는다는 것이다.

이들은 스스로를 '평면 지구인(Flat Earther)'이라고 부른다. 그들은 '구체 지구론'은 미국 정부와 NASA가 나서고 교육기관이 세뇌한 결과라고 본다. 그들은 '평평한 지구학회(Flat Earth Society)'를 결성하고 심지어 2017년 노스캐롤라이나주 롤리에서 국제 학술회를 열기도 했다. 사실 '지구 평면설'은 지구 구체론이 증명된 후에도 반론의 성격으로 지속되었다.

영국의 새뮤얼 로보텀은 지구가 평면이라는 가설을 증명하기 위해 베드퍼드강에서 높이 실험을 했는데, 측량 결과 지구가 공 모양이라면 나와야 할 곡률이 나오지 않았다고 주장했다. 그는 《지구는 둥글지 않다(Earth Not a Globe)》라는 책까지 써내며 자신의 주장을 고집했는데, 그의 주장에 따르면 지구는 구형이 아니라 원반형이다. 지구의 중심에는 북극이 있으며, 원반의 가장자리에는 얼음벽(남극대륙)이 테두리처럼 둘러쳐져 있다는 것이다. 원반의 한쪽 면에 전 세계가 올려져 있으며, 태양과 달은 땅에서 4,800㎞ 높이에 있고, 우주는 그보다 조금 높은 5,000㎞ 위에 있다고 주장했다.

《지구가 평평하다고 믿는 사람과 즐겁고 생산적인 대화를 나누는 법》 저자인 리 맥킨타이어는 평면 지구인을 비롯해 가짜 뉴스를 신봉

4차 산업시대 통합가치와 그랜드 리셋

하는 사람 수백 명을 추적해 인터뷰했다. 그 결과 그들 중 상당수가 사회적으로 고립되거나 정부 정책으로부터 심각한 피해를 입었다는 트라우마를 가지고 있었다.

오랜 시간 그들과의 대화를 통해 그들이 진정 원하는 것을 들었다. 무엇보다 그들이 원한 것은 자신의 상처에 공감과 위로를 줄 수 있는 사람, 즉 자신을 지지하는 소그룹이었다. 그는 평면 지구인을 설득하기가 얼마나 어려웠는지를 인터뷰 과정을 통해 남김없이 보여 주었다. 결국 공감과 오랜 인내심, 지속적인 접촉만이 평면 지구인을 '구체 지구론자'로 돌려놓을 수 있었다고 한다.

이렇듯 사람의 비정상적인 쏠림 현상을 사회학적으로 관찰하면 '배제와 가름, 고립'과 같은 사회적 기제가 작동하고 있음을 확인할 수 있다.

한 사회의 정치적 영토와 사유의 깊이

다수의 정치학자는 진영 간의 대결과 분열, 증오의 정치문화가 한국 정치의 문제라고 진단한다. 그런데 이 문제를 조금 다른 관점에서 분석한 학자가 있다. 진화생물학자 장대익 이화여대 교수는 《공감의 반경》[17]이라는 책을 통해 정치에서의 대결과 갈등의 원인을 분석했다. 그는 집단 간 갈등에 대한 사회심리학적 실험 결과를 '공감'이라는 인

• • •

17 장대익. 공감의 반경(바다출판사, 2022).

간 본성의 반작용으로 해석했다.

인간이 진화하면서 발전시켜 온 '공감 유전자'는 동질성을 가진 유사 공동체에선 큰 힘을 발휘한다. 문제는 그 소속 집단에 대한 강렬한 애착이 경쟁 집단에 대해선 그와 비슷한 세기의 증오로 나타난다는 점이다. 이 공감 본능의 또 다른 이름은 '부족 본능'이라고 불러도 좋은데, 문제는 부족 국가 수준까지 진화된 인간의 공감 유전자는 사회적 네트워크가 폭발하는 현대 사회에서 그 반경을 넓히지 못하고 있다는 것이다.

세계는 경제적 양극화와 기후위기, 로봇 도입으로 인한 실업과 노동 소외 등의 보편적 문제를 함께 떠안고 있는데, 아직까지 인류는 부족 단위의 협소한 공감 능력에 머무르고 있다고 진단한다. 그리고 사람들은 SNS를 통해 이러한 협소한 애착 본능을 상대 집단에 대한 강한 증오심으로 표출하는 데 익숙해지고 있다는 것이다.

따라서 인류의 공감 범위를 지금보다 크게 확대할 수 있다면 이 문제 역시 해소될 것이라는 주장이다. 보편적 가치관과 상대 문화와 종교에 대한 개방적이고 열린 태도를 유지하며, 아픔과 고통에 함께 공감하는 것으로부터 시작해야 한다는 것이다. 뉴미디어 등의 조건은 충분히 형성되어 있으니까.

"출입이 금지된 경계선(휴전선)은 그 나라 시민이 가진 생각의 영토까지 규정한다."

어떤 지리학자가 한 말이다. 슬픈 말이다. 우리나라를 한반도라 말

4차 산업시대 통합가치와 그랜드 리셋

하지만, 실제로 우리나라는 반도도 아니고, 그렇다고 대륙도 아니다. 섬이다. 1953년 7월 27일 정전협정 이후 근 70년간 섬이었다. 한반도라는 말은 중국이라는 '거대한 세상의 중심'에 도전하지 못했던 슬픈 역사의 흔적을 상징하는 말이며, 분단국이라는 말은 '섬나라'라는 말을 비극적 언어로 순화시킨 것에 불과하다. 대륙에 속한 세계 그 어느 나라도 자신의 영토와 지리적 정체성을 '반도'로 규정하지 않고 있지만, 일제강점기 이후 '한반도'라는 말은 너무나 자연스럽게 수용되었다.

기차를 타고 하루에 서너 개 국경쯤은 우습게 통과한다는 유럽의 직장인, 술과 식료품을 사기 위해 스웨덴에 들러 장을 보고 돌아온다는 노르웨이 주부들, 1,500㎞ 구간을 직진하면 처음으로 갈림길이 나온다고 알려 주는 유라시아의 청년⋯. 이는 분명 지리적 영토를 넘어 주변국과의 관계성을 함축하고 있다. 4시간이면 내륙의 모든 곳에 닿을 수 있는 500㎞ 종심의 국민들에겐 너무나 부러운 서사다.

분명 지리적 영토가 생각을 영토를 규정하진 않는다. 나라가 작아도 그 어느 땅이든 갈 수 있고, 다른 문화와 생각을 접하며 자신을 다시 돌아볼 수 있는 국민들이 가진 사유의 영토는 넓고도 깊다. 문제는 분단이 강요한 대결적 사고방식과 전쟁 경험으로 인한 정신적 추종성이다. 정치철학과 이념적 지향이 다른 문제를 죽고 사는 문제로 인식하거나, 우군과 적군의 등식으로 받아들인다는 점이다. 포용하는 합리성이 아닌 배제하는 도그마가 사회를 지배하면 사회적 역량은 쓸모없는 것에 에너지를 낭비하고, 나쁜 선택만을 골라서 하게 된다.

2022년 대한민국은 구한말 시절의 대한민국도 아니다. 흥선대원군과 민비가 청과 일본을 뒷배로 삼아 정치적 안정성을 꾀하던 시절이 아님에도 낡은 이론의 추종자들은 지금의 시점이 구한말 조선의 상황을 연상케 한다며 줄서기를 잘해야 한다는 식으로 주장한다. 한국은 이미 10대 경제대국이며, 자력으로 나라를 방어할 수 있는 세계에서 몇 안 되는 군사강국이다. 한류로 인한 소프트 파워로 얻는 국제적 호감도와 문화적 영향력은 말할 것도 없다.

"한국, 너 미국 편이야? 중국 편이야?"라는 물음에 과거엔 전략적 모호성이라는 이름으로 미국도 중국도 우리 편이라고 모호하게 대답할 수 있었지만, 지금 그런 태도는 현명하지 못하다. 이제는 "한국의 이익에 미국은 이런 도움을 주고, 중국은 국익에 이런 도움을 준다. 당신은 나에게 무엇을 더 줄 수 있는가?"라고 물을 수 있는 주체적 입장이 필요하다.

미국이 대중국 봉쇄를 외치며 강한 드라이브를 걸던 2022년, 중국 전국인민대표자대회 이후 EU 집행위원장과 독일 총리가 중국을 방문해 미국의 '일방주의' 대신 유럽과 중국 모두가 원하는 '다자주의'에 힘을 모으는 메시지를 흘린 이유도 자신의 이익을 기준에 두었기 때문이다. 특히 독일 총리는 많은 기업인을 대동해 경제사절단을 구성했다.

한국사를 관통한 '줄서기 트라우마'

필자는 한국인이 권력 교체에 대해 가지고 있는 정서는 '두려움'이라고 본다. 권력 교체에 의해 무수히 많은 사람이 죽어야만 했다. 일제강점기 내내 친일 행각으로 득세했던 사람들은 1945년 8월 해방 이후 목숨을 부지하기 위해 타지로 도망가야 했지만, 이후 반공을 국시로 천명한 이승만 정권이 친일 경찰을 옹호하자 이들은 사회주의 계열의 인사들을 잡아들이기 시작했다.

1950년 인민군이 남하했을 때 인공기를 들고 거리에 섰던 사람들은 이후 연합군의 북진으로 조리돌림당해야 했고, 낮에 국군에게 밥을 해 주었던 경찰 가족은 밤에 인민군에게 숙청당해야 했다. 1980년 신군부에 줄을 섰던 사람들은 승승장구했지만, 헌법적 정통성을 따지며 반대했던 세력은 줄줄이 끌려가 피해를 봐야 했다. 이런 패러다임은 민주적 정권 교체 이후에도 작동된다.

매번 정치권력 교체 시기마다 '청산'이라는 이름의 '숙청 작업'은 정권 교체 이후 단 한 번의 예외 없이 작동되고 있다. 정당 내부라고 온전한 질서를 유지해 왔던 것은 아니다. 대통령과 얼마나 친한가가 신라 시대의 골품제와 같이 공천을 결정짓는 기준으로 작동하는 정치권에서 '줄서기'는 정치생명을 좌지우지한다. 그래서 한국 사회에서 정치권력을 잃는 것은 혁신을 위한 '성장통'이 아니라 사법 처리로 인한 '멸족'을 의미한다. 사생결단하는 대결의 정치문화는 이렇게 악순환하며 강화된다.

숙의를 통한 개헌 필요, 시민의 역량으로 정기 국가발전 의제 재설정해야

한국 정치가 소모적이며 4차 산업혁명의 변화를 수용할 수 없을 만큼 낡았다는 인식은 필자만의 우려가 아닌 듯하다. 그래서 매 정권마다 개헌에 대한 논의는 빠지지 않고 등장하고 있다. 각론에서 차이가 있지만 큰 흐름에서는 공감의 폭을 넓히고 있다.

대통령 5년 단임제를 4년 중임제로 전환해서 국정의 일관성과 안정감을 확보하는 것과 중앙부처의 방대한 권한을 축소하고 지방 분권을 실현하자는 주장, 양당제로 고착된 대결 구도를 완화하고 생산성을 위해 현행 소선구제를 중대선거구로 바꾸자는 의견 등은 여·야를 떠나 정치인 대부분이 공감하고 있다. 이 경우 차점자도 국회에 등원할 수 있게 되어 제3당의 길이 열린다. 필자는 시민사회가 함께 하는 숙의형 개헌 논의가 우리 사회를 좀 더 성숙시킬 것으로 본다. 특히 검찰과 경찰이 정치권력으로부터 완전히 독립하기 위한 법제화 논의도 이제 본격적으로 이루어져야 한다고 본다.

국민적 합의에 따라 일관되고 꾸준하게 추진해야 할 영역도 있다. 무엇보다 세계의 변화와 혁신에 뒤처져선 안 된다. 그리고 그린 밸류체인에 대한 큰 그림과 단계별 달성 과제가 혁신적으로 앞당겨져야 한다. 이는 앞서 필자가 언급했던 것과 같이 새로운 미래 100년을 좌우하는 산업이며, 민족과 인류를 구원하는 사업이기 때문이다. 교육을 비롯해 국방과 균등 발전, 복지 정책과 관련한 것은 사회적 합의를 거쳐 안정적으로 추진해야 한다.

대한민국의 우주과학을 책임지고 있는 항공우주연구원(KAI)과 방위산업의 산실인 국방과학연구소에 대한 인력 감축과 연구 예산 삭감 또한 마찬가지다. 20년 이상의 연구의 성과가 결실을 앞둔 시점에서

'긴축 기조'라는 단순한 발상으로 황금알을 낳는 거위의 목을 조르는 행태가 이어져선 안 된다. 이미 연구 핵심 인력이 저임금과 긴축 압박으로 이직하고 있다는 소식이 전해지고 있다.

지난 15년간 380조 원을 투자했지만 세계 최하위 수준의 저출산 고령화 추세를 보이고 있는 복지 정책에 대해서도 보다 근원적인 전환이 필요하다. 도시근로자 실질임금으로 집값을 감당하지 못하는 구조에서 출산 수당을 주고 젖병과 배냇저고리를 지원한들 성과가 없을 것이다. 근로 능력이 없는 은퇴 인구에 대한 복지 재원 논의도 본격화되어야 한다.

이렇게 한 국가의 수십 년 미래를 가늠하는 정책은 국민적 합의와 총의를 모아 안정적으로 추진해야 한다. 소모적인 대결로 시간을 허비하기엔 대한민국은 너무나 큰 나라다.

권불십년(權不十年) 화무십일홍(花無十日紅)

아무리 강한 권력도 10년을 가지 못하고, 제아무리 붉은 꽃도 10일을 가지 못한다. 모드 권력과 힘이 사철 푸른 것처럼 보여도 결국은 허상일 뿐이다. 진정 푸른 가치를 가진 존재는 국민과 미래 세대밖에 없다. 모든 국민은 자신의 수준에 걸맞은 정부(지도자)를 가진다는 말이 있다. 언론이 눈을 밝게 켜고 시민이 공부하고 깨어 있어야 하는 이유다.

7장

그랜드 리셋,
패러다임의 전환

욕망에서 자연으로,
서구철학에서 동양적 세계관으로의 전환

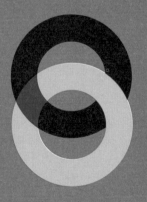

Grand Reset

인류, 집으로 돌아가다

2020년은 팬데믹이 세계를 휩쓸었다. 미국을 비롯한 유럽에선 코로나 백신과 관련한 괴담이 무척이나 많이 퍼졌다. 물론 백신에 대한 두려움이 모두 비과학적인 것은 아니다. 가령 일본인들의 백신 기피 현상은 그 연원이 뚜렷하다.

1952년에서 1974년 사이 인플루엔자, 홍역, 볼거리(mumps) 백신의 접종으로 인해 심한 장애를 입거나 사망했다고 주장하는 가족 소송단 160명이 1992년 법원으로부터 국가배상 명령을 얻어 냈다. 또 1996년엔 혈액 응고제에 에이즈 균이 들어가면서 일본 혈우병 환자의 40%인 1,800명이 에이즈에 걸렸고 400명 이상이 사망했다. 이런 이유로 일본에서의 백신 임상 허가는 하늘의 별 따기만큼 어렵고, 대기 기간 또한 10년이 넘는 경우가 허다하다. 일본인들의 백신 공포증은 역사적 근거가 뚜렷하다고 볼 수 있다.

일부 전문가들은 접종률에 비해 집단 면역률이 너무나 떨어지고 그 효과 또한 미미하다고 주장하기도 한다. 그런데 2020년의 백신 괴담은 무척이나 복잡한 양상으로 확산되었다. 그중에는 장사꾼, 가짜 전문가, 체제 인사와 종교 집단과 노년층이 모두 섞여 있었고 그 종류도 다양했다. 주로 가짜들은 백신에 기생충이나 신종 바이러스가 들어가 있다고 주장하거나, 백신이 실제로는 효능 없는 '물백신' 사기극이라는 말도 돌았다. 특히 하얀 가운을 걸쳐 입거나 과거의 제약 회사의 연구진이었다고 하는 자가 유튜브에 출연해 현미경 사진을 보여 주거나 어려운 의학 데이터를 보여 주면서 말하면 더욱 그럴듯하게 들린다.

2022년 11월에 독일연방 보안당국과 경찰은 쿠데타 모의 혐의로 25명의 극우 조직원을 체포했다. 그들은 '제국의 시민들(Reichsbürger)'이라는 극우 조직의 성원들이었다. 그들은 최종 계획은 특수부대 출신의 조직원이 무장해서 연방의사당을 습격하고 올라프 숄츠 총리를 처형한 후 그들의 지도자 하인리히 13세를 옹립할 계획이었다. 그런데 그들은 이 쿠데타 모의 기간에도 독일 보건부장관을 2번이나 납치하려다 실패한 적이 있다. 그들에게도 '백신'은 중대한 문제였다. 그들은 백신 안에 인간의 정신적 저항성을 거세해 순응케 하는 성분이 들어 있다고 믿었다.

백신과 관련한 괴담은 워낙 많아서 필자는 큰 흥미를 느끼지 못했다. 하지만 백신 안에 나노 기술을 활용한 마이크로칩이 들어 있다는 주장만은 흥미로웠다. 왜냐면 이 괴담을 믿는 사람들은 현대 과학기술 수준을 일선 과학자들보다 더 높게 평가하고 있었기 때문이다. 이 마이크로칩은 세계 슈퍼 리치들과 제약회사, 하이테크 기업의 합작품이며 그 칩으로 인류의 생리·의학적 데이터를 받아 영생불멸의 신약을 개발하려 한다는 것이다.

이 괴담은 살을 조금씩 붙여 갔다. 그 결과 백신 안에는 마이크로칩뿐 아니라 각종 생체실험용 바이러스와 나노 물질도 들어 있다는 주장까지 나왔다. 슈퍼 리치들과 제약사가 태평양 전쟁 당시 일제 731부대가 자행했던 그 생체 실험을 전 인류를 대상으로 한다는 말이었다. 이 괴담은 과학기술 진보에 따른 인류의 전통적인 두려움을 표출한 것이다.

SF 영화에 나오는 디스토피아에선 주로 신약이나 백신, AI 로봇과 새로운 화학물질의 발명으로 인류가 절멸한다. 이러한 주장은 인류의 과학기술 수준을 낭만적으로 과대평가하거나 현실 과학을 잘 모르는 대중에게 효과적이다. 여기서 주목할 점은 많은 사람이 인류의 절멸이 과학기술과 가진 자들의 음모로 발생할 것으로 여기고 있다는 것이다.

실제 인류의 위기는 과학기술의 진보로 인한 것이 아니라 현생인류가 만들고 유지해 온 산업화 시스템과 패러다임에서 올 가능성이 훨씬 더 크다. 우린 잠깐이었지만 진지하게 우리가 걸어온 길을 돌아보는 시간을 가질 수 있었는데, 그것은 다름 아닌 팬데믹으로 모든 것이 정지했던, 백신이 출현하기 전의 2020년도였다.

코로나19 바이러스는 박쥐 또는 천산갑에서 왔을 것으로 추정되는데, 이는 지구온난화로 인해 박쥐들의 서식지가 중국 남부 전선을 넘어오고 인간의 서식지가 야생 동물의 서식지를 침습하면서 벌어진 일이다. 여기에 폐쇄형 축사를 통해 인수 공통 감염병이 발병하기 시작했다.

인류의 이동이 정지되었던 시기, 자연은 다시 회복하기 시작했다. 야생동물들의 서식지가 일시적으로 확대되었고 위성 관측 이래 가장 맑은 하늘을 볼 수 있었다. 경운 농법으로 인해 4~5월 급격하게 상승하던 지표면의 온도 역시 잦아들었다. 2020년은 특별한 해였다. 인류가 인류학자와 미래학자, 철학자들의 말을 그토록 엄숙한 자세로 들었던 시기가 있었던가.

보지 못해서 생기는 일들

산업혁명 이후 인류는 표준화와 효율성을 최고의 가치로 설정하고 달려왔다. 효율성과 생산성은 모두 짧은 시간 내에 더 많은 제품을 효과적으로 생산해 내기 위한 것이다. 그리고 생산성이 결국 기업의 영업이익을 가져오고, 이 영업이익은 시장을 확대하고 일자리를 늘려 시민과 나라를 부유케 한다는 신화가 만들어진 것이다.

산업혁명 이후 가정과 직장이 분리되기 시작했다. 산업혁명 이전엔 대장간을 하는 대장장이의 집은 대장간 바로 뒤편에 있었고, 밀 농장 안에 있었다. 우리의 할아버지들은 증조할아버지가 논에서 김매는 것을 도와야 했고, 마을 우물을 파거나 이엉을 이어 붙일 때도 함께 거들어야 했다. 아들은 부모의 노동을 직접 관찰하고 체험할 수 있었지만, 자본의 입장에선 여러모로 비효율적이고 경쟁에 불리했다.

기계 설비가 집적된 공장이 탄생하고서부터는 표준화의 압력이 가정에 가해졌다. 아침 7시에는 집을 나서 공장에 가야 했고, 12시간 노동 시간을 정확히 지키는 노동자만이 해고를 면할 수 있었다. 이런 규율은 점차 세분화되기 시작했다. 복장에서 작업 시간, 작업 공정과 세부 매뉴얼까지. 컨베이어 시스템에 부착된(!) 노동자는 자동차 제조의 전체 공정에 대해 알 필요가 없었고, 세분화된 공정 안에서 조여야 할 볼트만 정확히 조이면 되었다.

양대 세계대전을 기점으로 여성의 취업도 비약적으로 증가했다. 아침밥을 먹고 나면 아버지와 어머니는 직장으로, 아이는 학교로 흩어져야 했는데, 이는 인류 역사상 가장 기묘한 가족 생태의 변화였다.

세상의 모든 것들이 세분화되고 분리되기 시작했는데, 가족 또한 예외가 아니었다. 아이들은 아버지의 노동을 보지 못하고 자라기 시작했고, 부모 역시 아이의 성장을 지켜볼 수 없는 시스템이 탄생한 것이다.

과거 부모의 땀과 그 성취는 쉽게 확인할 수 있는 것들이었다. 뙤약볕 아래에서의 땀은 가을 타작으로 확인할 수 있었다. 1980년대만 해도 아버지의 손에 들린 두툼한 월급봉투와 통닭으로 당신들의 노고를 한 달에 한 번 확인할 수 있었다.

그러나 지금은 어떠한가. 아이들이 청소년이 되면 사회의 계급에 눈을 뜨기 시작한다. 아버지의 작은 국산 승용차가 부끄러워지고, 작은 빌라촌을 옮겨 다녀야만 했던 가족사가 바로 부모 또는 조부모의 계급적 한계로 인한 것임을 체득하게 된다.

이 문제가 가정과 부자간의 관계, 모녀간의 관계를 어떻게 만드는 지에 대해 연구하는 학자들도 꽤 있다. 여기서 이를 모두 소개할 수는 없지만, 현대의 가정은 매우 특별한 노력을 기울이지 않는다면 가족 끼리의 공감과 존중의 끈이 쉽게 단절될 수 있는 구조라는 점은 공통 으로 지적되고 있다.

분리와 효율성 패러다임에서 연결과 생명의 패러다임으로

분리(격리)의 문제는 가정에서만 끝나지 않는다. 근대화는 필연적으로 표준화·효율화를 위해 모든 것을 세분화시키고 분리한다. 물리적 단절은 타인에 대한 연대의식과 공감과 연민을 작동하게 만드는 끈도 단절시킨다. 먹거리와 자원에 대한 관점 또한 마찬가지다.

2010년 안동에서 전파되기 시작한 구제역은 2011년까지 전라도와 제주를 제외한 모든 지역을 강타하며 350만 마리를 살처분하면서 끝이 났다. 이후 10년 동안 가축 살처분 매몰 지역은 땅에서 끝없이 흘러나오는 분비물로 곤욕을 치렀다. 당시 환경운동가들은 깊은 구덩이에 살아 있는 소와 돼지를 굴삭기로 쓸어 넣어 처분하는 장면을 촬영해 시민들에게 알렸다. 많은 사람이 충격에 빠졌다. 주사액으로 가축을 고통 없이 죽여 묻는 줄로 알았던 사람들은 살아 있는 가축을 기계로 무참히 생매장하는 현장을 목격했다.

미국과 프랑스의 학교에선 가공식품에 들어가는 마요네즈나 크림, 고기 패티의 생산 과정을 여과 없이 보여 준다. 여러 연구 결과에 따르면, 이러한 교육 이후에 아이들의 정크 푸드에 대한 선호도는 눈에 띄게 줄어들었다고 한다. 화석연료의 추출과 니켈과 망간, 크롬 광산의 자원 채취 과정에서 훼손되는 자연을 보여 주었을 때 플라스틱 원료 제품에 대한 반감이 높아지는 것을 확인할 수 있었다. 이렇듯 보지 못했던 것을 직접 확인하면서 사람들은 세분화된 유통 과정으로 인해 그간 가려져 있던 제품의 연원을 확인할 수 있게 된다.

쓰레기의 처리 문제 역시 마찬가지다. 만약 한 동네마다 하나의 공터를 공유해서 매립하는 쓰레기의 양을 마을 주민이 확인할 수 있다면 어떨까. 물론 악취와 썩은 하수로 인한 민원이 쏟아지겠지만, 적어도 쓰레기 문제의 심각성만은 절실하게 느낄 것이다.

세계적으로 재활용률이 매우 높다는 한국이지만, 재활용되지 않는 대부분의 쓰레기가 매립되는 과정을 보면 엄청난 충격에 빠질 것이다. 그나마 수지타산 문제로 재활용하지 않고 그냥 버려지는 플라스틱 산을 본다면 더더욱. 거기에 더해 인근 도로에서 로드 킬을 당하거나 유리 방벽에 부딪혀 추락하는 동물들의 사체를 매일 확인한다면 어떨까?

만약 모든 가정에 한국전력 도매시장의 전력요금(280원/1kWh)을 가정용 요금에 적용한 고지서를 발송하면 어떻게 될까? 모든 가정에선 기존 요금의 2.5배에 달하는 전기요금을 내야 한다. 한국전력의 적자 규모는 2022년에만 40조 원에 달하는데, 대부분은 석탄과 유가 상승으로 인한 실제 전력 생산비용을 가구와 기업의 전기요금에 반영하지 못하면서 발생한 것이다.

우리는 단지 보지 못한다는 이유로, 더 정확히는 보지 않아도 된다는 이유로 타인과 거미줄처럼 연루된 운명의 사슬을 외면할 수 있는 세상에 살고 있다. 인류는 진화하면서 대면하고 싶지 않은 공포를 회피하는 능력도 발전시켜 왔다. 그 방식은 크게 2가지다.

하나는 외면하고 단절하는 것이다. 이것은 인간의 생존을 위한 망각 DNA인데, 큰 참사나 공포에 사로잡히지 않고 마음이 고통을 느끼지 못하도록 일정 시간이 지나면 바로 망각하는 기능이다. 이 망각을 위해선 사고나 재난과 같은 공포의 현장과 멀어지거나 관련 소식에 귀를 닫는 방법이 유효하다. 우리가 가축의 사육 환경에서 멀어질수록 마음 편히 소고기와 패스트푸드를 소비하며, 쓰레기 처리장을 보지 않을 때 가정에 쌓인 쓰레기에 예민해지지 않을 수 있는 것과 비슷한 이치다.

나머지 하나는 왜곡하거나 추상적 관념으로 뇌 속에 저장하는 것이다. 앞서 시스템 사고를 설명하면서 예로 들었던 '수련 연못' 사례처럼 당장 오늘, 올해가 아니라 내일 또는 몇 년 후에 실행해도 문제가 없을 것으로 믿는 선형적 믿음으로 진실을 왜곡하는 것이다. 실제로 이런 일들은 많이 일어난다.

1980년대 세계 휴대전화 시장을 호령했던 핀란드의 노키아 경영진들은 애플과 삼성이 휴대전화 시장을 잠식하고 아이폰의 출시로 기존의 시장 토대가 허물어질 것이라는 사실을 알았지만 매년 현실을 외면하며 자기 최면을 걸었다. 올해는 괜찮을 것이라는 집단적 최면에 걸린 경영진을 향해 직언을 던지는 직원들은 모두 퇴사했다. 그리고 노키아는 역사상 가장 극단적인 추락을 감당해야 했다.

　인간이 추상(抽象)하는 능력은 개별적 구체성에서 오는 고통을 완화시켜 준다. 2022년 이태원의 10·29 참사로 사망한 이들을 '158명의 희생자'라고 부르며 추상화시켰을 때의 고통과 그 158명의 이름과 얼굴, 사연을 알고 난 다음에 찾아올 고통을 비교할 수 없는 것처럼.

　인류는 지금까지 외면 또는 왜곡의 방식으로 우리가 만든 시스템의 교정을 미뤄 왔다. 산업혁명 이후 인류는 자신의 생산 방식이 더는 지속되지 못하고 후대에 엄청난 고통을 전가하리라는 것을 알고 있었다. 지식과 정보가 많은 계층일수록 이 문제를 더 잘 알았지만 이 문제를 직시하고 고치려 하진 않았다. 기후위기와 관련한 심각성은 비교적 잘 가려져 왔다고 볼 수 있다. 심지어 미국 정유사의 지원을 받은 과학자 단체는 매해 '온난화로 인한 기후위기설은 비과학적 선동'이라는 매우 농밀한 내용의 논문을 발표해 왔다.

　공포를 회피하는 것이 아니라 실제 공포가 재앙으로 현실화되는 것을 막기 위해선 당연하게도 직시해야 한다. 큰 재앙을 잘게 썰고 그 잘게 썬 것을 다시 더 잘게 썰어야 한다. 엄두가 나지 않을 정도의 문제는 잘게 썰수록 해결 의지가 높아지고 효과적으로 해결할 수 있다. 그럼에도 현실을 직시하는 건 앞서 예를 들었던 사례, 가령 마을 공터에 쌓인 쓰레기의 악취를 견디는 것과 같은 고통을 수반한다. 추상적으로 생각했던 문제의 실체를 확인하고 그 연결 고리를 추적해 인과성을 밝히는 것은 고통스러운 작업이다.

다시, 집으로

《엔트로피》, 《노동의 종말》, 《소유의 종말》 등의 저자로 잘 알려진 인류학자 제러미 리프킨은 산업혁명 이후에 인류에게 복음이 되다시피 한 '효율성'에 대한 믿음이 더는 회복하기 어려운 수준으로 인류와 지구를 내몰았다고 주장한다. 그 믿음을 양산한 자들은 잘못된 가치관, 한계가 역력한 과학적 법칙 따위를 세계 경제의 작동 방식으로 제시하고 예찬한 과학계와 재계에 있다는 것이다.

> 중세에서 현대를 향한 패러다임 전환의 중심에는 인간 조건의 완성이라는 약속이 있었다. 그러나 이번에는 그 실현에 대한 책임이 과학의 경의와 수학의 정확성, 생활의 변리를 돕는 새로운 실용 기술, 사회의 경제적 안녕을 증진하는 자본주의 시장의 유혹 등에 달렸다. 이 세 가지 지표 위에 진보의 시대가 자리 잡았다. … 효율성은 그렇게 현대성의 시간적 동력이 되었다. … 사람들은 개인이나 기관 또는 공동체가 효율적일수록 미래의 지평을 확장해 '어느 정도' 불멸에 가까워진다고 확신하게 되었다. 현대 과학과 어느 때보다 더 정교해진 기술, 시장 자본주의는 성부와 성자와 성령을 대체할 새롭고 강력한 삼위일체로 부상했다. 결국 효율성은 오랫동안 보편적인 원동력이었던 하느님을 대신해 진보의 시대에 새로운 신성(神性)이 되었다.[18]

산업화 시대에 전 세계 표토의 3분의 1이 황폐해졌다. 과학자들은 지구상의 인류를 먹여 살릴 수 있는 표토가 60년 분량밖에 남지 않았다고 말한다. 표토 1인치를 채우는 데 500년 넘게 걸린다. 과학자들은 또한 기후변화가 대멸종을 촉발해 앞으로 80년 안에 기존 모든 종의 50%까지 잃을 수 있다고 경고한다. 한편 지구의 산소는 지난 20억 년 중에 유례를 찾아볼 수 없을 만큼 빠르게 소멸하고 있다. 지구 산소의 절반을 생산하는 해양 식물성 플랑크톤이 현재 지구온난화에 따른 해양 온도의 상승으로 위협받고 있다. 새로운 연구에 의하면, 이른 경우 2100년에 식물성 플랑크톤의 손실에 따라 전 지구적 규모로 해양 산소가 고갈될 것으로 보인다. … 논쟁의 여지가 없는 진실은 책임의 상당 부분이 경제적 이익을 증진하고 인류의 안녕을 보장하기에 최적이라는 조건이라는 명목하에 세계 경제의 작동 방식에 대한 내러티브를 제공한 과학계와 경제학계와 재계에 있다는 것이다.[19]

결국 우린 300년간 세상에 이롭다고 생각해 왔던 사고의 패러다임을 바꿔야 한다. 그것은 분명 실패한 패러다임이다. 비극적이게도 인류는 스스로 종의 절멸에 이를 때까지 효율성과 경제적 가치라는 미명하에 달려왔다. 적어도 지난 30년간 인류는 각종 기후 관련 기구나 국제협의체를 조직해서 지구의 얼마 남지 않은 시간을 계측하고 당장 실

• • •

18 제러미 리프킨, 안진환 역, 회복력 시대(민음사, 2022), p.33.
19 위의 책, p.42.

천해야 할 과제를 매년 합의해 왔다.

하지만 현재 노력의 수준으로는 대재앙을 피할 수 없으리라는 것이 과학자들의 전망이다. 심지어 탄소배출을 극단적으로 줄인다고 해도 전자레인지 같이 폐쇄되고 달구어진 지구의 온도는 현재의 상태를 지속하거나 상승할 것으로 보인다.

필자는 지금까지 인류가 신봉해 왔던 효율성과 경쟁, 패권의 사상을 적응력과 생명력, 협동과 상생의 철학으로 전환해야 한다고 믿는다. 그 이유는 너무나 당연하게도 인류가 그것이 인류 공통의 염원이자 완성된 인간형을 만드는 가치이기 때문이다.

7장 · 그랜드 리셋, 패러다임의 전환

서구철학에서
동양적 세계관으로

    18세기 이후 인류의 삶을 바꾼 가장 극적인 발명은 대부분 물질을 세분화하고 원자와 전자로 나누거나 화학기호로 그 성질을 규명하는 데에서 나왔다. 18세기 이전엔 범주를 나누고 분류하는 것이 중요시되었다면, 이후에는 기존에 밝혀지지 않았던 새로운 범주(範疇, category)를 창조하는 것이 더 중요했다. 큰 범주에서 작은 범주를 전자현미경과 같이 세분하여 나누어 살펴봄으로써 독립된 존재를 규명하는 방법론이 노벨상을 쓸어 담았고, 의학과 물리학 대부분의 성취를 견인했기 때문이다. 그리고 모든 발견은 과학적 증명을 통해서만 인정받을 수 있었는데, 표준화된 장치(裝置)로 재실험했을 때에도 같은 값을 얻을 수 있어야만 한다는 근대과학의 규칙이 적용되었다.

    분리하고 범주화해서 세분화하는 것이 근대에 걸맞은 우월한 패러다임으로 정착된 이유는 이와 같다. 다만 사물의 이치를 규명하는 데에는 매우 유용했던 이 과학적 패러다임이 생산에는 널리 활용되었지만 생태계의 회복과 치유에는 거의 활용되지 않았다. '이윤'을 목적으로 한 '자본'은 생태계의 회복이나 생명력에 관심을 기울일 이유가 없었던 것이다.

서양철학이 '전체'보다 '개인'에 초점을 맞추게 된 이유

독립된 범주와 세분화된 물질의 운동법칙을 규명하는 현대 과학의 패러다임의 한계는 오래전부터 제기되어 왔다. 사회학자와 기후학자, 이론물리학자, 인류학자와 생물학자들의 눈에는 기존의 과학적 사유 방식이 성에 안 찼다. 애초 세상은 독립된 개체로는 존재할 수 없다. 오직 관계 속에서만 존재하며 영향을 받았고 전체의 움직임 속에 개체의 운동이 존재하는 것이다.

물론 인류가 '전체'라는 개념을 외면해 온 것은 아니다. 나라가 있어야 국민이 있고, 회사가 살아야 노동자가 살며, 기업에 돈이 충분히 고여야 투자도 하고 채용도 하는 낙수 효과를 기대할 수 있다는 오래된 관념이 바로 그것이다. 전체라는 개념을 자본만 좋아한 것은 아니다. 집단주의 사회를 꿈꿔 온 사회주의자도 전체라는 개념을 사랑했다.

"*Tous pour un, Un purs tous!(All for one! ome for all)*"
"*하나는 전체를 위해, 전체는 하나를 위해*"

알렉상드르 뒤마의 소설 《삼총사》에 나오는 말이다. 집단주의적 세계관을 가장 표현한 이 구호는 소련의 스탈린 시대에 애용되었고, 북한에서도 '사랑과 믿음의 투쟁 공동체'를 표현하기 위해 널리 사용했다. 이 말은 인류가 꿈꿔 왔던, 가장 표준화되고 도덕적이며 이타적인 인간형을 표현한 것이다.

사회주의자들은 계급이 해체된, 모두가 같은 지향과 목표를 가진 사회나 집단에선 이것이 가능하다고 믿었다. 실제로 항일 지하활동을 했던 조선 독립투사들은 이 구호를 몰랐을 수 있지만, 이런 식의 가치관을 실천했다. 나치에 대항하던 레지스탕스 조직원들 역시 목숨을 걸고 조직을 지켰으며 조직 역시 개인에 대한 책무를 다하기 위해 노력했다.

하지만 역사에서 검증된 바와 같이 그 집단의 규모가 국가 단위로 확대되면, 전체가 하나를 위해 움직이는 것은 물리적으로 불가능하다. 하나는 전체를 위해 희생할 수 있지만, 전체는 하나를 위해 움직이지 않는다. 다만 전체를 움직이는 소수의 권력자가 전체를 움직일 뿐이다. 전체를 위해 개인을 바치라는 요구는 집단주의 사회나 권위주의 독재체제에선 단골 메뉴였다. 이 문구가 더 심하게 훼손되면 "지도자(영도자)는 전체(인민)를 위해, 전체(인민)는 지도자(영도자)를 위해 투쟁한다."는 식으로 오용된다.

이런 가치관은 백전백승의 신화를 쓰고 있던 나폴레옹 군대에 뿌리 깊게 새겨진 것이기도 했다. 당시 전투에서 총상으로 후송된 병사의 팔을 절단해야만 했던 군의관의 기록이 남아 있다. 마취도 없이 도끼로 팔을 잘라 냈지만, 피를 철철 흘리던 병사는 황제가 친히 참전한 숭고한 전쟁에 몸을 바쳤다는 사실에 고무되어 통증은커녕 군가를 부르며 자신이 만든 환각에 빠져드는 것을 보았다는 것이다.

이런 이유로 서구의 철학은 국가와 집단, 전체를 신봉하게 하는 쇼비니즘과 파시즘, 국가주의에 대해 극도의 경계심을 가지게 되었다. 철학의 기본 단위를 개인에 두고 가장 많은 개인의 이익을 따르는 것이 전체의 이익이며 선(善)이라고 믿게 된 계기이기도 하다. 결단코 마르지 않을 지구 자원을 채굴하여 생산성을 높여 시장을 키워서 개인의 이익을 극대화하면 국가의 이익도 행복해진다는 가치가 이렇게 태동했다.

애덤 스미스(Adam Smith, 1723~1790)의 《국부론》과 존 로크(John Locke, 1632~1704)는 개인의 이기적 활동마저도 국가에겐 선이라고 설파했다.

> "우리가 저녁 식사를 기대할 수 있는 건 푸줏간 주인, 술도가 주인, 빵집 주인의 자비심 덕분이 아니라, 그들이 자기 이익을 챙기려는 생각 덕분이다. 우리는 그들의 박애심이 아니라 자기애에 호소하며, 우리의 필요가 아니라 그들의 이익만을 그들에게 이야기할 뿐이다. … 모든 개인은 … 노동의 과정에서 필연적으로 사회의 이익을 최대한 늘리는 결과를 낳는다. 일반적으로 개인은 사회의 공익을 증진할 의도도 없고, 자신이 공익을 얼마나 증진하는지도 모른다. … 개인은 자신의 이익만 늘리려 하고, 이러한 과정에서 보이지 않는 손에 이끌려(led by an invisible hand)

의도치 않게 다른 사람의 이익을 증진한다. 이는 언제나 사회에 해롭지 않다. 종종 개인은 자기 이익을 추구함으로써 처음부터 사회 이익을 위해 노력할 때보다 더 효과적으로 사회 이익을 증진한다." [20]

여기서 주의해야 할 점은 '개인'과 '국가'의 개념이다. 애덤 스미스가 살던 시절 개인은 '개인'이 시민권을 획득하고 생산수단을 보유했던 자본가나 귀족, 유한계급을 뜻한다는 것을 뜻할 뿐 농노나 노동자는 해당하지 않았고, '국가'라는 개념은 오늘날 우리 헌법이 밝힌 "대한민국의 주권은 국민에게 있고, 모든 권력은 국민으로부터 나온다."라는 문구와 동일하지 않다. 주권자의 총합으로서의 국가가 아니라 왕실과 의회, 귀족과 자본가들의 의사 행자로서의 국가라는 개념이다. 어쨌든 서구의 철학적 전통은 물질의 기본 단위를 원자로 보았던 것과 같이 사회의 기본 요소를 개인으로 두고 고찰했다.

• • •

20 국부론에서 이 보이지 않는 손(an invisible hand)은 단 한 번 언급되었지만, 이후의 경제학은 여기서 철학적 영감을 얻어 최소한의 국가통제와 무한한 시장 자유라는 원칙을 고수했다. 대공황 시절 케인즈 경제학이 대두되기 전까지는. 하지만 애덤 스미스의 《도덕감정론》을 보면 그의 진의가 뚜렷해진다. 그는 인간의 공감능력, 즉 타인에 대한 연민과 공감과 같은 도덕 감정이 필요하며, 부의 독점과 경제적 집중은 시장을 왜곡시키며, 기계와 분업화는 사람의 독창성을 저해해 아둔한 존재로 추락시킨다고 경고했다. 문제는 그가 이것을 시스템이 아닌 자본가의 선의와 교양으로 해결할 수 있다고 믿은 것이다.

4차 산업시대 통합가치와 그랜드 리셋

농경과 유목의 차이가 동서양 세계관의 차이로

동·서양 세계관의 차이는 종교와 건축, 문학 등 모든 분야에서 드러난다. 하늘과 땅, 인간을 하나의 총합체로서의 우주(자연)로 생각한 한국의 건축철학과 자연과 인간을 나누어 인간을 독립적인 투쟁자로 설정한 서양의 건축 미학은 특히 그렇다. 조선 시대 유일한 법궁(法宮)이었던 경복궁의 경계를 경복궁 담벼락으로 생각하는 전통건축가는 없다. 경복궁은 뒤로 북악산에서 인왕산 능선까지를 하나의 경계로 하여 그 아래는 모두 너른 앞마당으로 설정한 개념이다.

흥미로운 점은 경복궁 자체도 육조거리를 비롯해 서촌과 북촌 등 도성 백성의 영역 내에서 존재했다는 점이다. 경복궁의 영역적 개념을 확인하려면 북한산(백악·북악산)에서 내려온 산세가 낙산(낙타), 남산(목멱), 인왕의 능선을 타고 흘러 사대문 사소문 내에 고이는 형상을 이해해야 한다. 또 좌로는 조상신을 모시는 '종묘(宗廟)', 우로는 토지신과 곡식의 신을 모신 사직(社稷)단이 구축되어야 비로소 경복궁은 위치적 의미를 완성할 수 있다.

프랑스의 베르사유 궁전이 완벽히 독립된 인간의 창조물인 것과는 차이가 크다. 어디 그뿐인가. 이름과 주소, 날짜를 표기하는 방식에도 세계관의 흐름이 뚜렷이 드러난다. 동양에선 큰 단위에서 시작해 작은 단위로 이어지지만, 서양에선 자신의 이름과 같이 가장 작은 단위에서부터 시작한다.

개인과 전체에 대한 접근 방법은 멀리 나가면 농경문화와 유목문화의 차이에서 발생한 세계관의 차이이기도 했다. 부락공동체를 꾸려 파종과 추수를 함께하며 정주(定住)해야 했던 농경민족은 노동의 집단성과 관계성을 중심으로 문화를 발전시켰다. 빙하기 이후 인구가 증가하자 농경에 적합한 부족들은 적은 땅에서도 많은 농산물을 얻을 수 있는 농경문화를 발전시켰다.

이 시대 마을 사람 모두가 공동 경작하는 것은 가장 신성한 의무였다. 싸움을 잘하는 청년보다는 파종 시기와 추수철, 장마철과 냉해기를 귀신같이 파악해 마을 사람을 지도할 수 있는 경험 많은 연장자가 존경받았다. 잉여생산물이 생기자 계급이 출현했고, 농한기는 철학과 예술을 발전시킬 수 있는 토대가 되었다.

중세까지 거의 모든 과학적 영역에서 서양은 동양의 혜택을 받았고, 특히 동·서양 접경지의 학문은 비약적으로 발전했다. 기후를 결정하는 하늘에 대한 숭배는 풍년에 대한 염원이기도 했다. 이렇게 발전한 종교는 잉여생산물의 출현과 함께 강력한 국가를 탄생시켰다. 개인은 전체와 개인의 관계성, 나와 사람과의 관계성 속에서만 유의미했다. 동양철학의 근간은 이렇게 탄생했다.

반대로, 양과 순록이 목초지의 풀을 다 먹으면 계절 변화에 따라 떠나야 했던 유목민족은 계급적 구조가 훨씬 늦게 발전했다. 구성원들의 관계가 동양에 비해 훨씬 수평적이었다. 또한 유목에 필요한 지식은 농경에 비해 그리 어렵지 않게 익힐 수 있는 것들이었다. 노년의 권위보다는 젊은 가장의 권위가 존중받았다.

그들은 이동에 적응하며 새로운 문화를 접촉해야 했고, 이상 기온으로 인해 목초지가 마르거나 풀이 자라지 않으면 이웃 부락의 목초지를 약탈하거나 농경민족을 침략해 곡식과 가축을 얻었다. 침략 전쟁이나 방어 전투가 잦았기에 용맹하고 말을 잘 다루는 전사가 우대받았다. 어려서 말을 타고 활을 쏘고 창술을 익히는 것은 기본 소양이었다. 전쟁으로 많은 사람이 죽고 나서야 인구 부족에 시달리던 유목민족은 소멸하거나 작은 부락으로 다시 쪼개어졌다.

이후 그들이 선택한 것은 상업이었다. 상업은 수천 킬로미터를 이동하는 교역을 중심으로 발전했는데, 상업에서 필요한 것은 노인이 아니라 많은 지역을 오가며 셈을 하고 새로운 문화에 적응할 수 있는 적응력이었다. 개인의 역할이 더욱 커지게 된 계기가 바로 상업 문화의 발전이었다. 서양철학이 개인의 실존과 자유를 탐구하게 된 계기이기도 하다.

물론 이것은 어떤 것이 우월하다는 개념이 아니다. 현대에는 이 두 개의 경향성이 서로를 수용하며 때로는 충돌하며 경합하고 있다.

'전체'에 대한 새로운 시선이 필요할 때

2021년 파키스탄의 대홍수는 국토의 절반을 휩쓸었고 아직 사망자를 정확히 통계 내지 못하고 있을 정도로 피해가 컸다. 41조 원 이상의 복구비용이 필요한 상황이다. 그런데 파키스탄에서 배출하는 탄소 배출량은 세계 158위로 매우 적다. 선진국이 배출한 탄소로 인해 재앙을 입었으니 선진국들이 보상하라는 파키스탄 정부의 요구에 UN이 화답했다. 복구비용을 1992년 기후협약 당시 선진국으로 분류된 나라들이 분담하기로 한 것이다.

아마 이는 주요 제조국의 탄소 배출과 개도국에서 발생한 재앙 사이의 인과관계를 인정하고 보상한 최초의 사례일 것이다. 이 뉴스는 국내에게 작게 다뤄졌으나, 필자는 매우 고무적으로 받아들였다. 관례에 따르면 선진국들이 파키스탄의 수해를 배상해야 할 법적 책임은 없었다. 하지만 UN의 이 결정이 특별한 이유는 지구라는 존재를 일종의 공공재로 보고 탄소 배출로 인해 이 공공재가 훼손되어 파키스탄이 피해를 입었다는 논리적 인과율을 인정했기 때문이다. 이는 각종 국제법과 나라 간 협정의 성격을 뛰어넘는 것이다.

지구는 20만 년 전 현생 인류의 탄생 이전부터 존재했고 자연과 인간을 생육해 왔다. 지구의 공기를 소유할 수 없고 대양의 바닷물을 가질 수 없듯, 지구라는 생태는 애초부터 마음껏 훼손해도 되는 존재가 아니었다. 적어도 우리의 이상적인 관념으론 그랬다. 생태계로서의 지구는 그 누구의 소유물이 되어선 안 되는 존재였지만, 인류는 남극 대륙을 제외한 모든 지구의 지표에 소유권을 주장하는 푯말을 박았고, 공해에선 거의 제한 없는 채취를 해 왔다.

그렇게 오염되고 뜨거워진 바닷물에 대해 느슨한 국제협약을 통해 매년 약속을 반복해 왔지만, 그 어떤 나라도 이 결정에 대한 구속력을 느낀 적은 없었다. 이러한 현실에서 보상을 해 준다는 것은 책임이 있다는 말이다.

우리는 지금 어디로 가고 있는가

공동체와 공유하고 있는 것, 즉 물 · 공기 · 바다와 같은 공공재에 대한 존중, 사회와 이웃에 대한 깊은 애착, 생명과 순환에 대한 경외심과 같은 가치는 여전히 많은 사람에게 감동을 준다. 하지만 이런 철학이 하나의 패러다임으로 정착되어 세상을 움직이고 있다는 증거는 아직 빈약하다. 많은 이들이 이런 가치관을 그저 순수하다거나 판타지라고 보고 있는 듯하다.

왜 이렇게 되었을까? 돌아보면 인류가 잘못된 신념을 내재화했던 중대한 계기가 있었다. 필자는 그것이 1990년대라고 생각한다. 이 시절에 공동이 아닌 개인을 우선하고, 순환이 아닌 착취가, 배려보다는 침탈이 더 우월하고 힘이 세다는 신념이 확장되었다. 인류 역사 최초로 계급 없는 공유사회를 표방했던 사회주의 진영의 실패 이후 인류의 역편향을 돌아보자.

소비에트와 신중국, 캄보디아 등의 사회주의 나라에선 함께 일하고 함께 생산물을 공동으로 분배하는 협동농장 제도를 실험했지만 그 결과는 형편없었다. 이스라엘 건국 초기의 '키부츠' 역시 집단 노동, 공유 소유를 기치로 한 집단농장이었는데, 이 역시 실패했다. 사유재산에 대한 개인의 욕망과 이를 쟁취하기 위한 경쟁제도의 우월성이 널리 받아들여지게 된 계기이기도 했다. 이 과정에서 인류가 꿈꿔 왔던 이상적인 가치관 역시 공격받고 위축되었다.

'전체'와 '공공재에 대한 공유'에 대한 믿음은 1990년대 이후 '낭만적

환상'으로 치부되었다. 공동체에 이타적이며 자기 행동이 남에게도 선한 영향력을 미쳐야 한다는 생각, 오늘의 밥상이 자연에 대한 공격으로 인한 것이 아니라는 확신 같은 것 말이다. 이 이상적인 가치관을 대체하고 있는 것이 바로 '물신주의'다. 돈(가치)만 얻을 수 있다면 어떤 방법이라도 동원해야 한다는 작은 속삭임은 이제 보편적인 세계관으로 굳어지고 있다.

이렇듯 20세기의 문명을 이끈 주류 철학은 인류에게 튼튼한 동아줄이 되어 줄 것 같지 않다. 필자만 이런 생각을 하는 건 아니다. 많은 인류학자는 인류의 역사와 자연사(자연의 역사)를 공부하며 공통의 의문점을 제기하고 있다. 애초 인류의 DNA가 그렇게 설계되지 않았음에도, 왜 인류는 자기 종의 멸종을 앞당기는 시스템을 고착시켜 왔을까 하는 의문 말이다.

뇌 과학자들은 인간(호모 사피엔스 사피엔스)에게는 다른 동물에겐 찾아볼 수 없는 강한 공감과 애착 감정을 촉진하는 부위가 발전했다는 것을 밝혀냈다. 일반적으로 동물은 자신을 보호하기 위해 서열 관계에 복종하거나 무리를 이루고, 동맹을 형성하기 위해 '사회적 보상'이라고 하는 털 고르기 등의 우호적 행동을 발전시켜 왔다. 하지만 이것은 어디까지나 종족 보존과 생존에 그것이 더 유리한 행동이기 때문에 작동되는 것이며, 그 범위 또한 서식 집단 내로 한정된다. 하지만 인간은 대륙을 넘어 소말리아와 시리아의 고통에 공감하며 SNS를 통해 자선에 동참한다. 재난으로 피폐화된 지역 시민에 연대하고 길고양이에 대한 잔인한 행동에 크게 분노한다.

《사피엔스》의 저자 유발 하라리는 인간은 '이야기를 만들어 낼 수 있는 능력'으로 상징과 우상을 통해 '우리'라는 개념을 확장시키고 구성원을 결집했다는 점에 주목했다. 즉, 눈으로는 볼 수 없고 증명할 수 없었지만 인간은 '인권'이라는 개념과 '자유'라는 개념을 만들고 확장시켰다. 어쩌면 과학자들과 인류학자들이 아직 규명하지 못한 문제, 즉 인간을 인간답게 만드는 그 이야기에 답이 있지 않을까.

그것은 다름 아닌 오랜 세월 인간이 꿈꿔 왔던 완결적 인간형에 대한 추구일 것이다. 이 완결적 인간형은 순환하는 우주 속의 아주 작은 먼지이며 자신의 탄생과 소멸의 순환 또한 자연스럽게 받아들이는 또 하나의 자연적 존재이다. 이 인간형에 대한 오랜 열망은 대부분 종교적 메시지로 전승되어 왔다.

> "인간은 누구나 태어난 곳으로 돌아가며, 삶과 생명이란 우주라는 시공간에서 찰나와 같은 기적의 순간이다. 나와 다른 존재는 하나로 연결되어 있다. 그러니 너희는 이웃을 사랑하라. 탐욕을 위해 타인과 생물을 해치지 말라. 타자의 고통을 내 것으로 받아들이고 남이 싫어하는 것을 강요하지 말라. 해악에 따른 고통은 다시 당신에게 돌아온다. 그러니 세상을 움직이는 불변의 진리 중 하나는 당신이 아프면 나도 아프다는 사실이다."

200년 전만 해도 서구철학에선 이런 종류의 '윤리관'을 낡은 것으로 치부했다. 심지어 니체는 이런 보편적 윤리관을 '노예의 도덕'이라고 일갈했다. 니체가 보기에 이런 도덕의 계보는 기독교가 유럽을 점령

7장 · 그랜드 리셋, 패러다임의 전환

하면서 발생한 것이고, 교황과 교회가 군중에게 강요한 하나의 이데올로기에 불과하다고 보았다. 그래서 19세기 자유주의 철학자들이 고안한 개념이 바로 '최대 다수의 최대 행복'과 같은 공리주의 윤리관이었다. 옳은 윤리란 늘 다수의 이익과 행복 내지는 쾌락의 최대치에 복무해야 한다. 현대의 자유주의 사상 역시 공리주의의 시조인 벤담, 제임스 밀, 존 스튜어트 밀로부터 계승된 것들이다.

인간을 중심으로 세상의 옳고 그름을 판명했던, 그리고 다수의 결정을 최대의 가치로 규정했던 자유주의 인문학의 그 놀라운 성취에도 불구하고 한계점을 노정했다. 서구 자유주의 철학의 정당함은 오늘날 우리가 목도하고 있는 세상, 더는 회복도 재편도 불가능할 것같이 보이는 참상을 구축했다. 이 사상에는 인간이 세상 만물과 연결되어 있으며 결코 독단자로 살아갈 수 없고 인간과 인간의 연결 고리는 더욱 완고하다는 '연결성과 복잡성'에 대한 철학이 제거되어 있다.

"우리는 본래 하나였다."라는 다소 철학적인 명제를 가장 잘 이해하고 있었던 사람은 아인슈타인과 스티븐 호킹, 닐스 보어와 같은 천재 물리학자들이었다. 수만 년 이상 인간에게 우주는 고정불변한 것이었지만, 그들의 과학에 의해 우주는 지구의 공전과는 비교도 할 수 없을 만큼의 속도로 움직이며 팽창하고 있다는 사실이 밝혀졌다. 그리고 극한 작은 점 '하나'에서 우주(우리)는 시작되었다. 그리고 그 우주의 99.999999…% 이상의 공간에 생명은 없다.

우주는 애초 생명력으로 충만한 공간이 아니고 앞으로도 아닐 것이다. 아주 우연한 순간 기적처럼 시작된 이 우주의 이야기처럼, 수억만

4차 산업시대 통합가치와 그랜드 리셋

분의 일의 확률보다 더 작은 확률로 RNA 단백질에 불과했던 존재가 현생 인류로 진화했다. 절대적인 우주의 시간과 공간 속에 생명, 그리고 인류라는 존재는 극히 예외적이다.

결(結), 우리가 이기적일 것이라는 착각

2020년의 장마는 관측 역사상 가장 길었다. 6월 10일 시작한 장마가 9월 10일에 끝났고, 이 사이 3개의 태풍이 한반도를 강타했다. 이때 국내 환경운동가들 사이에선 의미 있는 토론이 있었다. 지금까지 환경운동 진영에선 지구온난화의 위험성을 알리기 위해 녹아내리는 빙하 위에서 바다에 빠지지 않기 위해 질주하거나 먹잇감을 구하지 못해 앙상하게 뼈가 드러난 북극곰의 영상을 활용하곤 했다. 북극곰의 귀여운 이미지와 아름다운 빙하가 쪼개지며 무너지는 장면이 좋은 소구 소재였기 때문이다. 호주 산불 이후에는 바싹 구워진 새끼 캥거루와 기진한 코알라 영상을 활용한다. 문제를 제기한 이들의 주장은 다음과 같다.

"지구온난화로 당장 호주 전역이 불바다가 되고 파키스탄과 중국에선 수없이 많은 사람이 목숨을 잃고, 한국 역시 역대 최장기 장마와 홍수로 피해를 보았는데, 우린 언제까지 북극곰과 코알라를 '팔아 가며' 탄소 절감을 선전할 것인가. 북극곰 영상보다 직관적인 것은 당장 우리가 겪고 있는 기후재앙이 아닌가?"

당시 사회관계망 서비스에서 자주 볼 수 있었던 홍보 문구는 "지금 내리는 비의 이름은 '지구온난화'입니다.", "우리가 겪고 있는 것은 여름 장마가 아니라 기후재앙입니다."였다. 물론 이러한 주장에 모두 동조한 것은 아니다. 인간은 실제 인간의 재난보다 애착이 가는 동물의 고통과 재난에 더 큰 심정적 동요와 연민을 느낀다는 사회심리학자들의 연구 결과를 들며 소구 효과는 오히려 멸종위기종이 느끼는 고통을 보여 줄 때 더 좋다는 사람들이 있었다.

또한 '기후정의'라는 것이 인간을 위해 존재하는 것이 아니라 지구와 모든 생태계, 생물에게 필요한 것인데 왜 인간의 고통에만 천착하는지 물으면서 이기적 논리로 구성된 선전은 결국 일시적인 주목도만 끌게 될 것이라며 재난 이후 인간들은 죄다 아무 일도 없었던 것처럼 행동할 것이라고 주장하는 활동가도 있었다.

일반적으로 광고는 직관적인 대조와 짧은 카피, 중등 교육 수준의 소비자들도 쉽게 공감할 수 있는 논리가 필요하다. 그래서 광고의 기본은 항상 "A는 B이다."이다.

스포츠 브랜드 나이키는 1984년 농구선수 마이클 조던과 계약했다. 당시만 해도 나이키는 아디다스, 아식스, 리복에 밀렸던 4위 스포츠 브랜드였다. 나이키는 마이클 조던의 경이로운 점프 높이와 체공 시

결(結), 우리가 이기적일 것이라는 착각

간을 이미지로 신발을 홍보했다. 그리고 이듬해 1985년엔 조던의 이름을 붙인 '에어 조던'이라는 운동화를 출시한다.

조던은 이 신발을 신고 출전했지만, 몇 경기 후 NBA는 이 농구화의 착용을 금지했다. 에어 조던은 붉은색과 검정색으로 디자인되었는데, 당시 NBA는 흰색이 대부분을 차지하는 농구화만을 신어야 한다는 규정이 있었기 때문이다. 나이키는 매우 단순하고 직관적인 광고를 내보냈다. 마이클 조던이 서서 농구공을 튕기는 것이 다였다. 중요한 것은 영상에 입혀진 내레이션이었다.

9월 5일 나이키는 혁신적인 농구화를 창조했습니다.
10월 18일 NBA는 이 신발의 착용을 금지했습니다.
다행히 NBA는 당신이 신는 것까지 막을 수는 없습니다.
Nike Air Jordan

NBA의 요청은 단순하게도 "운동화의 색상을 바꾸라."는 것에 지나지 않았지만, 영리한 캠페인 매니저들은 "에어 조던은 NBA도 공정경쟁을 위해 금지할 만큼의 성능이다."라는 의미로 알려질 것으로 보았다. 결과는 대성공이었다. 이후 에어 조던은 당시 농구화의 2배 가격인 65달러를 책정했음에도 불티나게 팔려 나갔다. 나이키는 2달 만에 7천만 달러를 벌어들였고, 창고엔 재고가 바닥났다. 나이키가 스포츠 브랜드 1위가 된 사건이기도 했다. 이 현상을 보고 경제학자들은 심리적 가격 형성 과정을 보여 주는 가장 극적인 사건이라고도 말할 정도였다.

4차 산업시대 통합가치와 그랜드 리셋

다시 원래의 이야기로 돌아가자. 북극
곰과 코알라 영상은 인간이 가지고 있는
공감 능력, 즉 애착감에 초점을 맞춘 것
이다. 그리고 기후재앙과 관련한 홍보는
앞으로 닥칠 재난에 대한 두려움에 초점
을 맞추었다. 끝으로 나이키는 가장 단
선적인 지향, 즉 인간의 욕망을 주목했
다. 실례로 초기 판매되었던 에어 조던

나이키의 에어 조던 이미지

은 몇 달 못 가서 밑창에 삽입된 공기 캡슐이 터져 나가기 일쑤였다.
하지만 그런 건 중요하지 않았다. 마이클 조던처럼 체공하고 싶은 인
간의 욕망은 에어 조던을 경쟁사 농구화보다 2배나 비싼 가격에도 불
타나게 팔리게 했다.

인류의 황혼녘에 서서

철학자 박이문 선생(1930~2017)은 한국의 자생철학을 대표하는 철
학자이자 프랑스 철학의 최고 전문가로 평가받았다. 그는 2010년《철
학적 경영이 미래를 연다》라는 책을 통해 고대 동양적 세계관을 다시
돌아보며 그 철학에서 줄기를 이어야 한다고 주장했다.

앞으로 21세기에는 지구 문화의 만화경적 혼합의 성격이 한결
더 두드러지게 나타날 것이며, 문화의 기조는 서구 중추적에서

결(結), 우리가 이기적일 것이라는 착각

아시아 중추적 색깔로 점진적 변화를 가져올 것이다. 오늘날 관찰할 수 있는 지구 문화가 형성될 수 있었던 데는 경제적 부의 축적이 있었고, 경제적 부의 뒤에는 과학기술의 발달이 있고 과학 기술의 밑바닥에는 인간의 무한한 물질적 욕망이 깔려 있었다. … 이런 관점에서 볼 때 21세기의 문화는 얼마 동안은 더욱 인간 중심적일 것이며, 물질주의적이며, 과학기술 중심적일 것이다. 20세기의 지구 문화는 자연에 대한 도전적 태도와 타인에 대한 경쟁적 태도의 산물이며, 그 문화적 성격은 21세기에도 쉽게 달라지지 않을 것이다. … 오늘날의 삶의 양식, 즉 지구 문화의 틀을 근본적으로 바꾸지 않고서는, 지금부터 천 년 후 아니 한 세기 후 과연 지구 문화, 더 나아가서 인류가 생존할 수 있겠는가? 의식의 근본적인 개혁과 문화적 패러다임의 근본적 전환을 준비하는 21세기 문턱에 발을 디디고 있는 인류에게 던져진 가장 근본적인 정언명령이다. 이런 맥락에서 불교와 노장사상으로 대표되는 고대 동양적 세계관은 심도 있게 재고할 가치가 있다.[21]

우리의 사고에 코페르니쿠스적 전환이 일어나지 않은 채 현재의 문명이 앞으로도 같은 식으로 전개된다면, 아무리 뛰어난 기술로도 해결할 수 없는 문명의 종말을 맞게 될 것이다. 인간의 삶

• • •

21 박이문, 철학적 경영이 미래를 연다—에콜로지와 문명의 미래(임프린트 웅진문화에디션 뿔, 2010), p. 40.

4차 산업시대 통합가치와 그랜드 리셋

을 유지하고 풍요롭게 하는 데 필요한 자연자원에는 한계가 있다. 지금까지 인류가 걸어온 문명사의 지평에서 볼 때, 아무리 기술이 발달하더라도 증폭하는 인구의 물질적 욕망을 다 채워줄 수는 없으며, 어떠한 환경공학 기술이 발명되더라도 그러한 욕망 충족 과정에서 필연적으로 생기는 환경 유해물의 양과 그 성격을 생각할 때, 그것을 장기적으로 처리하는 데는 한계가 있다. … 원시안적 관점에서 볼 때 현재 인류가 휩쓸려 들어가 있는 모든 전략적 음모와 치열한 경쟁은 침몰하는 배 위에서 벌어지는 이전투구에 지나지 않으며, 거시적 관점에서 볼 때 현재 인류가 누리고 있는 번영은 죽음이 눈앞에 다가온 것을 의식하지 못하는 아편 중독자의 환각적 쾌락과 같다.[22]

선생은 인류 생존의 종료를 천 년이나 한 세기까지 보았다. 그도 그럴 것이 2010년만 하더라도 지구온난화는 괴담에 불과하다는 미국 과학자들의 논문이 쏟아질 때였고, 지금과 같은 '유엔 기후변화협약 당사국총회(COP21)'가 없었을 때다. 파리 기후협약은 2015년에 체결되었다. 지구가 견딜 수 있는 시점을 꽤나 넉넉하게 보긴 했지만, 20세기를 이끈 과학기술 중심주의와 물질주의의 효능이 없어질 것으로 본 점은 매우 탁월하다. 선생은 "인류가 무섭도록 빠른 문명이라는 욕망의 열차에 제동이 걸리지 않는 이상 미래엔 종말론적 세계만이 기다리

• • •

22 위의 책, P. 311.

결(結), 우리가 이기적일 것이라는 착각

고 있다."고 일갈했다.

선생이 동양사상 중 굳이 불교와 노장사상을 언급한 이유는 번뇌와
욕망의 굴레에서 해탈을 추구하는 생명 중심의 불교철학과 세상 만물
의 생성과 소멸과 같이 인간이라는 존재는 본디 없던 것에서 다시 무
로 소멸되어 회귀한다는 무위자연(無爲自然) 사상이 현대에 절실하다
고 보았기 때문이 아닐까.

인간은 타인의 욕망을 욕망한다

나의 벗은 눈이 소담하게 내린 날 밤 보은산자락의 작은 암자에서
스님과 나눈 대화를 들려주었다. 5명이 눈꽃으로 가득한 산길을 걸어
암자로 향했는데, 일행 중에는 시인과 역사학자, 기계공학자, 술장사
를 하는 사람이 있었다. 스님은 따뜻한 차를 내주었고 밤이 깊어지자
대화는 다양한 주제로 번졌다.

빌 게이츠가 애플의 스티브 잡스나 테슬라의 일론 머스크보다 훌륭
한 사람인 이유는 다른 슈퍼 리치들이 인류의 욕망을 실현하려 할 때
빌 게이츠는 그 욕망 뒤에서 고통받는 이들을 위한 가치를 창조했다는
주장이 있었고, 소비가 인간의 정체성을 규정하는 시대에 대한 반성
에서 시작해 지구온난화에 대한 이야기까지.

스님은 뒷산 어느 등성이에 철모르고 피어난 들꽃의 사연을 들려주
었다. 지구온난화로 겨울에 싹을 틔우는 바람에 얼마 뒤에 찾아온 한
파에 죽어 버린 꽃이었다. 그러면서 지식이 많은 사람이 대중에게 설

파한 '친환경'의 본질을 살피라는 주문을 했다.

"전문가들은 태양광과 풍력, 수소를 이용하면 에너지 문제가 많이 해결될 것처럼 말합니다. 플라스틱 제품 분리수거를 더 잘하고, 못난이 과일을 구매하고 쌀뜨물로 설거지를 하며 종이 빨대를 사용하고 환경단체에 매월 만 원씩 후원하면 세상이 더 좋아질 것처럼 말합니다. 그런데 그런 주장 역시 과학기술에 대한 맹신에서 자유로운 것은 아닙니다. 세상의 변화는 결국 사람의 행동에서부터 시작됩니다. 우리는 너무 많이 죽이고 너무 많이 먹고 너무나 많은 것들을 버리고 있습니다. 다른 에너지를 사용하라는 말은 해도 물을 아끼고 내복을 입고 소비를 줄이고 더위를 느끼며 지구의 고통을 함께 느끼라고는 감히 말하지 못합니다. 왜냐하면 대중들이 그런 방식의 실천을 좋아하지 않을뿐더러 소비하지 않는 대중이 경제를 망친다고 보기 때문입니다. 개인의 실천은 세상을 바꾸지 못한다는 생각이 많은 것 같습니다."

봉준호 감독의 영화 〈설국열차〉는 현대 인류가 직면한 문제를 거친 상징과 은유로 그대로 드러낸다. 지구온난화를 극복하기 위해 사용한 화학물질로 얼어 버린 지구, 공기와 접촉하면 그대로 얼어 버리는 기후재난을 피하기 위해 일단의 사람들이 특수하게 설계된 열차로 피한다. 열차 안에선 극소수의 부유층과 바퀴벌레를 갈아서 만든 파우더 젤을 먹고사는 잉여인력이 갈등한다. 열차는 정해진 궤도를 따라 대륙을 횡단하며 순환한다. 이 갈등으로 인해 열차가 폭발하고 궤도에

결(結), 우리가 이기적일 것이라는 착각

서 이탈해 눈밭에 떨어진 2명의 어린아이가 새로운 인류가 된다는 암시를 주고 영화는 끝난다.

흥미롭지 않은가. 영원히 끝날 것 같지 않은 궤도를 순환하던 열차가 궤도를 이탈하면서 새로운 답이 열린다는 설정 말이다. 〈설국열차〉는 패러다임의 파괴를 통한 해법을 제시한다.

이기적 유전자와 공감의 유전자

프란스 드 발은《이기적 유전자》의 저자인 리처드 도킨스에 대해 가장 열정적인 비판과 반론을 지속해 온 세계적인 영장류 학자다. 그는 인간종의 진화와 현대 문명에 대해 리처드 도킨스가 유전자의 입장에서 재해석한 것을 탁월한 공헌이라고 평가하면서도, 《이기적 유전자》는 인간의 본성이 이기적 유전자에 의해 좌우된다는 대중의 오해를 불러일으켰다고 주장한다. 그가 관찰했던 영장류나 포유류의 세계에선 대부분의 동물이 협력을 통해 종을 보존했고, 심지어 이기적 행동을 하는 침팬지나 돌고래는 집단에서 따돌림당하는 모습을 관찰할 수 있었기 때문이다.

그는《공감의 시대》[23]라는 역작을 통해 인간의 본성에는 이타심과 협동심, 유대의식과 공정성에 대한 감각이 뚜렷이 있다는 점을 밝혀

• • •

23 프란스 드 발. 최재천 · 안재하 역. 공감의 시대(김영사, 2017).

4차 산업시대 통합가치와 그랜드 리셋

냈다. 오히려 인류는 무지막지한 이윤 추구와 테러와 전쟁, 봉쇄와 차별의 세상과 결별할 수 있는 역량을 갖추고 있다고 보았다. 특히 2008년 세계 금융위기 이후 부의 축적을 통한 자유시장 원리가 더는 안전하지 않다는 것을 많은 대중이 깨달았는데, 인류는 진화 과정에서 자신이 보여 줬던 '온전한 본성'을 깨달으며 새로운 사회를 설계할 수 있는 힘도 얻었다고 주장한다.

리처드 도킨스는 초판 이후의 30년 증개정판을 통해 자신이 책의 제목을 이기적 유전자가 아닌 "협력적 유전자"로 해야 했다는 후회까지도 했다고 밝혔다. 특히 "우리는 이기적 유전자의 생존 기계일 뿐인가?"라고 표현한 책의 홍보 문구 역시 그릇된 관점을 유포했다고 반성했다.

그는 증개정판을 통해 생존과 종 보존을 위해 이기적 행동을 하는 DNA의 역할뿐 아니라 호혜성·상보성의 원리에 대해서도 많은 부분을 할애해서 설명했다. 다시 말해 인간이 친화적이고 협동하는 분위기가 만연한 공동체에 속해 있다면, 응당 인간은 협동을 통한 생존 전략을 추구한다는 주장이다.

정보통신 혁명이 인류에게 미칠 영향을 연구하던 인류학자 제러미 리프킨은 인간 종의 발전사에서 애착감정과 공감의 구실에 대해 '엔트로피의 역설'[24]이라는 개념을 설명하며 다음과 같이 말한다.

결(結), 우리가 이기적일 것이라는 착각

인류사의 한복판에는 공감-엔트로피의 역설적 관계가 있다. 역사를 통틀어 새로운 에너지 제도는 새로운 커뮤니케이션 혁명을 통해 훨씬 복잡한 사회를 창조해 냈다. 그렇게 기술적으로 진보한 사회는 다양한 사람들을 하나로 묶어 인간의 의식을 확장하고 공감적 감수성을 고조시켰다. 그러나 환경이 복잡해질수록 에너지 사용은 많아지고 자원은 더욱 빨리 고갈된다. 공감의식이 커질수록 지구의 에너지와 그 밖의 자원의 소비가 급증하고 그래서 지구의 건강이 급속도로 악화된다는 것은 역설이 아닐 수 없다. 지금 우리는 대단히 에너지 집약적이고 상호 연관적인 세계에서 지구 차원의 공감대가 형성되어 가는 현장을 지켜보고 있다. 그리고 그 배경에는 재앙에 가까운 기후변화와 우리의 존재 자체를 위협하는 치솟는 엔트로피가 자리 잡고 있다. 공감-엔트로피의 역설을 해결하는 일이야말로 지구에서 인류가 살아 번창할 수 있는지 여부를 가늠하게 해 주는 중대한 시금석이 될 것이다. 그러기 위해서는 경제와 사회의 모델부터 다시 생각해 보아야 한다.[25]

• • •

24 '엔트로피(Entropy)'는 물체의 에너지(열) 변화의 방향을 말하는 개념으로 '열역학 제2 법칙'이다. 하지만 제러미 리프킨의 역작 《엔트로피》의 출판 이후 에너지 사용으로 인해 많은 대중은 무질서로 향하는 지구의 에너지 변화 법칙으로 받아들였다. 즉 질서를 창조하기 위해 더 많은 무질서를 창조하느라 에너지를 낭비하는 이치에 대한 개념이다. 그의 서적이 너무나 강렬한 영향을 미쳤고 또 그 개념 또한 주관적인 해석이 많아 그는 한때 '과학자들이 가장 증오하는 학자'로도 불렸다.

25 제러미 리프킨, 이경남 역, 공감의 시대(The Empathic Civilization)(민음사, 2010), p. 6.

4차 산업시대 통합가치와 그랜드 리셋

앞서 설명한 시스템 사고를 적용하자면, 문제를 해결하기 위해 실시한 행동이 더 큰 문제를 야기하고 이것이 반복되면 근원적으로 해결하기 어려워질 만큼 문제가 심화된다는 뜻으로 받아들여도 좋을 것이다. 세계와 사회의 초연결성이 실현되면서 많은 문화와 가치가 보편화되고, 타 문화에 대한 이해와 공감의 수준이 비할 바 없이 높아졌다. 한 나라의 비극, 개인의 사연은 이제 실시간으로 전 세계인이 공감할 수 있으며 방탄소년단(BTS)의 신곡은 이틀 만에 1억 뷰를 달성한다. 이를 '문명의 지구적 구조화'라고 표현할 수도 있다.

제러미 리프킨의 주장은 과학기술의 발전으로 사람들의 관계가 확장되고 데이터가 빠르게 이동할수록 공감하는 사람은 비약적으로 늘고 그 시간도 단축되었지만, 이로 인해 지구 자원이 더욱 황폐해진다는 말이다. 약간 극단적인 예를 들면 슈퍼스타가 특정 브랜드의 모자를 쓰고 찍은 사진 한 장이 인스타그램에 공개되면 다음 날 수백만 개의 모자가 팔려 나가는 이치다.

공감을 위한 인프라와 공감으로 인한 소비, 공감을 확장하기 위한 투자 모두 탄소 배출로 이어지는 역설이 이와 같다. 높은 소비전력 효율을 자랑하는 냉장고는 분명 전기를 더 적게 소비해서 친환경적일 것으로 착각하지만, 높은 전력효율을 위해선 더 좁은 선로와 선폭을 가진 반도체가 필요하고 더 많은 자원과 노동력이 사용된다.

앞서 필자는 환경운동가와 나이키의 광고 사례를 소개하며 '애착'과 '공포'와 '욕망'이라는 3가지 키워드를 소개했다. 여기서 공포와 애착은 인류가 종을 보전하고 번식하기 위해 꼭 필요한 본능적 감정임이 분명

결(結), 우리가 이기적일 것이라는 착각

하다. 선사 시대 어두운 숲에서 부스럭 거리를 소리를 듣고 오싹한 공포를 느끼며 달아났던 DNA가 살아남아 그 유전자를 자손에게 물려주었고, 자식과 직계, 부족에 대한 애착심이 높은 부족일수록 강한 결집력을 보이며 더 잘 조직되었다.

그런데 '욕망'은 잉여생산물의 출현 이후에 더욱더 강화된 인간의 특성이며 사회적 관계 속에서 후천적으로 학습된다. 일차원적인 소유욕만을 가지고 있던 어린아이가 성장하면서 화폐와 생산관계에 눈을 뜨고 계급사회의 가장 강력한 도구, 즉 자본을 욕망하게 되는 과정을 그려 보면 이 욕망이라는 것이 철저히 '사회적 관계와 문화가 만들어낸 교육을 통한 후천적 산물'임을 알 수 있을 것이다.

"인간은 타인(타자)의 욕망을 욕망한다."

– 자크 라캉 (Jacques Lacan)

이 문구는 '인간 욕망의 사회성'을 너무나 간명하고 철학적으로 잘 드러낸다. 라캉은 구조주의 정신분석학자다. 그는 사람의 본질적 정체성과 존재론적 의미(자아)는 이미 선대와 동시대에 형성된 문화와 타인의 문화로 재형성(훼손)될 수밖에 없기에 이 말을 '자아는 허구다'라는 의미로 사용했다. 하지만 이후 많은 사람은 인간 욕망의 실체를 표현하기 위해 이 말을 빌려 썼다.

19세기 자유주의 철학자들은 인간이 독립된 사고와 자율성, 합리적 의식과 자유의지를 가진 존재로 간주하며 인간 중심의 자유주의 철학을 확립했다. 하지만 그 전제는 다양한 각종 연구를 통해 탄핵당하고

4차 산업시대 통합가치와 그랜드 리셋

있다. 오히려 다수의 사람은 사회가 형성한 헤게모니를 자신의 사상으로 받아들이며 행동 패턴과 문화 규범 역시 공동체가 기존에 형성한 패턴에 순응하는 경우가 더 많다.

"모든 비극은 인간이 이기적이라는 상상에서 비롯되었다."

유럽에서 매우 유명한 사상가이자 저널리스트인 뤼트허르 브레흐만은 2021년 《휴먼카인드》라는 책을 썼는데, 그 반향이 컸다. 아마도 생물학자와 인류학자, 사회심리학자, 진화심리학자, 행동경제학자들이 최근에 가장 주목하는 책이 있다면 바로 이것일 것이다. 《사피엔스》의 저자 유발 하라리는 이 책을 두고 "인간 본성에 대한 새로운 관점, 사피엔스에 도전하는 책"이라는 서평을 남겼다. 브레흐만은 호모 사피엔스의 특별한 능력, 즉 지구를 지배하고 종과의 경쟁에서 승리한 이유를 '조직화된 폭력'이 아닌 '모방을 통한 사회적 학습 능력'이라고 주장했다.

모방 능력은 1992년 이탈리아의 저명한 신경심리학자인 리촐라티 연구팀에 의해 규명되었다. 한 원숭이가 다른 원숭이나 주위에 있는 사람의 행동을 보기만 하고 있는데도 자신이 움직일 때와 마찬가지로 반응하는 뉴런들이 있다는 것이다. 이를 '거울 뉴런(mirror neuron)'이라고 명명했다. 이 세포의 발견으로 인간이 타인의 행동을 온몸으로 이해할 수 있는 능력을 갖춘 존재라는 것이 입증되었다. 거울 뉴런은 전두엽 아래쪽과 두정엽 아래쪽, 측두엽, 뇌섬엽 앞쪽에 존재하는 것으로 알려졌다.

결(結), 우리가 이기적일 것이라는 착각

브레흐만은 지난 30년간 행동경제학자들이 인간을 대상으로 한 사회실험 데이터를 모두 살펴본 뒤, 다음과 같은 결론에 다다랐다. 인간은 기본적으로 세 부류의 형태로 나눌 수 있다. 바로 타인과 공동체를 위해 희생을 마다하지 않는 이타적 인간, 자신의 욕심을 채우기 위해선 그 어떤 수단도 쓰겠다는 이기적 인간, 끝으로 남이 나에게 어떻게 하는지, 소속 공동체의 분위기에 어떤지에 따라 행동하는 보응적 인간.

그는 모든 사회실험 데이터를 통해 이기적 인간형은 5분의 1에 지나지 않는다는 것을 확인했다. 그리고 절대다수인 5분의 4는 보응적 인간이었다. 사회 분위기와 타인이 자신에게 적대적인지, 비겁하고 악한 사람이 보상받는 시스템인지 아니면 협력하고 애착하는 사람에게 유리한 시스템인지에 따라 행동한다는 것이다. 특히 공동체에 위기가 닥치면 인간은 놀라운 수준의 결집력과 희생정신을 보인다는 것이다. 그는 지금과 같은 사회 시스템과 문명 패러다임이 탄생한 이유는 역설적으로 "모든 비극은 인간은 본래 악하다는 상상, 잘못된 믿음에서 비롯되었다."고 주장한다. 현대사회와 사회를 이루는 핵심 제도인 학교 · 기업 · 교도소 등은 인간이 악하다는 전제를 바탕으로 설계되었으며, 이러한 부정적 사회화 과정은 개인과 사회의 내재적 동기를 약화시키는 동시에 우리 안의 선한 본성을 끊임없이 의심하게 만들며 이러한 불신을 이용해 엘리트 권력과 언론이 자신의 통제력을 정당화하는 도구로 활용한다. 결국 대중이 권력자와 시스템의 통제 대상으로 전락하게 되는 과정이다. 그는 인간이 인간을 냉소하면서부터 이 모든 비극이 탄생했다고 주장한다.

현대 과학의 연구 결과는 인간이라는 존재는 사회적 관계 속에서만 그 진정한 의미를 포착할 수 있다는 것을 입증하고 있다. 개체로서의 인간이 아니라 관계로서의 인간만이 진정한 인간이라는 뜻이다. 사람의 존재론적 본질은 '자율성'이 아닌 '관계성'으로 인해 드러나며, '전체'라는 사회적 관계와 문화 속에서만 존재할 수 있다는 것이다. 이것은 동양적 세계관의 시작점이기도 하다.

인류는 자신의 자연스러운 자기다움을 상실했다. 그럼에도 인류가 자신의 인간성(본성)을 회복할 수 있는 근거는 사회의 변화를 추동하는 힘이 사람들의 관계 속에서 만들어지는 새로운 의식으로 인해 발생할 수 있기 때문이다. 역설적이지만 4차 산업혁명 시대의 '초연결성'이라는 특성은 이러한 의식의 전환, 새로운 사회모델에 대한 영감을 더 널리 이른 시간 안에 확산할 것이 분명하기 때문이다.

무엇이 우리를 인간답게 만드는가

생명에 대한 애착. 타인에 대한 배려심. 대자연의 순환. 자연스러운 삶과 자연스러운 죽음. 타인에 대한 공감과 지구에 대한 경외심. 지구가 창조해 낸 모든 생명에 대한 존중심. 버려지고 낭비되는 것에 대한 안타까움. 적절한 노동과 웃음이 깃든 저녁과 휴가. 태양과 바람을 막은 회색 빌딩지대에 대한 두려움. 숲길과 비 온 뒤 푸른 하늘이 선사하는 경이로움.

이것이 인간을 인간답게 만드는 요소이며 인간 본성의 아름다움을 강화하는 요인들이다. 그리고 이것을 가능케 하는 철학적 사유는 바

결(結), 우리가 이기적일 것이라는 착각

로 '관계성으로 인한 인간 윤리'다. 그리고 이 관계성에 대한 사유야말로 인간만이 가진 가장 발전한 사회적 지능으로 가능한 것이기도 하다. 필자는 이것이 새로운 시대의 패러다임이 될 수 있다고 믿는다. 이런 변화는 인간 본성에 걸맞아 자연스럽고 타인과 세상에도 이롭다.

그리고 그 변화의 시작점은 유아기의 교육에서부터 시작되어야 한다. 이른바 생태교육이다. 숲으로 떠나 흙을 만지고 딱정벌레를 관찰하고 강아지를 품에 안고 그 심장 소리를 느끼며 황홀경에 빠지는 교육. 이미 독일과 미국에선 '숲속학교'라는 이름의 교육 프로그램이 팬데믹을 거치며 폭발적으로 늘고 있다.

자연스럽게 자연을 느끼고 인간다움을 자연에서 찾는 여정은 아이들이 원래 가지고 있던 애착 본능을 더 강화했다. 이런 교육 환경에서 성장한 아이들은 또래 아이들에 비해 '소비'에 대한 죄책감을 느끼는 것으로 조사되었다. 상품의 생산 과정에서 플라스틱 소재가 어떻게 만들어지고 포장되는지부터 수명을 다한 상품이 어떤 방식으로 매립되고 해양에 방치되는지를 배운 아이들은 소비와 생태계 파괴와의 관련성을 매우 잘 이해하게 되었다고 한다.

필자는 모든 사회 혁신을 완성하는 길은 교육 혁신에 있다고 믿는다. 자연과 동물에 대한 애착심이 인간이라는 생명체를 보다 인간답게 만든다. 타인에 대한 사랑과 애착을 자연스럽게 느끼도록 교육받은 아이들은 긍정적이며 높은 감수성과 사회적 배려심, 자연에 대한 경외심을 표현했다. 인간다움은 자연과 분리된 인간에서 탄생한 것이 아니다. 오히려 생태계의 작은 일원으로서의 인간 존재를 인식했을 때, 인간다움은 자연스러운 본성으로 표출된다.

필자의 이런 주장을 과거에는 주로 도덕(윤리)이나 양심의 문제로 인식했다. 도덕과 윤리는 옳고 그름, 선과 악을 분별하는 능력을 의미한다면, 양심은 내면화한 금지와 미묘한 죄책감 등에 대한 문제다. 서구에서 윤리는 기독교적 세계관에 기초하고 있다. 이와 비교해 양심이란 단어는 성경에 단 한 번도 나오지 않고 19세기 말까지 아예 단어조차 존재하지 않았다. 단어가 존재하지 않았다는 것은 그 개념조차 희박했다는 것을 의미한다. 양심, 즉 마음의 괴로움과 뉘우침과 같은 개념으로 인간 내면의 문제를 탐구하고 전파했던 사람은 바울이었다. 초대 교회와 크리스천 공동체를 설립한 그는 최초로 '기독교의 세계화'를 결심하고 이방인 지역을 떠돌았으며, 그 과정에서 이방인도 구원받을 수 있다고 주장했다.

아직도 많은 이들이 상생과 배려, 통합과 협력이라는 기업 가치와 생태계의 보전 문제를 윤리와 양심의 문제로 접근하고 있다. 불행히도 윤리와 양심에 기초한 세계관은 2차 세계대전 제3제국의 홀로코스트와 일제의 난징 대학살로 인해 그 힘을 잃었다. 개인의 윤리와 양심은 국가와 가정에 대한 의무감으로 직결되었고 이는 명령에 대한 책임감으로 연결되었다. 일부 환경론자들은 기업의 약탈적 경영을 막고 생태계를 보호하자는 주장을 거의 복음화해서 설파한다. 인류의 죄악과 무책임으로 인해 망가진 지구를 구할 수 있는 유일한 방법은 인류의 '속죄(贖罪)와 신념화된 행동'이라고 주장하는 것이다. 유럽에서 탄소세 도입 논의가 본격화되었을 때 이를 막아 나선 세력은 의외로 급진적인 환경론자들이었다. 지구를 약탈하는 자본에 도덕적 정당성을

결(結), 우리가 이기적일 것이라는 착각

부여하고 그들의 타락한 활동을 합법화한다는 것이 반대의 이유였다.

> 더할 수 없이 분명하다. 세계 전체를 바라보노라면 하루가 다르
> 게 더 잘 경작되며, 옛날보다 더 많은 사람으로 넘쳐난다. … 우
> 리의 눈길과 가장 자주 마주치며 그때마다 불평을 자아내는 것은
> 넘쳐나는 인구다. 우리는 세계에 부담을 줄 정도로 많아, 자연은
> 그 과실을 우리에게 공급하는 것만으로 버겁다. 우리의 요구는
> 갈수록 커지고 예리해지면, 입마다 지독한 불평을 토해내는데,
> 자연은 우리에게 생명의 양식을 베풀지 못하고 허덕인다.[26]

이 말을 한 사람은 놀랍게도 테르툴리아누스(Tertullianus, 160~220)
다. '테르툴리안'이라고도 불린다. 그는 초기 기독교 작가로 그가 살았
던 시대는 마르쿠스 아우렐리우스 치하로 당시 지구 인구는 오늘날 인
구의 4%에 불과했고, 1인당 소득은 15% 남짓 정도였다.[27] 1,800년 전
에도 하나님의 숨결로 탄생한 지구를 파괴하는 인류의 경작과 인구 증
가를 경고했다. 불행히도 그는 지금과 같은 세계의 변화를 예측하지
못했다. 퓨 리서치 센터의 2021년 보고서에 따르면 기독교는 약 24억
명의 신자, 이슬람교가 약 19억 명의 신자를 확보하고 있다. 그리고
2022년 지구의 인구는 79억 명이다.

• • •

26 테르툴리아누스. De Anima. 30장.
27 마틴 반 크레벨드. 김희상 역. 양심이란 무엇인가(니케북스. 2020) p.404.

4차 산업시대 통합가치와 그랜드 리셋

인류의 이상은 양심과 도덕의 발전으로 실현되지 않을 것이다. 즉 개인의 선의와 도덕, 또는 선과 악의 개념으로 사회와 지구의 문제에 접근했을 땐 지금까지 우리의 선조들이 그랬던 것처럼 실패할 것이 분명하다. 1995년 한국에서 처음 '쓰레기 종량제'를 실행했을 때 이를 반대했던 이들이 모두 양심이나 도덕이 없는 사람은 아니었다. 문제는 시스템이고, 이를 실현할 수 있는 사회적 각성이다. 이는 통합가치 이론이 제기된 배경이기도 하다. 즉 우린 좋은 질문을 찾기 위해 지금까지 시행착오를 겪은 것이나 다름없다. 문제는 시스템이다.

"인류는 왜 서로에게 고통을 주는 사회체제와 이념을 선택하고 전쟁을 지속하며, 자기 종을 스스로 파멸할 수 있을 정도로 지구생태계를 파괴하고 있는가?"

이런 질문이 이전 시대의 질문이었다면, 이제는 다음과 같은 질문을 던져야 한다.

"상생과 협력, 그리고 생태계의 보호를 위한 현실 가능한 시스템은 무엇인가?"

필자는 기업의 혁신과 성장전략, 그린 벨류 체인과 지속을 위한 패러다임의 변화를 설명했다. 과거에는 기업의 성장과 생태계의 보전은 함께 실현할 수 없는 것으로 여겨졌지만, 이제는 그 반대가 되었다. 그린 혁명에 동참하지 않는 기업이 생존할 수 없게 된 것이다. 이러한 변

결(結), 우리가 이기적일 것이라는 착각

화는 선한 영향력으로 패러다임을 혁신하려는 선구자들의 노력에 힘입은 것이 분명하다. 하지만 근본적인 동인(動因)은 약탈적 기업 경영이 기업의 성장과 인류의 생존을 위협한다는 현실적인 인과율에 의한 것이다. 시스템으로 인한 변화란 바로 이런 것이다.

패러다임의 전환에 직접적으로 영향을 미치는 것이 국제 협약과 실정법과 같은 규제와 혜택이라면, 느리지만 근본적인 변화를 추동하는 것은 결국 과학적 세계관이다. 그 세계관의 핵심은 '무엇이 우리에게 더 이로운 선택인가'를 판단하는 것이다. 필자는 여기까지 오면서 경제위기의 원인에서 기업 혁신과 그린 밸류 체인의 변화, 그리고 패러다임의 전환을 짚었다. 그 무엇이든 홀로 존재하지 않으며 존재하는 것은 모두 영향을 미친다. 시스템의 변화란 정치, 경제, 사회, 문화, 교육의 혁신이 서로에게 피드백을 주며 당초의 목표를 향해 나아가는 것을 의미한다. 이 책이 새로운 세상을 꿈꾸는 이들의 세계관에 중요한 단서를 줄 수 있기를 바란다. 분량의 한계로 인해 더욱 깊이 설명하지 못한 대목이 꽤 있다. 독자들의 양해를 부탁한다. 필자의 전작 《통합가치와 배려의 리더십: CIV를 중심으로》을 함께 읽는다면 도움이 될 것이다. 전작을 먼저 읽어도 되고, 이 책을 먼저 읽고 전작을 읽어도 괜찮다. 독자들과 천천히 한 걸음씩, 그러나 뚜렷한 발자국을 남기며 걷고 싶다. 세상 변화의 이치처럼.

물수제비의 비상을 보며

곽 수 근

서울대학교 경영학과 명예교수

노스캐롤라이나대 대학원 박사

전) 서울대 부총장 · 경영학회회장 경영학과 명예교수

전) 한국경영학회 회장

　　작가들은 출판을 산고에 비유하곤 합니다. 아주 작은 이야기를 오랫동안 품어 골격과 형상을 만들고, 세부를 또렷하게 조탁하는 과정이 산고에 못지않은 노고를 동반하기 때문입니다. 아이는 탄생과 동시에 새로운 의미를 부여받게 됩니다. 아이는 태어나 부모님과 친족, 사회 구성원과의 관계성을 획득합니다. 육체적 존재로서의 생명은 이런 식으로 사회적 존재로 성장합니다. 인간의 경우 대개는 18세까지 슬하에서 보호받습니다.

　　그런데 책의 경우는 좀 다릅니다. 작가가 품고 있을 때에는 작가만의 이야기였을지 몰라도 '출판'이라는 사회적 출산 과정을 거치는 순간, 책은 세상 사람들의 것이 됩니다. 저자의 슬하에 머물 수 있는 공간 자체가 없습니다. 저자는 독자라는 '대양의 품'에 자식을 떠나보내며 그저 순항하길 기원할 수밖에 없습니다. 어머니는 자식의 성장을 지켜보며 교정할 수 있는 시간이 있지만, 작가에겐 그런 시간이 주어지지 않습니다.

이번 책은 장윤선 철학자의 두 번째 자식입니다. 첫째 아이였던《통합가치와 배려의 리더십》이 세상에 나오고 1년 만에 탄생한 생명입니다. 첫째는 첫째에게 주어진 소명을 잘 수행했습니다. 국내 최초로 통합가치에 대한 역사적 시원과 시대적 근거를 밝혔고 무엇보다 이를 철학적으로 조망한 부분은 압권이었습니다.

우리는 흔히 논리적 인과관계가 잘 적용된 이야기에 설득당하곤 합니다. 그렇게 잘 짜인 이야기는 합리적이기에 설득력 있습니다. 그런데 장윤선 선생의 글엔 합리성을 넘어선 그 어떤 절박한 소명의식이 배어 있었습니다. 그래서 더 큰 울림으로 다가왔는지도 모르겠습니다.

이번에 태어난 둘째는 첫째가 눈 내린 산등성이를 성큼성큼 딛고 올라가느라 비워 두었던 발자국의 행간을 촘촘히 메우고 있습니다. 무엇보다 시스템 다이내믹스에 대한 풍부한 설명이 반갑습니다. 경영학계 최고의 명저라는 피터 셍게(Peter Senge)의 역작《제5경영(The Fifth Discipline Fifth Discipline : The Art and Practice of the Learning Organization)》을 알기 쉽게 풀어쓴 대목은 압권입니다. 그리고 한국 경제의 흐름을 거시적으로 통찰한 대목은 놀랍습니다.

물론 그는 국제 CIV 세미나를 개최하면서 통합가치 이론을 전파해 왔고, 통합가치 창출경영연구원의 Global AMP 과정의 강의를 도맡아 해 온 실력자입니다. 필자는 저자의 전공을 철학으로 알고 있습니다. 그렇기에 더욱 놀랍습니다. '박사(博士)'란 말은 널리 알고 능통하다는 뜻이지만, 요즘 시대에 그것이 가능한 일이겠습니까? 대부분은 자기 분야의 담벼락을 넘지 못합니다.

하지만 저자는 늘 그랬듯 철학과 경영, 경제와 윤리, 시대와 사회학, 심리학과 고전을 넘나들며 무지개를 선보입니다. 세계 경제의 변화에서 시작해 세상의 변화를 읽는 시스템 사고, 가장 큰 변화의 흐름을 짚은 뒤 한국의 대응을 살피고 나아가 사상적 전환을 요구하는 필력은 그야말로 명불허전입니다. 그것은 완벽하게 포물선을 그리며 낙하하는 자갈 같기도 하고, 수면을 튕기며 솟구치는 물수제비의 비상처럼 보입니다.

저자의 전작이 강단에서 큰 호응을 끌어내며 자기 길을 헤쳐 갔듯이, 이번 책은 더 굵은 동심원을 남기며 파장을 불러올 것이라 확신합니다. 2022년에 저자가 흘린 땀이 2023년 새해엔 더 많은 도반의 심장을 뛰게 하겠지요. 철학자 장윤선의 건필을 응원합니다.

평문(評文)

개와 늑대의 시간에 나눌 이야기

김 병 호

오스트리아 빈(Wien)대학교 철학박사
전) 주 덴마크왕국 대사 주 키르기즈공화국 대사
전) 경희대학교 국제대학원 겸임교수

"사람은 어디에서 왔고 어디로 가는가."

철학은 아주 오랫동안 이 명제에 사로잡혔습니다. 사람이 어디에서 왔는지에 따라 사람이라는 존재는 달리 규명할 수 있으며, 인간의 소명 또한 달라집니다. 이것이 철학의 운명이었지요.

여기선 한 걸음 더 나아간 것이 "나(실존)"에 대한 질문이었습니다. 구조주의 철학자는 애초 '나'라는 것이 독립적으로 존재하지 않는다고 까지 천명하기도 했습니다. 그도 그럴 것이 인간의 의식이 어느 날 천상에서부터 부여받은 것이 아니라면, 당연히 그 의식의 토대에는 인류의 언어와 서사가 촘촘히 배치되어 있을 수밖에 없는 이치겠지요. 그래서 인간은 탄생과 동시에 '타자성(他者性)'을 부여받습니다.

서양철학이 인간이라는 존재를 규명하기 위해 작고 미시적인 영역을 탐구하다 결국 해체주의로까지 나아갔다면, 동양철학은 애초 우주와 인간의 관계에 대한 물음에서부터 출발했습니다. 우주의 이치와 인간 삶은 결코 분리될 수 없는 동일한 성질의 것이며, 인간 삶의 목적 또한 자연의 이치를 구현하는 것이어야 했습니다.

그런데 인간의 역사는 자연의 법칙을 벗어나기 일쑤였습니다. 오히려 자연의 법칙을 거슬러 지배적 위치에 있는 듯 보였습니다. 자연의 이치를 어겨 남을 해하고 죽이며 살았던 이가 떵떵거리며 천수를 누리다 가고, 도리어 도덕과 의리를 숭상하며 지킨 선비들이 죽임을 당해 이슬처럼 사라지는 것을 지켜봐야 했던 이들은 자연적으로 이 우주의 섭리에 대해 의심을 품었습니다. 《사기》의 저자 사마천(司馬遷)이 탄식하며 "과연 천도(天道)란 것이 있는가?"라고 물었던 것이 대표적입니다.

여기서 동양철학은 놀라운 도약을 시작합니다. 사마천은 이때부터 숙명을 거슬러 운명을 개척하며 살았던 이들의 이야기를 기록해 역사로 남겨 두길 바랐습니다. 그리고 자신의 생각이 옳은지 그른지는 오직 이 기록을 읽은 후대가 판단할 것이라고 말합니다. 후대는 역사를 통해 배우고 반복하지 않고 악을 징치(懲治)하고 선을 행하기를 바랐습니다.

서구에선 신께서 인간에게 자유의지를 주었고, 인권은 신이 부여한 선물과 같은 것이었습니다. 인간에게는 신과 닮은 구석(신성)이 있다는 것이었죠. 하지만 동양에서 인간의 자유의지란 자연의 이치를 통달한 군자의 인(仁)과 같은 것이었습니다. 인간은 역사를 통해 배우고, 타인의 행적을 거울삼아 자신의 길을 걸어야 합니다. 그래서 동양철

평문(評文)

학엔 신(神)이 개입할 여지가 거의 없습니다. 우주와 자연만이 그 길을 알려 주었습니다. 그리고 2천 년을 돌아 서양철학과 동양철학이 통섭에 다다른 지점이 있다면 바로 '인류의 의지'에 대한 부분입니다.

풀어내는 말이 너무 길었습니다. 동서양 철학의 교차 지점을 이렇게 길게 풀어 쓴 이유는 '철학자' 장윤선의 두 번째 책의 지향이 너무나 반가웠기 때문입니다. 그는 전작에서도 그랬지만, 이번에도 경제에서 시작해 인류의 미래에 대한 질문을 놓치지 않았습니다. 그리고 그는 그 누구보다 '철학자의 사명'에 대해 잘 이해하고 있는 듯 보입니다.

철학자의 사명이란 철학(哲學)하는 것에서 그치지 않습니다. 철학의 결과물을 대중의 언어로 대중에게 들려주는 것까지가 진정한 사명입니다. 철학적 담론을 천상에서 끌어내려 땅에 발 딛고 선 민중(People)의 삶과 세상에서 풀어 쓰는 것이지요. 그런 점에서 이번 책은 철학자 장윤선의 혜안과 노력이 빛을 발하고 있다고 보았습니다.

프랑스에선 해 질 녘 붉은빛과 짙푸른 어둠이 섞이며 저편에서 어슬렁거리며 다가오는 물체가 집에서 키우던 개인지 늑대인지 분간하기 어려운 시간대를 '개와 늑대의 시간(L'heure entre chien et loup)'이라고 말합니다. 누가 적이고 누가 우군인지 분간하기 어려운 시간이죠. 이 개와 늑대의 시간에 분별력이 있는 농부는 다시 떠오른 여명(黎明)을 맞을 것이고, 판단력이 흐려진 농부는 들판에 널린 양들의 사체와 함께 있을지도 모릅니다.

인류에겐 지금이 개와 늑대의 시간입니다. 지난 세기의 철학과 패

4차 산업시대 통합가치와 그랜드 리셋

러다임을 폐기하고 새로운 여명을 맞아야 할 시간입니다. 이번 책은 통합가치의 현실적 적용의 범주를 철학사적 전환과 사유 방식의 혁명에까지 확장했다는 점에서 큰 의미가 있습니다.

비 내린 다음 날 산길을 걷다 보면 전날까지 들꽃에 가려져 있던 산대(山竹) 무더기가 한 뼘이나 웃자란 것을 보게 됩니다. 1년 전의 전작 《통합가치와 배려의 리더십》에 이은 이번 저서를 보고 든 생각입니다. 다시 한 번《4차 산업시대 통합가치와 그랜드 리셋》의 출간을 축하합니다.

평문(評文)

시대의 전환점에서 서서

이 창 길

인천대학교 동북아경제통상대학교 교수

서울외국어대학원대학교 초빙강사

전) 인천대 교수, 현) 대한상사중재원 중재인

우린 아주 긴 터널을 지나고 있습니다. 경제에서 '위기'라는 개념은 극복할 경우 '기회'로 연결되는 경우가 많습니다. 그런데 많은 경제학자들은 이번 태풍의 끝엔 미지의 기회가 아닌, 쓰라린 추락의 잔해만이 남아 있을 것으로 전망합니다.

물론 글로벌 경제침체를 한국만이 겪고 있는 것은 아닙니다. 전 세계가 깊은 수렁 속으로 들어가고 있고 세계의 경제 전문가들은 한국 경제를 하나의 바로미터로 삼으며 주시하고 있습니다. 한국은 나라는 작지만 세계에서 가장 넓은 경제 영토를 가진 나라입니다. IMF를 극복한 이후 한국은 지구상에서 가장 공격적인 경제협정을 통해 자신의 경제영토를 확장해 왔고, 세계 교역을 선도하는 국가로 자리매김했습니다.

그런데 지금 불어닥치고 있는 비수와 같은 바람은 모두 한국 경제의 아킬레스건을 향하고 있습니다. 러시아는 전쟁을 통해 유가와 곡물, 원자재의 가격을 끌어올렸습니다. 미국은 공격적인 고금리 정책과 인플레이션 감축법(IRA)을 통해 달러를 쓸어 담고 시장을 옥죄고 있습니다. 유럽연합 역시 희귀광물이 들어가는 주요 제품에 유럽연합산 소재만을 사용할 것을 강권하는 법안을 입법 준비 중이며 2023년 철강·화학·시멘트에 대한 탄소국경조정제도(CBAM)를 시범적으로 적용하고 2017년에는 자동차와 난방연료에도 탄소배출권 품목(ETS)을 확대하겠다는 뜻을 밝히고 있습니다.

1998년에는 '외환보유고'와 '무역적자'라는 파도였지만, 2023년에 닥친 태풍은 고금리·고물가·고환율을 기본으로 냉전 장벽, 탄소 장벽, 부동산 버블, 채권시장의 교란과 같은 역대급 악재를 모두 동반할 것으로 보입니다.

이 세기적 격랑기에 장윤선 교수의 신간을 만나게 되어 참으로 다행입니다. 필자가 보기에 앞으로 1년 동안 한국 경제의 비상벨은 하루도 그치지 않고 울릴 것입니다. 앞으로 닥칠 일을 모르고 있는 사람은 매 순간 즉자적으로 대응하며 노심초사할 것입니다. 그리고 대부분의 대응은 이 책에서 설명하고 있는 것처럼 시스템 사고가 아닌 선형적 사고에 따른 미봉책일 가능성이 높습니다.

하지만 저자가 책에서 밝힌 대로 이번 글로벌 경제침체를 계기로 전면적이고 체계적인 국가혁신의 계기로 삼는다면, 긴 어둠의 끝에서 한국은 더욱 단단하고 다부진 체형과 체질의 국가로 거듭날 수 있습

평문(評文)

니다. 교육 혁신을 통해 사회 혁신과 국가 혁신을 이룰 수 있다고 믿는 저자의 혜안에는 특히 공감과 연대의 뜻을 전합니다.

한국은 빠른 나라입니다. 변화에 민감하고 이익이 된다면 언제든 어제의 룰을 수정할 수 있는 다이내믹한 가치관으로 지금의 경제영토를 구축한 민족입니다. 그런데 한국이 언제까지 중진국 전략을 유지할 순 없는 노릇입니다. 지속 가능하고 안정적인 4차 산업으로의 재편은 적어도 한 세대인 50년을 기획하고 성실히 그 단계를 밟아 나갔을 때 가능합니다.

독일은 이를 기획하고 실행했고, 일본은 기획했으나 혁신에는 이르지 못했습니다. 한국은 어떻게 될까요? 누군가 그러더군요. 한국인은 위기에 강하고 해야 할 일이 분명할 때 온 국민이 단합한다고. IMF의 때의 금 모으기와 태안 기름 유출 사고 당시 국민적 열기를 떠올려 보면 결코 과장이 아닙니다. 50년을 기획하고 국민적 합의를 이끌어 내는 힘이 그 어느 때보다 절실합니다. 이 책은 그런 점에서도 시의적절합니다.

장윤선 교수의 전작이 그랬지만, 이번 책 역시 대학의 강단과 경영자들의 공간에서 널리 회자될 것 같습니다. 경제를 고민하는 사람이라면 누구나 한 번쯤은 고민해 보았던 '성장의 한계'와 '혁신의 방법론'에 대해 이 책은 많은 단서와 영감을 선사하고 있습니다. 또 언제나 그렇듯 쉽고 풍부하게 풀어서 해설한 대목이 많기에 현장의 연구자와 경제인은 단물같이 흡수할 것입니다. 염치없지만 현재로선 장 교수의 헌신에 기댈 수밖에 없습니다. 더 많은 강의와 저술 활동을 응원합니다.

도서

- 대니얼 예긴. 김태유 역. 황금의 샘 1: 석유가 탄생시킨 부와 권력 그리고 분쟁의 세계사. 1(라의눈, 2017).

    ─────. 김태유 역. 황금의 샘 2: 석유가 탄생시킨 부와 권력 그리고 분쟁의 세계사. 1(라의눈, 2017).

- 데이비드 미어먼 스콧 · 레이코 스콧. 정나영 역. 팬덤 경제학(미래의창, 2021).

- 로버트 액설로드. 이경식 역. 협력의 진화: 이기적 개인의 팃포탯 전략(시스테마, 2009).

- 리 맥킨타이어. 노윤기 역. 지구가 평평하다고 믿는 사람과 즐겁고 생산적인 대화를 나누는 법(위즈덤하우스, 2022).

- 마거릿 헤퍼넌. 김성훈 역. 경쟁의 배신(알에이치코리아, 2014).

- 마이클 로버츠. 유철수 역. 장기불황(연암서가, 2017).

- 마틴 반 크레벨드. 김희상 역. 양심이란 무엇인가(니케북스, 2020).

- 매트 리들리. 신좌섭 역. 이타적 유전자(사이언스북스, 2001).

- 미타미 고지. 전경아 역. 세상을 바꾼 비즈니스 모델 70(더난출판사, 2015).

- 박이문. 철학적 경영이 미래를 연다: 에콜로지와 문명의 미래(임프린트 웅진문화에디션 뿔, 2010).

- 베른트 하인리히. 김명남 역. 생명에서 생명으로; 인간과 자연, 생명 존재의 순환을 관찰한 생물학자의 기록(궁리, 2015).

- 새뮤얼 보울스. 최정규 역. 협력하는 종: 경쟁하는 인간에서 협력하는 인간이 되기까지(한국경제신문사, 2016).

- 송길호 · 김춘동 · 권소현 · 양미영. 세계경제권력지도: Maps of Economic power shift(어바웃북스, 2014).

- 신환종. 인플레이션 이야기: 인플레이션은 어떻게 우리의 돈을 훔쳐가는가(포레스트북스, 2021).

- 쑹훙빙. 차혜정 역. 화폐전쟁 1: 달러의 종말(알에이치코리아, 2020).

- 알레스데어 네언. 배지혜 역. 버블: 기회의 시그널 과도한 유동성과 부채가 가져올 시장의 충격(길벗, 2022).

- 에리카 스탠포드. 임영신 역. 암호화폐전쟁(북아지트, 2022).

4차 산업시대 통합가치와 그랜드 리셋

- 앨버트 라슬로 바라바시. 성공의 공식 더 포뮬러(한국경제신문, 2019).

- 윌리엄 퀸 · 존 D. 터너. 최지수 역. 버블 부의 대전환: 돈의 미래를 결정하는 지각변동(브라이트, 2021).

- 유호현. 이기적 직원들이 만드는 최고의 회사(스마트북스, 2019).

- 왕윤종. 달러패권: G2 시대, 3대 기축통화의 미래(프리이코노미북스, 2016).

- 임영채. 시스템 사고로 경영하라!: 원하는 게 있다면 구조를 만들어라(클라우드나인, 2019).

- 장대익. 공감의 반경(바다출판사, 2022).

- 장윤선. 통합가치와 배려의 리더십: CIV를 중심으로(완성출판사, 2022).

- 재레드 다이아몬스. 강주현 역. 대변동: 위기, 선택, 변화(김영사, 2019).

- 제러미 리프킨. 안진환 역. 회복력 시대(민음사, 2022).
  ─────. 이경남 역. 공감의 시대(The Empathic Civilization)(민음사, 2010).

- 케일린 오코너. 박경선 역. 가짜 뉴스의 시대(반니, 2019).

- 프란스 드 발. 최재천 · 안재하 역. 공감의 시대(김영사, 2017).

- 피터 센게. 강혜정 역. 학습하는 조직: 오래도록 살아남는 기업에는 어떤 특징이 있는가(에이지21, 2012).

- 홍익희. 유대인 경제사 9: 글로벌 금융위기의 진실. 현대 경제사 上(한스미디어, 2015).

  ───── . 유대인 경제사 8. 미국의 패권시대: 근대 미국 경제사下(한스미디어, 2015).

논문 / 간행물 자료

- 웨인 비저. Creating Integrated Value (CIV) − Creating Integrated Value: Beyond CSR and CSV to CIV. 2014.

- 李泊溪. 1999年의 中國經濟와 政策選擇, KIEP, 2000. 1.

- 조종화. 1990년대 미국 통화정책의 성과와 시사점. 세계경제 5월호. 2002.

- 현대경제연구원. "저성장 고물가 함정에 빠진 한국 경제", 경제주평 22-07(통권 929호). 2022. 07.

  ───────── . "금융불안정성, 장기균형선 넘고 있다!", 경제주평 22-09(통권 931). 2022. 08.

  ───────── . "세계 경제, 퍼펙트 스톰 오는가?", 경제주평 22-12(통권 934). 2022. 09.

- 현대중공업. 현대중공업그룹 50년사 1.

4차 산업시대 통합가치와 그랜드 리셋

- 홍민기. "학습조직 구현방안: 공공조직의 조직학습 및 폐기학습, 지식관리 를 중심으로 한 시스템 다이내믹 접근", 한국시스템다이내믹스 연구 제17 권 제3호. 2016. 09.

- LG경제연구원. 2022년 국내외 경제전망. 2021.

참고 자료